职业教育课程改革创新规划教材·入门教程系列

U0748681

办公设备维修与维护

韩雪涛　主　编

韩广兴　吴　瑛　副主编

电子工业出版社

Publishing House of Electronics Industry

北京·BEIJING

内 容 简 介

本书根据数码电子领域的实际岗位需求作为编写目标，并结合读者的学习习惯和学习特点，将办公设备的维修与维护技能根据图书学习的方式进行合理的章节划分，按照知识技能的难易程度和行业需求将办公设备维修与维护划分成 10 个项目模块展开教学。

在每个大的项目模块中，根据岗位就业的实际需求，结合办公设备检测维修的技术特点和技能应用，又细分出多个任务模块，每个任务模块由若干个"知识讲解"、"技能演示"或"技能训练"子项目模块构成。这些子项目模块注重理论与实践的结合，涵盖实际工作中的重要知识与技能。本书以项目为引导，通过任务驱动，让学习者自主完成学习和训练。

全书内容涵盖了国家职业资格认证考核的内容，适用于"双证书"教学与实践。

本书可以作为电子电工专业技能培训的辅导教材，也可以作为职业技术院校电工电子专业的实训教材，同时也适合从事电工电子行业生产、调试、维修的技术人员和业余爱好者阅读。

未经许可，不得以任何方式复制或抄袭本书之部分或全部内容。

版权所有，侵权必究。

图书在版编目（CIP）数据

办公设备维修与维护 / 韩雪涛主编 . —北京：电子工业出版社，2015.7
职业教育课程改革创新规划教材 . 入门教程系列

ISBN 978-7-121-26301-9

Ⅰ. ①办… Ⅱ. ①韩… Ⅲ. ①办公设备—维修—中等专业学校—教材 Ⅳ. ①C931.4

中国版本图书馆 CIP 数据核字（2015）第 127830 号

策划编辑：张　帆
责任编辑：张　帆
印　　刷：北京虎彩文化传播有限公司
装　　订：北京虎彩文化传播有限公司
出版发行：电子工业出版社
　　　　　北京市海淀区万寿路 173 信箱　邮编　100036
开　　本：787×1 092　1/16　印张：13.25　字数：339.2 千字
版　　次：2015 年 7 月第 1 版
印　　次：2025 年 2 月第 6 次印刷
定　　价：27.50 元

凡所购买电子工业出版社图书有缺损问题，请向购买书店调换。若书店售缺，请与本社发行部联系，联系及邮购电话：（010）88254888，88258888。

质量投诉请发邮件至 zlts@phei.com.cn，盗版侵权举报请发邮件至 dbqq@phei.com.cn。

本书咨询联系方式：（010）88254592，bain@phei.com.cn。

前　言

随着科技的发展，办公智能化程度逐渐提高，现代办公设备已经普及到社会生产、生活的各个层面。特别是扫描仪、传真机、打印机和投影机等现代办公设备，目前已经广泛应用于办公、教学、娱乐等领域。

现代办公设备的普及和发展带动了整个数码产业的进步，社会为办公设备的生产、调试、销售、维修等领域提供了广阔的就业空间。越来越多的人开始从事办公设备的生产、维修等工作。

然而，作为数字化特征明显的机电一体化设备，办公设备的工作环境、工作特点决定了办公设备的特殊性，如何能够掌握办公设备的维修技术成为许多从事或希望从事办公设备维修的人员所面临的重要问题。加之办公设备的品种多样，功能各异，更新换代的速度又在很大程度上增加了维修技术的提升难度；因此，培养具备专业办公设备维修技术的实用技能型人才成为各电子电气技术类职业院校的重要责任。

本书作为教授办公设备检测维修的专业培训教材，为应对目前知识技能更新变化快的特点，从内容的选取上进行了充分的准备和认真的筛选；尽可能以目前社会上的岗位需求作为图书培训的目标，力求能够让读者从书中学到实用、有用的东西。因此本书中所选取的内容均来源于实际的工作。这样，读者从图中可以直接学习工作中的实际案例，非常有针对性，确保学习完本书就能够应对实际的工作。

本书最大的特点是强调技能学习的实用性、便捷性和时效性。在表现形式上，本书充分体现"图解"特色，即根据所表达知识技能的特点，分别采用"图解"、"图表"、"实物照片"、"文字表述"等多种表现形式，力求用最恰当的形式展示知识技能。

本书在内容的选取和编排上下了很大的功夫。首先在内容的选取方面，本书结合国家职业资格认证、数码维修工程师考核认证的专业考核规范，对办公设备检测维修所需要的相关知识和技能进行整理，并将其融入到实际的应用案例中；知识的选取以实用、够用为原则，技能的实训则重点注重行业特点和岗位特色。

在结构编排上，本书采用项目式教学理念，以项目为引导，通过任务驱动完成学习和训练。本书根据行业特点将办公设备使用与维护中的实用知识技能进行归纳，结合岗位特征进行项目模块的划分，然后在项目模块中设置任务驱动，让学习者在学习中实践，在实践中锻炼，在案例中丰富实践经验。

为了达到良好的学习效果，本书在表现形式方面更加多样。本书设置【提示】、【资料链接】和【图解演示】等内容。知识技能根据其技术难度和特色选择恰当的体现方式，同时将"图解"、"图表"、"图注"等多种表现形式融入到了知识技能的讲解中，使知识技能体现得更加生动、形象。

在编写力量上，本书依托数码维修工程师鉴定指导中心组织编写，参加编写的人员均参与过国家职业资格标准及数码维修工程师认证资格的制定和试题库开发等工作，对电工电子的相关行业标准非常熟悉，并且在图书编写方面都有非常丰富的经验；此外，本书的编写还吸纳了行业相关领域的专家技师参与，确保本书的正确性和权威性。

参加本书编写工作的有：韩雪涛、韩广兴、吴瑛、梁明、宋明芳、张丽梅、王丹、王露君、张湘萍、韩雪冬、吴玮、唐秀莺、吴鹏飞、高瑞征、吴惠英、王新霞、周洋、周文静等。

为了更好地满足读者的需求，达到最佳的学习效果，读者除了可以通过下面的联系电话和通信地址获得专业技术咨询；还可登录天津涛涛多媒体技术公司与中国电子学会联合打造的技术服务网站（www.chinadse.org）获得技术服务，随时了解最新的行业信息，获得大量的视频教学资源、电路图纸、技术手册等学习资料以及最新的行业培训信息，实现远程在线视频学习，同时可以通过网站的技术论坛进行交流与咨询。

学员通过学习与实践可通过参加相关资质的国家职业资格或工程师资格认证考试，获得相应等级的国家职业资格或数码维修工程师资格证书。如果读者在学习和认证考试方面有什么问题，可通过以下方式与我们联系。

数码维修工程师鉴定指导中心

网址：http://www.chinadse.org

联系电话：022-83718162/83715667/13114807267

E-mail：chinadse@163.com

地址：天津市南开区榕苑路 4 号天发科技园 8-1-401

邮编：300384

编　者
2015 年 3 月

目　　录

项目一

▶▶▶ # 认识扫描仪

在学习扫描仪检修技术之前，我们首先要了解一下扫描仪的整机构成，认识扫描仪中的主要器件，掌握扫描仪的工作过程以及扫描仪各单元电路之间的关系。

任务模块 1.1　了解扫描仪的结构特点

知识讲解 1.1.1　了解扫描仪的结构组成

如图 1-1 所示为扫描仪的外形结构图。从扫描仪的外形上看，其整体外观十分简洁、紧凑。打开扫描仪的盖板，是扫描仪的稿台，透过稿台，可以看到扫描仪内部的扫描装置。操作按键位于稿台附近，用以设置扫描仪的工作状态，扫描仪的电源接口和数据线接口通常位于扫描仪的侧面。

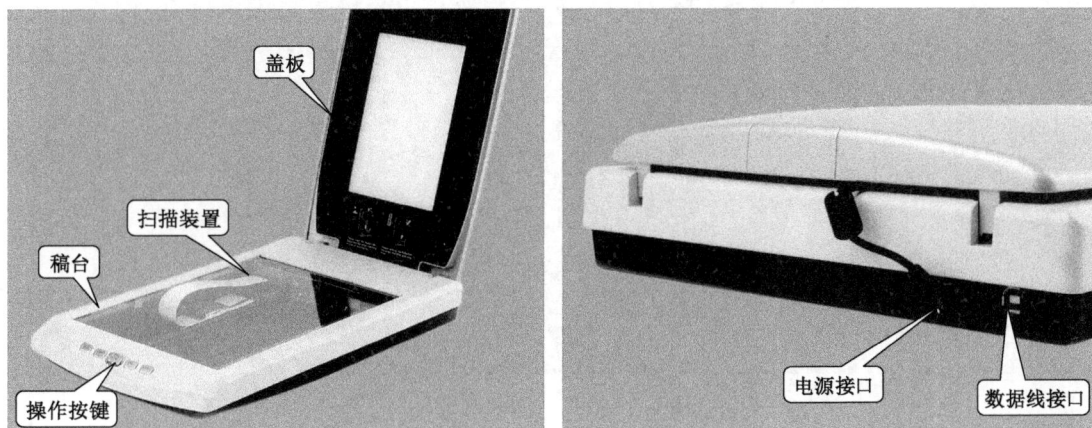

图 1-1　扫描仪的外形结构图

【图文讲解】

扫描仪的上盖主要用于将要扫描的原稿压紧，以防止扫描光线泄露或受外部光源干扰。而稿台是则用于放置扫描原稿，其四周设有标尺线以方便原稿放置，并能及时确定扫描尺寸，稿台的中间为透明的玻璃，如图 1-2 所示。

【资料链接】

在扫描仪底座上有一个安全锁扣，如图 1-3 所示，这是一个锁定机构。在运输的时候从扫描仪底部将这个锁定机构锁住，它就可以将扫描装置锁定在这个位置上，以免在运输当中震动损坏机件，在工作的时候要将它松开，解除锁定状态。

图 1-2　扫描仪的上盖及稿台

图 1-3　扫描仪底座上的安全锁扣

扫描仪的内部结构较为复杂，不仅有控制和操作显示电路，还包含有精密的扫描装置以及设计精巧的机械传动组件。它们的巧妙结合构成了扫描仪独特的工作方式。

【图文讲解】

如图 1-4 所示为扫描仪的内部结构。

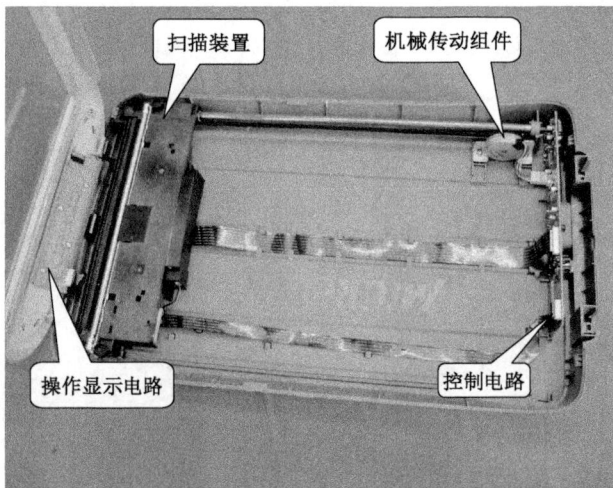

图 1-4　扫描仪的内部结构

知识讲解 1.1.2　识别扫描仪的主要组成部件

如图 1-5 所示，扫描仪主要是由扫描装置、机械传动组件（驱动电机、驱动皮带、滑动导轨和齿轮组等）以及主控电路等组成。

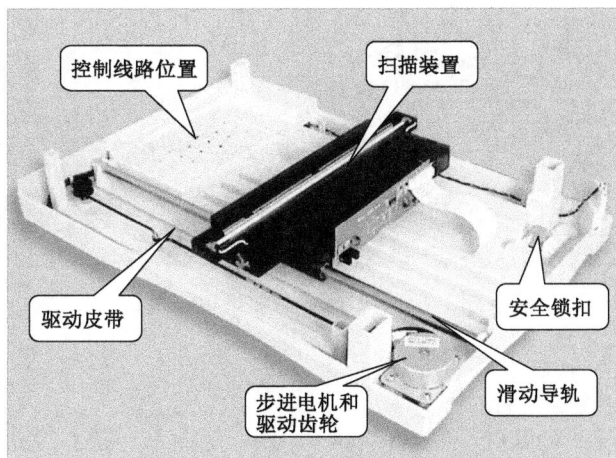

图 1-5 扫描仪的主要组成部件

1. 扫描装置

扫描装置是扫描仪的核心部件，根据扫描仪采用扫描技术的不同，扫描装置主要分为 CCD 扫描组件和 CIS 扫描组件两种。CCD 即 Charged Coupled Device，图像传感器为核心器件的扫描组件；CIS 即 Contact Image Sensor，接触式图像传感器为核心器件的扫描组件。

（1）CCD 扫描组件

CCD 扫描组件主要包括反光镜、镜头、曝光灯和 CCD 电路板、曝光灯供电电路板等，如图 1-6 所示。其中反光镜及镜头部件从扫描组件的外观是看不到的，它们被安装在扫描组件的内部。

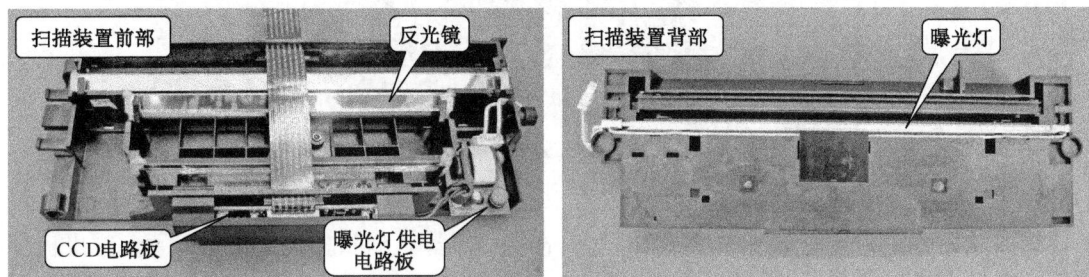

图 1-6 CCD 扫描装置

这种扫描仪由于扫描头的体积较小，原稿的图像不能够直接投射到 CCD 上，需要经过几个反光镜的反射后通过镜头将扫描的图像投射到 CCD 的感光面上。与此同时，曝光灯为扫描过程提供足够的亮度照明。

【图文讲解】

CCD 图像传感器电路板如图 1-7 所示，CCD 是扫描仪扫描成像装置中的核心部件，一般都"嵌"在 CCD 电路板上。它是一种制成细长形的 CCD，其主要作用是将照射到 CCD 上的光图像转换成电信号。

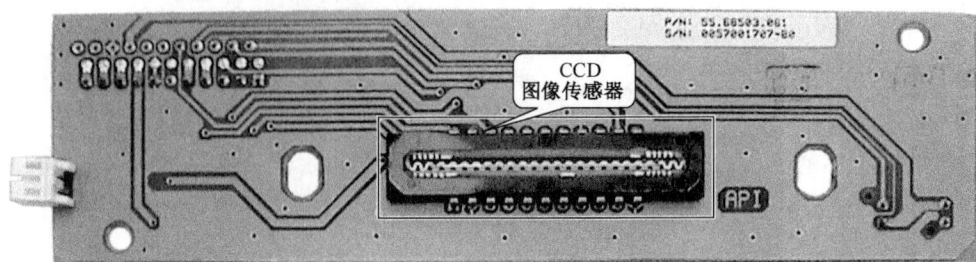

图 1-7　CCD 图像传感器电路板

（2）CIS 扫描装置

【图文讲解】

CIS 扫描装置相对于 CCD 扫描装置结构较简单，是由单一的 CIS 接触图像传感器构成，通过数据排线与主控电路板连接，如图 1-8 所示。

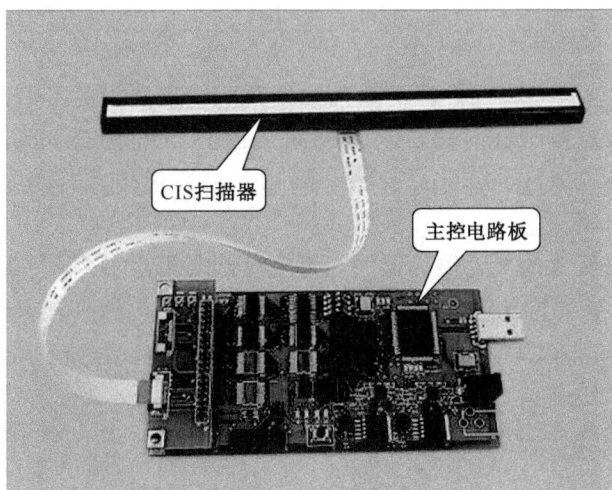

图 1-8　CIS 扫描装置

【资料链接】

在扫描装置中，通过初始位置传感器（光电传感器）判断扫描的初始位置，如图 1-9 所示，扫描仪的初始位置传感器（光电传感器）被安装在扫描仪的机壳或扫描装置上。

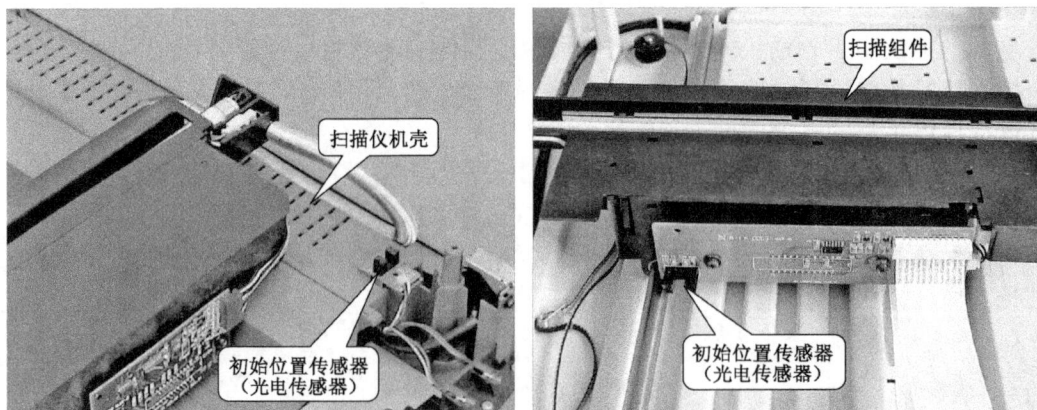

图 1-9　初始位置传感器

　　初始位置传感器（光电传感器）用于检测扫描装置是否位于初始位置。在扫描组件上有一个挡板，当扫描装置达到初始位置时，挡板刚好位于光电传感器的中间，将光电传感器的光阻挡住，如图 1-10 所示。此时，初始位置传感器（光电传感器）检测到的位置就是初始位置。每次扫描的时候，扫描组件都要从初始位置开始运动，扫描之后再回到初始位置。如果初始位置传感器（光电传感器）失灵或损坏，扫描仪就不能正常工作。

图 1-10　初始位置传感器（光电传感器）

2．机械传动组件

　　机械传动组件如图 1-11 所示，扫描仪的机械传动组件用于带动扫描装置工作，由驱动电机、传送带、导轨和齿轮组等构成。

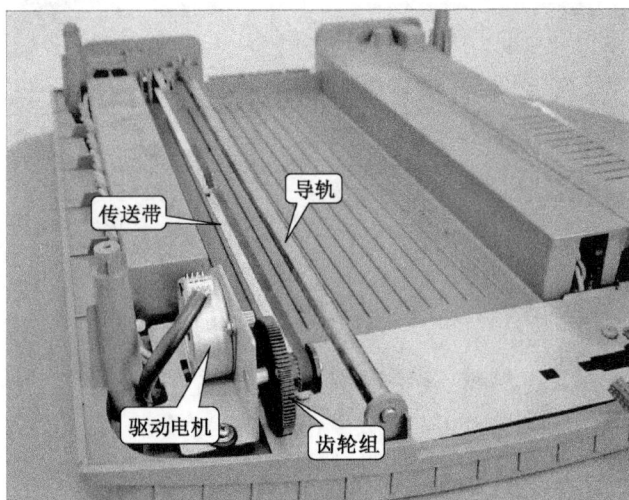

图 1-11　机械传动组件

（1）驱动电机

【图文讲解】

　　如图 1-12 所示为机械传动部分的步进电机。机械传动组件中，驱动电机是其核心部件，在扫描过程中，由计算机通过接口将控制驱动电机的信号传输到主控电路中，通过主控电路处理后，为驱动电机提供驱动信号，使驱动电机工作。驱动电机通过齿轮组带动传送带转动，进而带动扫描装置在导轨上移动，从而完成扫描工作。

图 1-12　机械传动部分的步进电机

（2）驱动皮带

【图文讲解】

　　机械传动部分的驱动皮带如图 1-13 所示，在扫描过程中，步进电机通过降速齿轮驱动皮带，从而驱动扫描头对图像进行扫描。在驱动皮带上还有一个卡子，这个卡子的作用是保证驱动皮带有一定的张力，防止其松弛、脱落。

图 1-13　机械传动部分的驱动皮带

（3）滑动导轨

【图文讲解】

　　机械传动部分的滑动导轨如图 1-14 所示，扫描装置在经驱动皮带的驱动下，通过在滑动导轨上的滑动进而实现线性扫描的过程。

图 1-14　机械传动部分的滑动导轨

（4）齿轮组

【图文讲解】

机械传动部分中的齿轮组如图 1-15 所示，齿轮组是保证机械设备正常工作的中间衔接设备，它与步进电机紧密相连，在进行扫描时，由计算机通过接口将控制电机扫描的信号放大后送到驱动电机的节点上，步进电机在驱动信号的作用下，通过齿轮和皮带对扫描组件进行驱动，使扫描组件从初始位置沿水平方向（滑动导轨）对图像进行扫描。

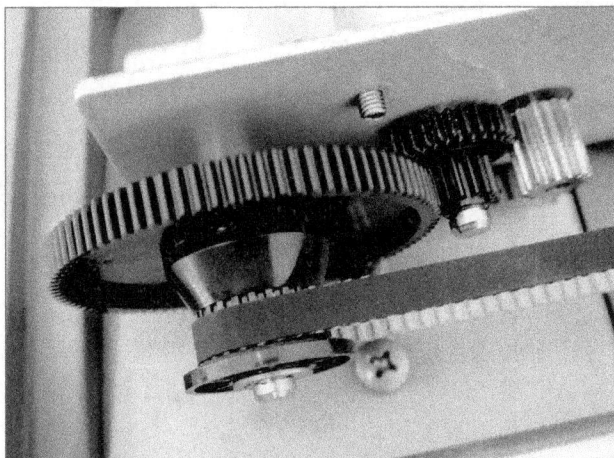

图 1-15　机械传动部分中的齿轮组

3. 主控电路

扫描仪的主控电路和电源电路都位于同一块电路板上，而根据扫描仪所采用的供电方式不同，扫描仪的主控电路板上所包含的内容也有所区别。

（1）采用电源适配器或 USB 接口供电的主控电路

【图文讲解】

电源适配器和 USB 接口供电方式的扫描仪电路板如图 1-16 所示。扫描仪若采用电源适配器或 USB 接口供电，其内部电路板中则无电源供电电路，而直接由外部电源为主控电路供电，通过主控电路板中的滤波电路处理后，送入主控电路中。

（2）采用市电直接供电的主控电路

采用市电直接供电的扫描仪主控电路板除了含有主控电路外，还有电源供电电路。

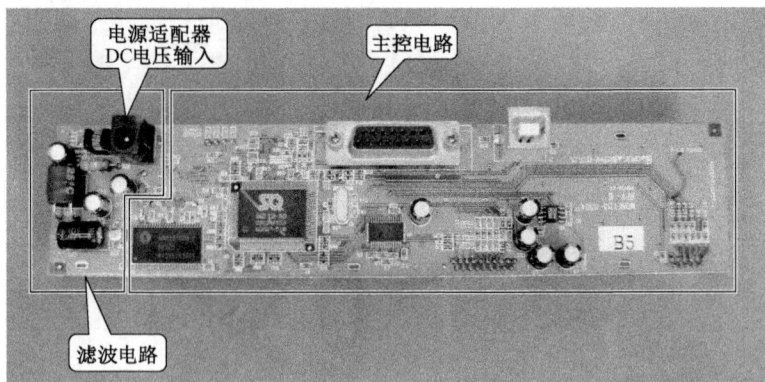

图 1-16　电源适配器和 USB 接口供电方式的扫描仪电路板

【图文讲解】

如图 1-17 所示为采用市电直接供电的扫描仪电路板。该电路中的主控电路与电源供电电路相互独立。

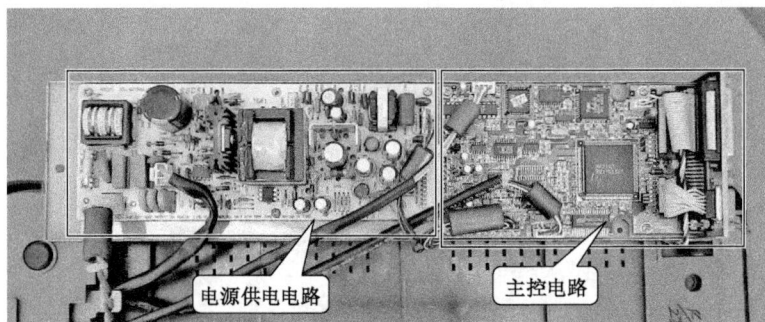

图 1-17　采用市电直接供电的扫描仪电路板

主控电路是扫描仪的控制系统，在扫描过程中，它主要完成 CCD 信号的输入处理以及对驱动电机的控制，将读取的图像以任意的解析度进行处理。

电源供电电路则是将交流 220V 工作电压整流滤波后，为主控电路及扫描仪的各个部分提供低压直流电，使其能够正常工作。

任务模块 1.2　掌握扫描仪的工作原理

启动扫描仪驱动程序后，扫描仪主控电路开始发出控制指令驱动扫描成像系统（扫描组件）和驱动电机工作。扫描成像系统开始工作时，由曝光灯对原稿进行曝光扫描，曝光扫描后的光图像经过反光镜反射和镜头照射到 CCD 图像传感器上，CCD 图像传感器将光图像转换为电信号并送到数字信号处理电路进行 A/D 变换处理，将其转变为数字信号。处理后的图像数字信号通过"串行/并行/SCSI/USB 接口"送到计算机中再进行处理。

【图文讲解】

如图 1-18 所示，为扫描仪的工作原理示意图。驱动电机通过传动齿轮和传送皮带带动扫描成像系统沿导轨水平移动，将原稿上的图像信息一行一行地进行扫描，从而完成整页原稿的扫描工作。

扫描仪的曝光灯供电电路为曝光灯提供工作电压，使其正常工作。而主控电路则在扫描仪工作过程中不断地检测扫描仪各部分的工作状态，并根据计算机的指令控制扫描仪的工作。

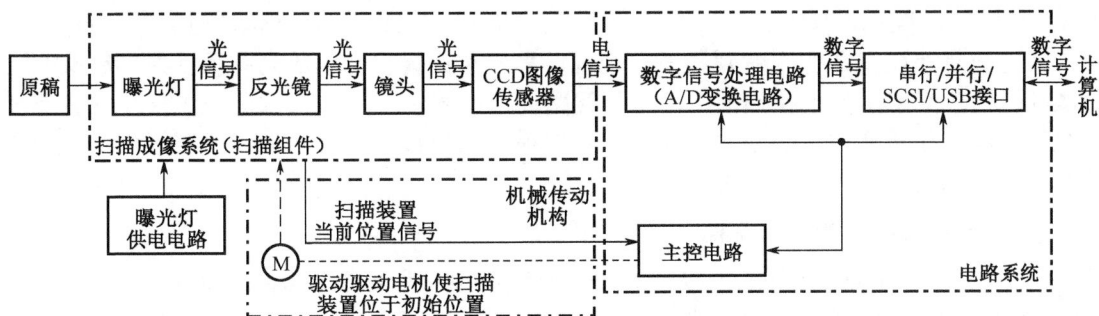

图 1-18　扫描仪的工作原理示意图

知识讲解 1.2.1　搞清扫描仪成像系统的工作过程

扫描仪根据其采用的扫描技术不同，扫描工作过程也有所区别。目前，大多数扫描仪采用 CCD 扫描技术和 CIS 扫描技术。

1. CCD 扫描组件的工作流程

CCD（Charge Couple Device）是电荷耦合器件。该器件也是一种半导体器件，它具有一个感光面和多个引脚，其功能是将感光面上的光图像变成电信号输出。由于 CCD 的尺寸远不及扫描原稿的宽度，因此在这种光学成像系统中，在 CCD 的前面装有一个镜头，扫描时将原稿图像通过镜头聚焦缩小后投射到线性 CCD 上。

【图文讲解】

如图 1-19 所示为 CCD 扫描组件的工作原理示意图。

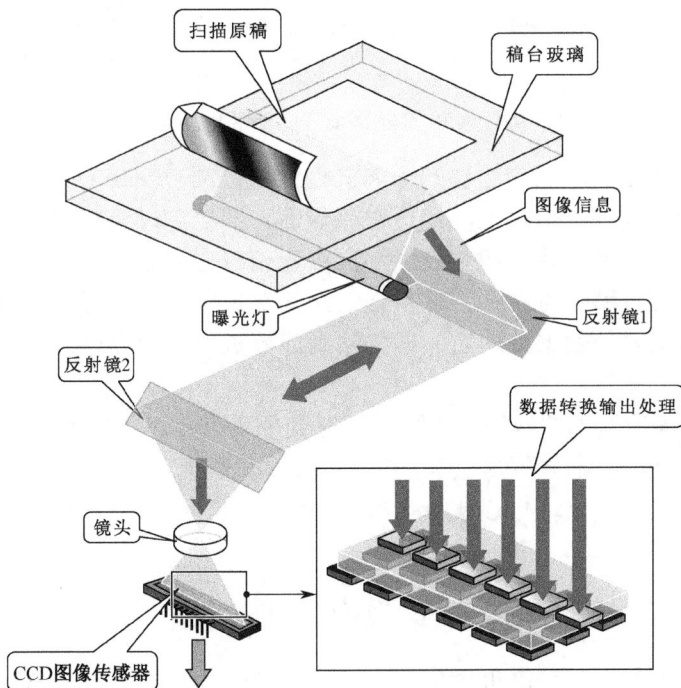

图 1-19　CCD 图像传感器工作过程

扫描组件是在驱动电机的驱动下完成图像的读取扫描的。在扫描时，扫描组件在驱动电机的驱动下沿着水平方向（滑动导轨）移动，由曝光灯产生的光源将扫描的图像（原稿）照亮，原稿被照亮后，原稿的光图像就会通过扫描组件中的第一反光镜反射到第二反光镜，第二反光镜将原稿光图像反射到第三反光镜，第三反光镜将原稿的光图像反射到镜头，光图像经过镜头照射到安装在扫描组件电子线路板上的线性 CCD 上，线性 CCD 将扫描组件读取的光图像信号变成电信号，再经过连接电缆（软排线）传输到电子线路板中，经过电子线路处理以后再传输给计算机。

2．CIS 扫描组件的工作流程

CIS（Contact Image Sensor）接触式图像传感器件，是一种光电转换器件，采用一列内置的 LED 发光二极管照明，直接接触在原稿表面读取图像数据。

【图文讲解】

如图 1-20 所示为 CIS 接触图像传感器的电路结构。

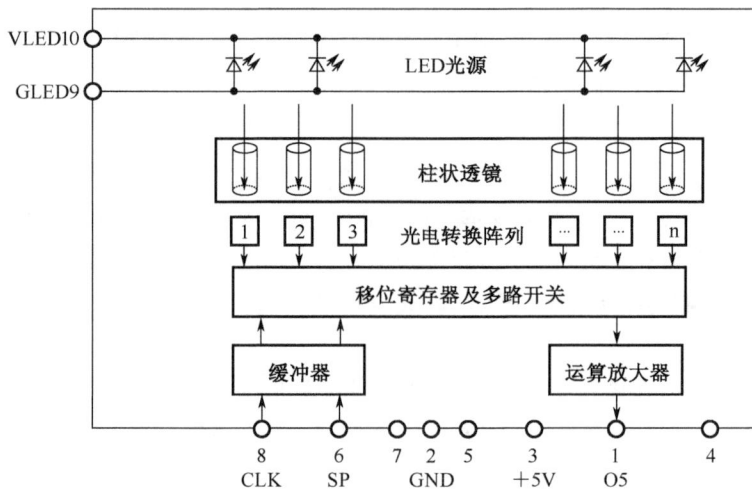

图 1-20　CIS 接触图像传感器的电路结构

光源发出的光线透过玻璃到达被扫描的文稿上，根据被扫描的文稿明暗程度不同，光线有部分或全部反射到柱状透镜上，经透镜聚焦后，照射到感光电路板的成像阵列上。成像阵列由若干个光敏元件组成，明暗程度不同的光信号由光敏元件转变成电压幅值大小不同的电信号，然后通过移位寄存器将信号传送至运算放大器，信号经运算放大器放大后送入主控板中，图像信号经数据处理后，再传输到计算机中进行处理或存储。

【提示】

CIS 扫描技术采用发光二极管为光源，照射到原稿上，三种颜色发光二极管（红、绿、蓝）快速地切换发光为扫描系统提供 R、G、B 三原色光源。CIS 接触图像传感器的色彩范围由发光二极管的光谱决定，与 CCD 图像传感器采用滤色装置不同光源也不同，因此 CIS 方式的色彩效果较差。

知识讲解 1.2.2　搞清扫描仪电路的工作过程

扫描仪主要由主控电路板、机械传动组件、扫描组件、CCD 电路板、曝光灯供电电路板和操作电路板构成。

【图文讲解】

如图 1-21 所示，为典型扫描仪各部分之间的连接示意图。扫描仪由计算机为其供电，通过计算机和操作面板向扫描仪输送指令控制信号，经主控电路板处理后，向驱动电机传输控制信号，使其带动扫描组件工作，扫描组件通过 CCD 电路将光信号转换为电信号并输送到主控电路中，经主控电路处理后，将图像信息传输到计算机中。

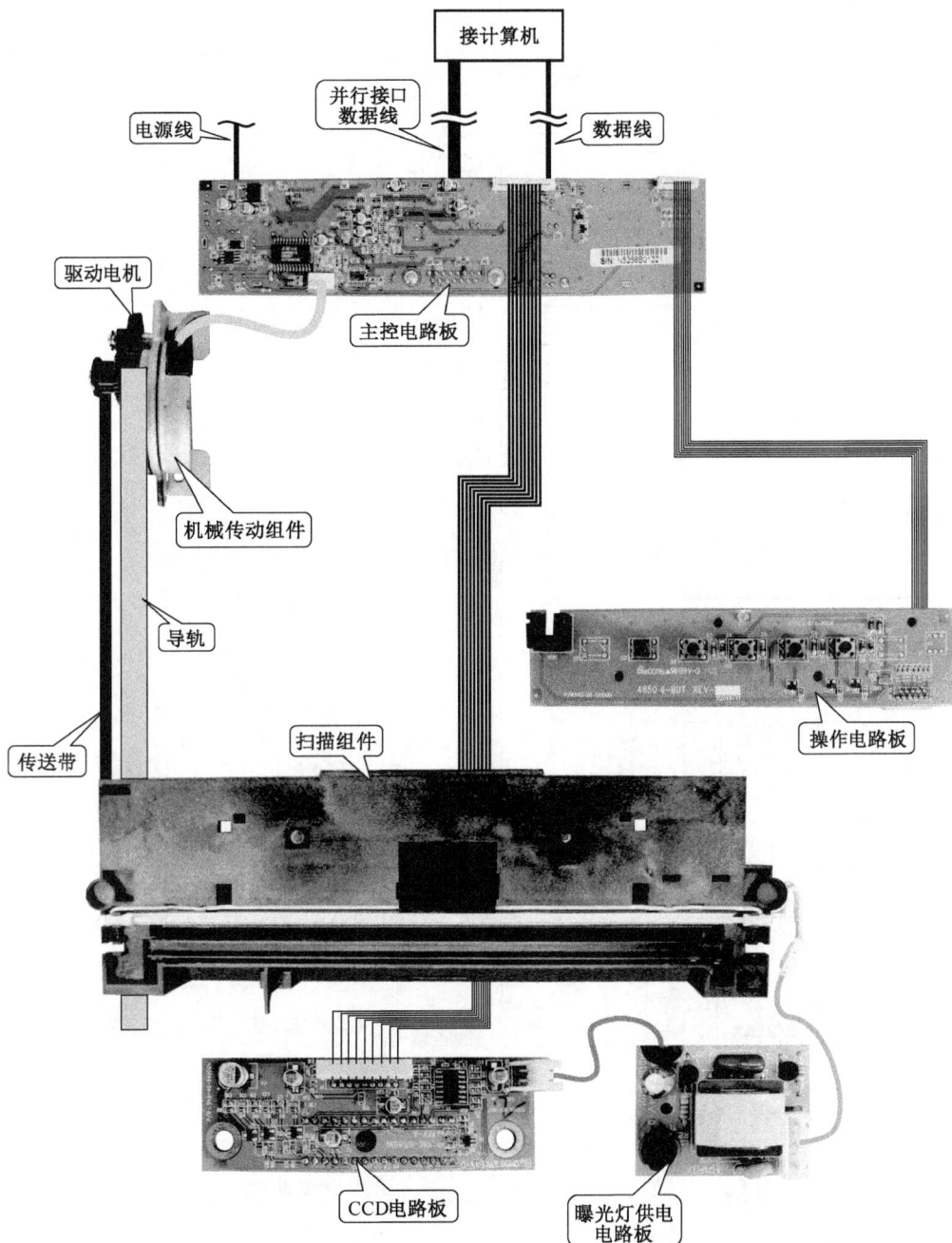

图 1-21　典型扫描仪各部分之间的连接示意图

图 1-22 所示为典型扫描仪控制系统框图。交流适配器为主控电路提供＋12 V 工作电

压，由主控电路控制曝光灯、扫描组件、扫描组件驱动电机等工作，并且当扫描仪工作后，电源指示灯亮，并由启动键启动扫描仪工作。

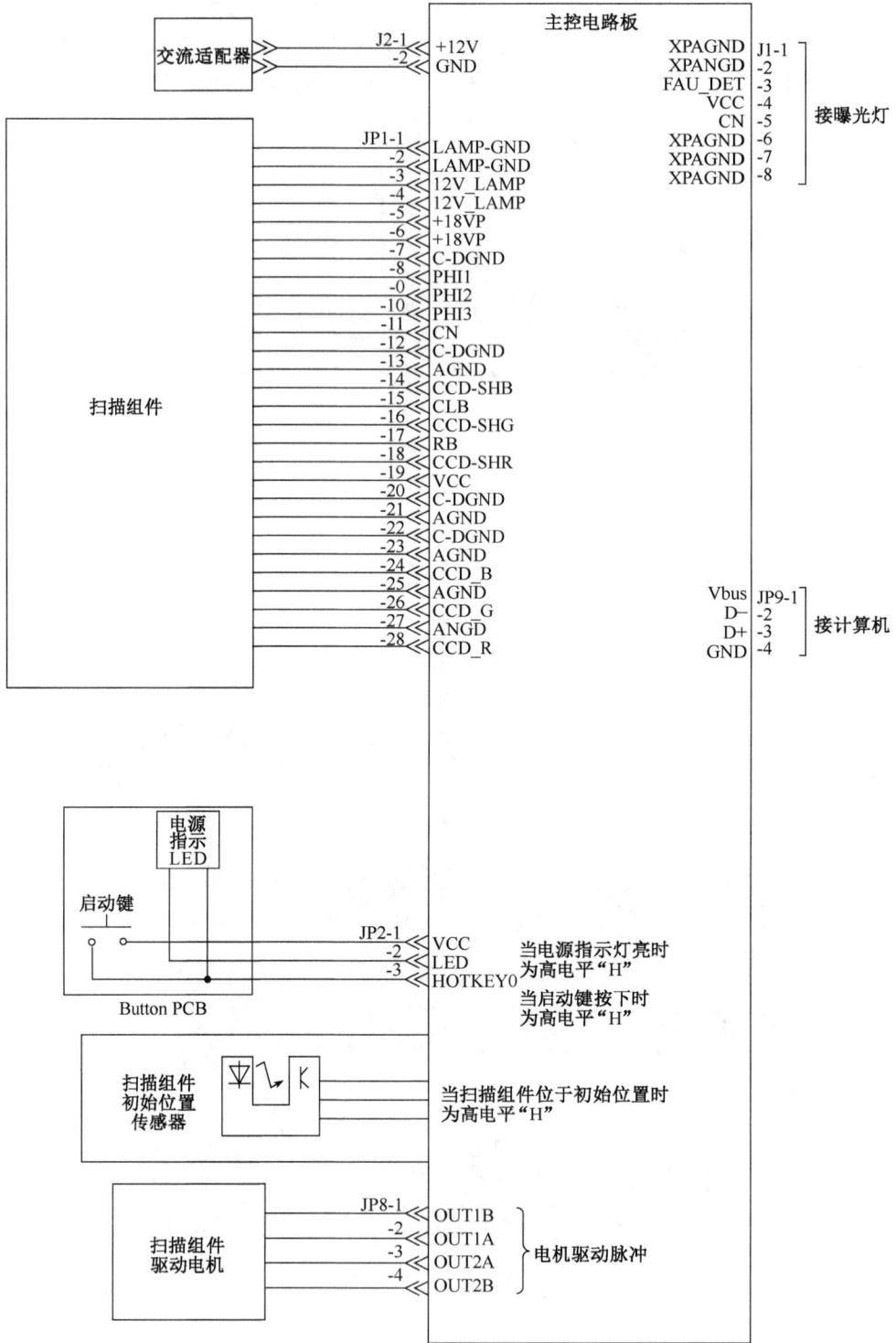

图 1-22 典型扫描仪控制系统框图（佳能 D1230UF）

1.曝光灯供电电路的工作原理

曝光灯供电电路主要用于为扫描仪曝光灯提供工作电压,使曝光灯工作。

【图文讲解】

图 1-23 所示为扫描仪曝光灯供电电路工作原理图,计算机与主控电路板连接,通过主控电路板内部的信号处理和控制电路为曝光灯供电电路提供工作信号,驱动逆变器曝光灯供电电路,由逆变器曝光灯电路为曝光灯提供工作电压。

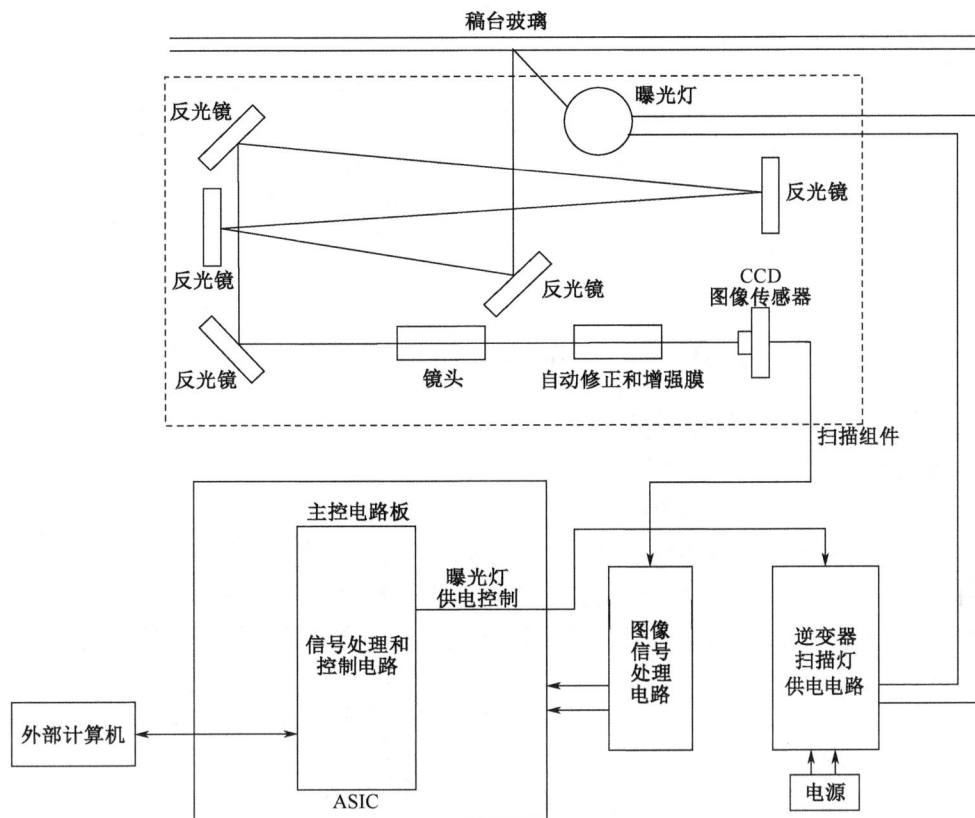

图 1-23 扫描仪曝光灯供电电路工作原理图

2.扫描组件电机驱动电路

扫描仪与计算机连接后,通过扫描驱动程序对扫描仪发出扫描指令,经过信号处理和控制电路分析处理后,向电机驱动电路传输控制信号,控制扫描组件驱动电机工作。

【图文讲解】

图 1-24 所示为扫描仪扫描组件电机驱动电路的控制关系。

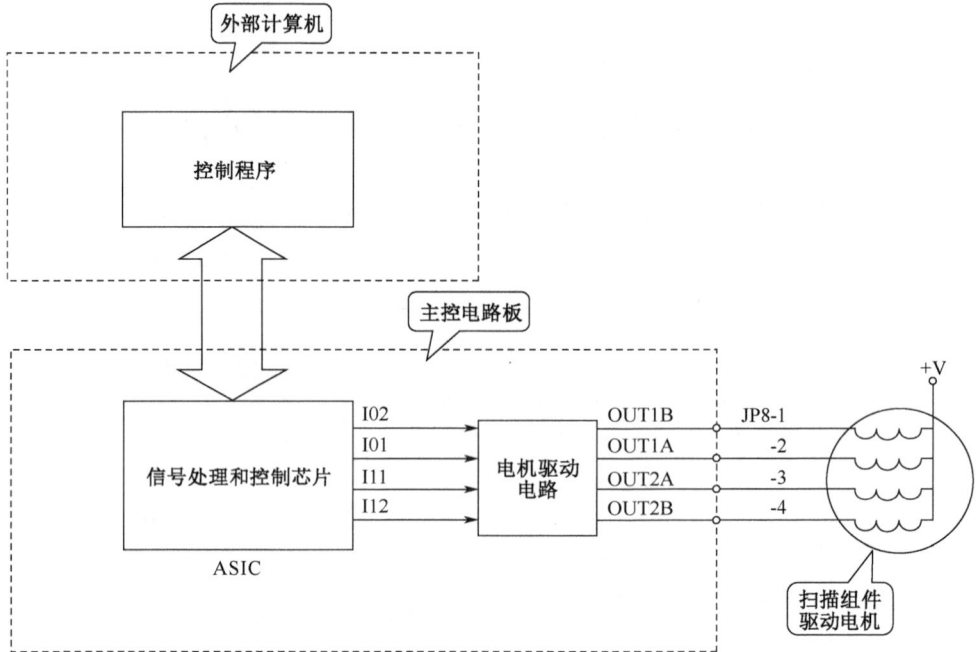

图 1-24　扫描仪扫描组件电机驱动电路的控制关系

3．图像信号处理电路

【图文讲解】

如图 1-25 所示为图像信号处理电路的结构框图。由 CCD 图像传感器将扫描的光图像转变成电信号经 A/D 转换器转换成数字图像信号，并通过校正电路校正后再进行滤波处理，最后将图像信号送到 R、G、B 图像数据处理电路进行数字信号处理，该电路中包含图像黑白反转电路，R、G、B 三路信号经处理后再合成为一路图像数据信号，传输到计算机中。

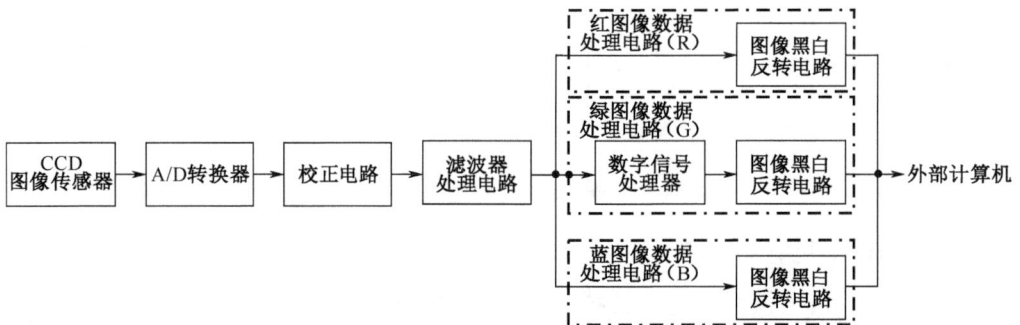

图 1-25　图像信号处理电路的框图

4．CCD 图像信号处理电路

【图文讲解】

如图 1-26 所示为 CCD 图像信号处理电路结构框图。CCD 图像传感器将扫描信号通过 R、G、B 模拟信号放大器放大后，送入 A/D 转换器中，由 A/D 转换器转换后输出数字信号，送入数字信号处理电路中。

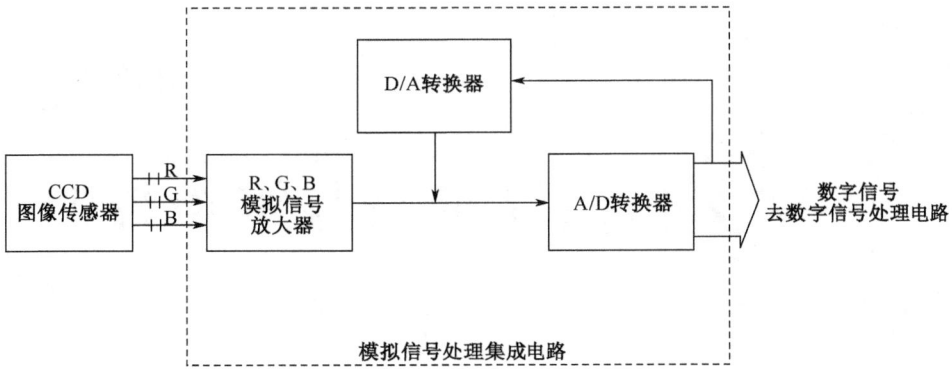

图 1-26　CCD 图像信号处理电路结构框图

5．A/D 转换器

【图文讲解】

如图 1-27 所示为 A/D 转换器结构图。A/D 转换器将 R、G、B 图像信号转换为图像数据信号，送入数字信号处理电路中。

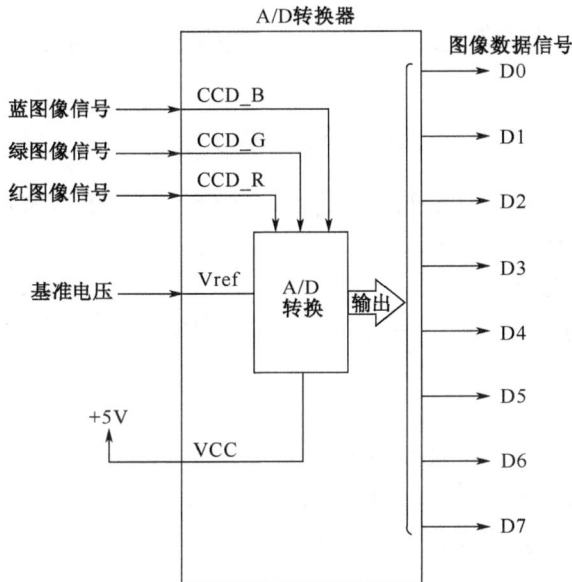

图 1-27　A/D 转换器结构图

项目二

掌握扫描仪维修与维护技能

▶▶▶

在该项目中，我们要通过对扫描仪实际样机的解剖，介绍扫描仪的拆装方法，并结合扫描仪的结构和工作原理，明确扫描仪的故障特点和故障检修流程。最后，通过对典型扫描仪的分析与检测，使读者掌握扫描仪的维修方法和技巧。

任务模块 2.1　了解扫描仪的故障特点和检修流程

知识讲解 2.1.1　了解扫描仪的故障特点

扫描仪是光、机电一体化的高科技产品，广泛用作计算机的输入设备。它是常用的办公设备之一，出现故障的形式多样。

（1）稿台系统故障特点

扫描仪稿台系统的故障特点主要表现为扫描仪扫描后的图像模糊、不清楚、出现变形等情况。

（2）扫描系统故障特点

扫描仪扫描系统出现的故障比较复杂，主要表现为扫描结束后的图像出现有规律的黑色线条；开启扫描仪时曝光灯总是不亮、亮度不均匀、闪烁不停或预热时间过长，不能进入正常工作状态；扫描仪正常工作，但是无法扫描得到的数据信息，计算机屏幕上也无法显示扫描图像等状况。

（3）机械传动系统故障特点

扫描仪机械传动系统出现的故障主要有开启扫描仪以后，Ready（准备）灯亮，但扫描组件不能移动，或者扫描仪工作时发出很大的噪声。这些故障一般都是步进电机、导轨机构或者传送带出现问题，查找故障的位置和检修起来都比较方便。

（4）电路系统故障特点

扫描仪的电路系统包括：操作显示电路和微处理器控制电路。

操作显示电路是进行人机交互的主要电路，主要表现的故障特点就是操作按键失灵或显示指示灯失常。

微处理器控制电路中包括与外接相连的接口，如 USB 接口、电源接口，故障特点主要表现为与计算机连接不上，扫描的图像信息无法处理，等等。

知识讲解 2.1.2 了解扫描仪的基本检修流程

扫描仪在办公中使用的频率很大，出现故障的次数增加、形式多种多样。出现故障时，可根据出现的具体故障进行相应的检修，进而排除故障。

（1）稿台系统的故障检修流程

扫描仪稿台系统主要包括上盖和稿台两个部分。如图 2-1 所示为扫描仪稿台系统检修流程图。

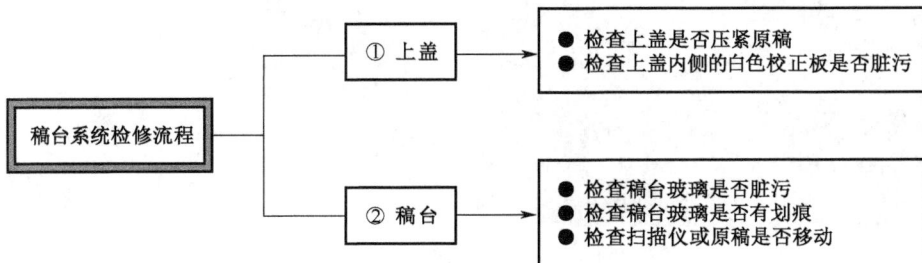

图 2-1 扫描仪稿台系统检修流程图

扫描仪的外壳就是上盖，它的主要作用是压紧原稿、防止扫描灯光的外泄或受外部光源的干扰。放置原稿的地方叫作稿台，其四周设有标尺线以方便原稿放置，并能及时确定原稿扫描尺寸，中间为透明玻璃。若稿台系统出现故障，应重点检查稿台玻璃是否脏污或出现划痕，扫描原稿放置是否平稳，扫描过程中是否移动扫描仪或原稿。

（2）扫描系统的故障检修流程

扫描仪的扫描系统主要包括反光镜、镜头、曝光灯和线性 CCD 等，图 2-2 所示为扫描仪扫描系统检修流程图。

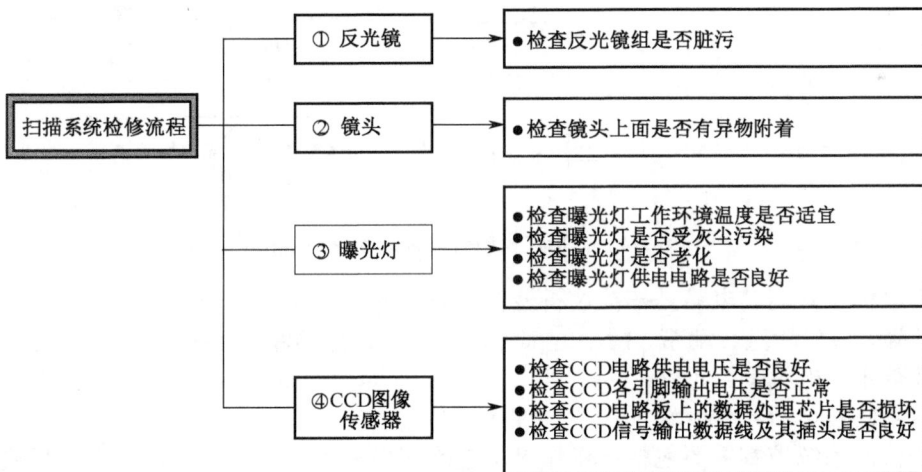

图 2-2 扫描仪扫描系统检修流程图

扫描装置是在电机驱动下完成的图像的读取扫描的，在扫描的时候，这个装置在电机的驱动下沿着滑动轨道的方向移动，由扫描灯产生的光源将扫描的图像照亮。扫描系统的工作原理如图 2-3 所示。

曝光灯是在扫描时为原稿照明的小型荧光灯。在扫描过程中，由于原稿是不发光的，因此必须使用一定的光学手段（光源或灯具）将原稿照亮。曝光灯就是用来照射原稿，以完成原稿的曝光任务。而由于扫描头体积较小，原稿的图像不能够直接投射到 CCD 图像传感器上，而要经过几个反光镜的反射后才能照射到 CCD 图像传感器的感光面上。因此，反光镜的主要作用就是反射光线以便在 CCD 上成像。因此扫描系统出现故障，应分别检查曝光灯是否老化、镜头是否有赃物、CCD 图像传感器是否正常，等等。

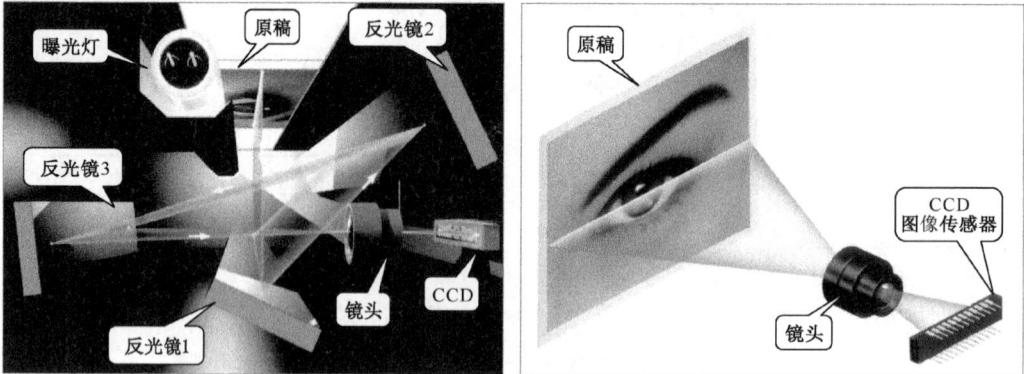

图 2-3　扫描系统的工作原理

（3）机械传动系统的故障检修流程

扫描仪的机械转动系统主要包括步进电机、传送带、滑动导轨和齿轮组，图 2-4 所示为扫描仪机械传动系统检修流程图。

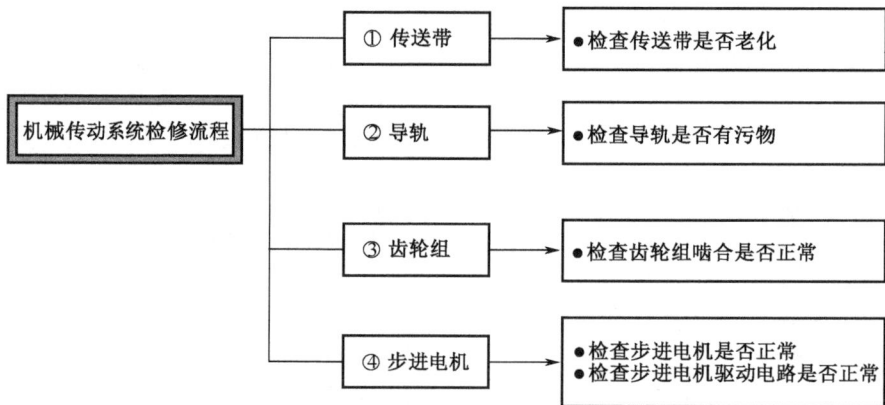

图 2-4　扫描仪机械传动系统检修流程图

步进电机及其驱动电路是扫描仪机械传动系统的核心器件，但是当扫描仪机械传动系统出现故障，应先检查传动带、滑轨等部件，在排除其他部件引起机械传动系统的故障时，再重点检查步进电机是否正常。

（4）系统控制的故障检修流程

扫描仪的系统控制主要包括：操作显示电路和微处理器控制电路，不论是哪块电路，都可按照故障检修流程的方法进行检测，如图 2-5 所示为扫描仪系统控制检修流程图。

操作显示电路主要是由微动开关和发光二极管构成按键和指示灯，因此，当操作显示电路出现故障，应重点检测微动开关和发光二极管这些易损器件。

微处理器控制电路为扫描仪整机工作提供驱动信号，并肩负着与计算机连接、传递数据的任务，因此，当微处理器控制电路出现故障，应重点检查输入/输出接口、IC 芯片，等等。

由于扫描仪使用的是电源适配器供电，因此电源供电电路主要位于适配器内，在扫描仪中没有专门的电源电路。

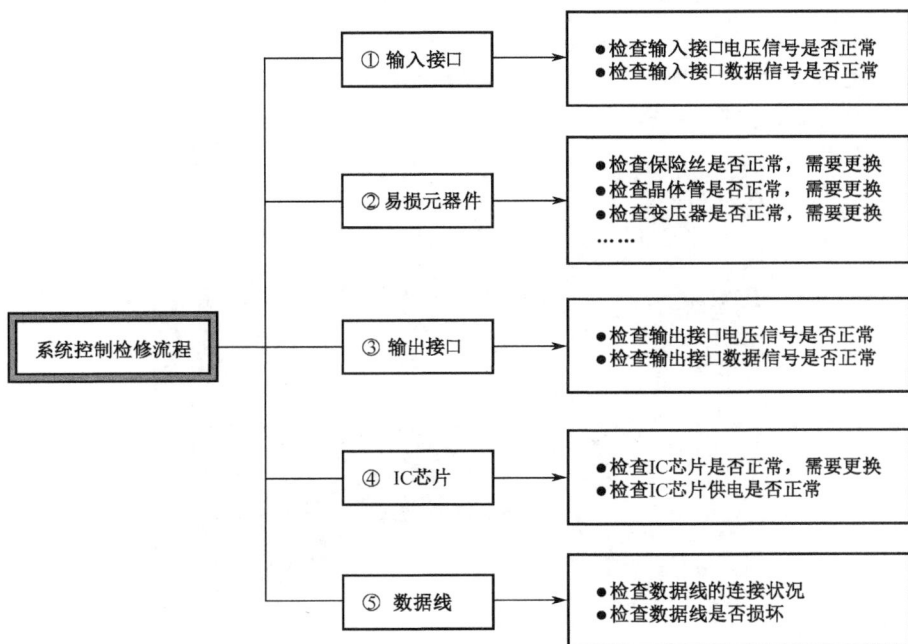

图 2-5　扫描仪系统控制检修流程图

任务模块 2.2　掌握扫描仪的检修技能

技能训练 2.2.1　扫描系统的检修方法

　　扫描系统是扫描仪的核心部件，主要包括反光镜、镜头、曝光灯和 CCD 图像传感器等，如图 2-6 所示，从外观上只能看到曝光灯、曝光灯高压电路、CCD 图像传感器电路，其他的镜头和反光镜组件都安装在扫描装置的内部。

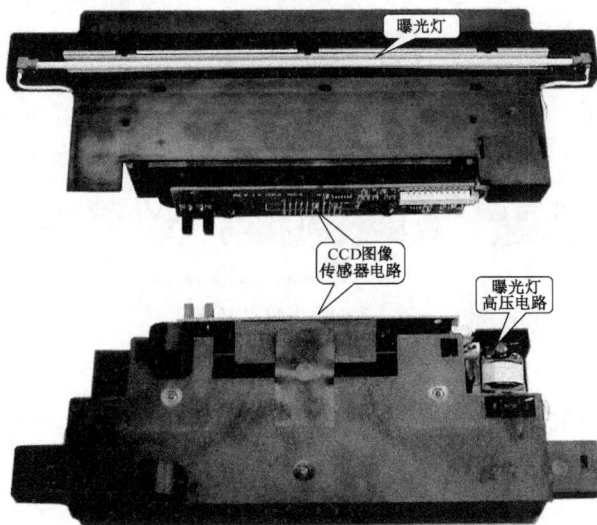

图 2-6　扫描系统基本结构

（1）曝光灯的检修

曝光灯是用来照射原稿，以完成原稿的曝光任务。若曝光灯出现故障，则应检查扫描灯是否有灰尘污染，及时清洁，如图2-7所示。

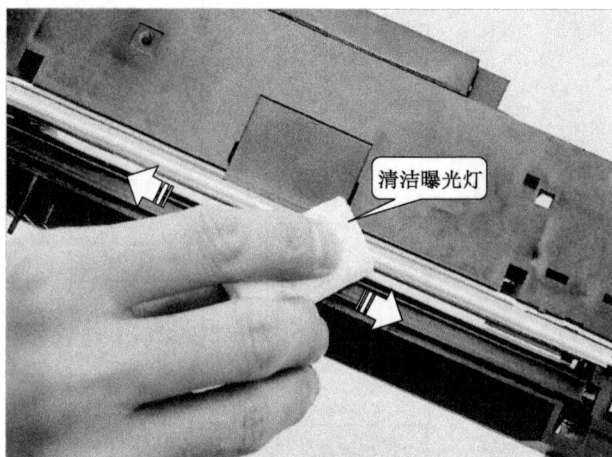

图2-7　清洁扫描灯

【图解演示】

曝光灯故障有可能是曝光灯本身出现故障，如图 2-8 所示为检测曝光灯管引线插头两个引脚之间的电阻值，正常时扫描灯两端的电阻为无穷大，很难判断故障，但如果灯管有变黑的情况则属损坏，应及时更换。

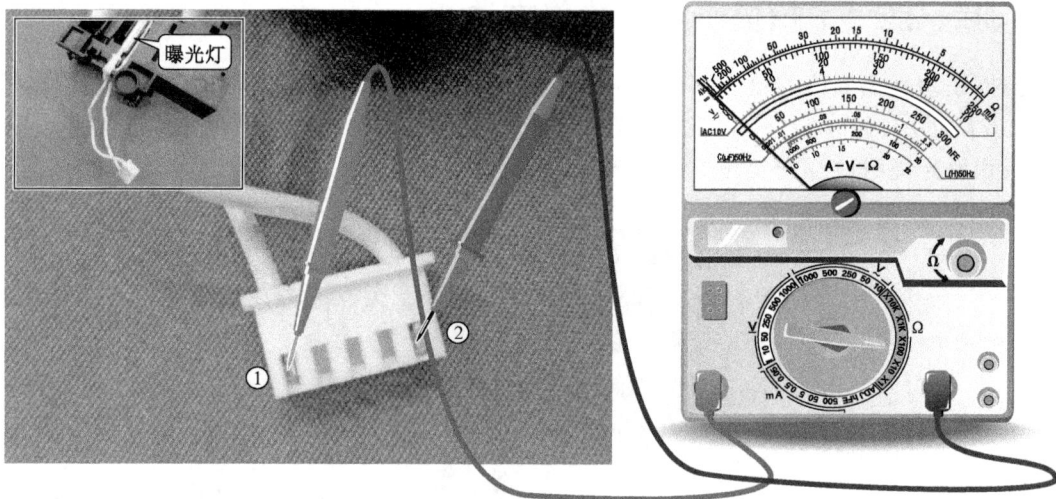

图2-8　曝光灯的检测

（2）变压器的检修

曝光灯故障还有可能是高压供电电路出现故障，可先检测高压供电电路中变压器的初级绕组，再检测次级绕组，如图2-9所示为变压器引脚标志。

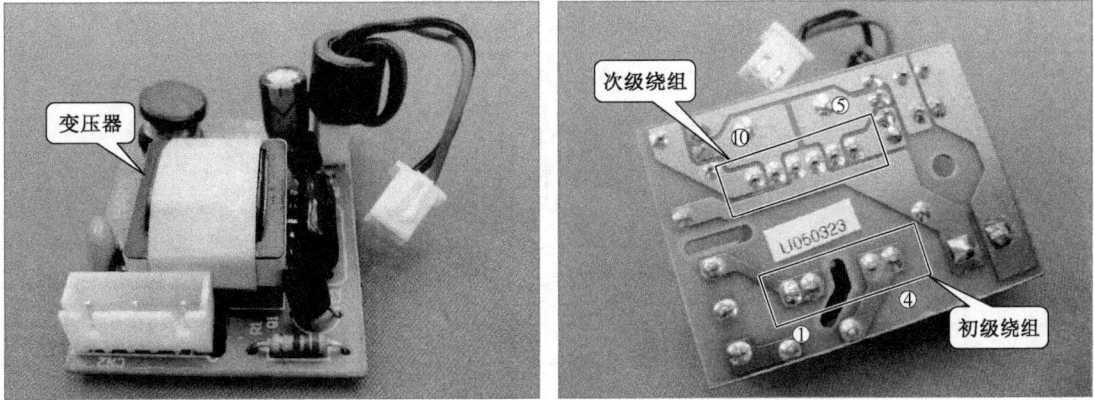

图 2-9　变压器引脚标志

【图解演示】

如图 2-10 所示为变压器绕组的检测，变压器绕组阻值如表 2-1 所示。

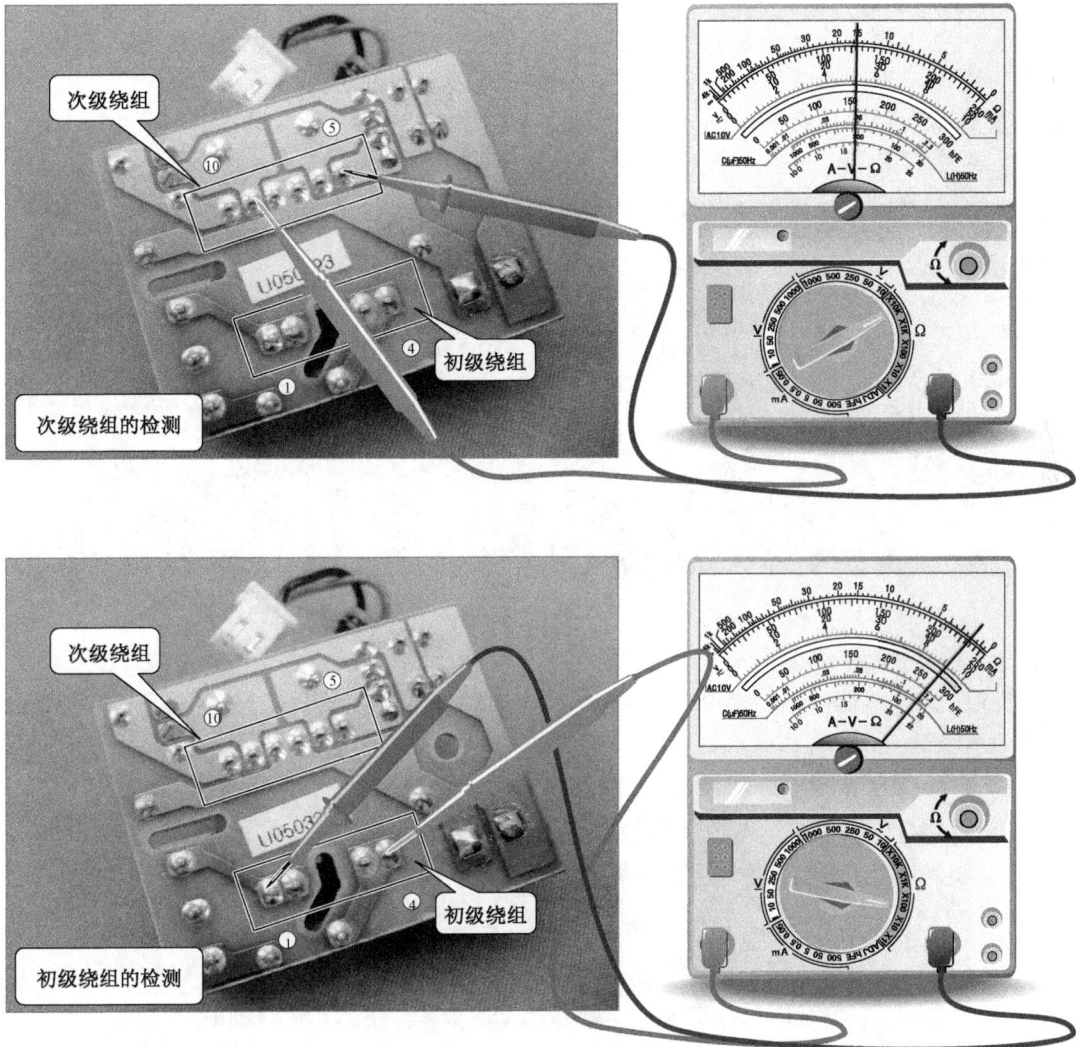

图 2-10　变压器绕组的检测

表 2-1　变压器绕组阻值

初级绕组阻值					
引　脚	阻　值	引　脚	阻　值	引　脚	阻　值
1-2	0×100Ω	1-4	2×100Ω	2-4	2×100Ω
1-3	2×100Ω	2-3	2×100Ω	3-4	0×100Ω
次级绕组阻值					
引　脚	阻　值	引　脚	阻　值	引　脚	阻　值
5-6	15×100Ω	6-7	0×100Ω	7-9	0×100Ω
5-7	15×100Ω	6-8	0×100Ω	7-10	9×100Ω
5-8	15×100Ω	6-9	0×100Ω	8-9	0×100Ω
5-9	15×100Ω	6-10	9×100Ω	8-10	9×100Ω
5-10	0×100Ω	7-8	0×100Ω	9-10	9×100Ω

（3）反光镜的检查

【图解演示】

反光镜的主要作用是反射光线以帮助 CCD 成像。若反光镜出现故障时，则应检查反光镜组是否脏污，用棉布或棉花棒对反光镜组进行清洁，如图 2-11 所示。

由反光镜反射的原稿图像需要经过镜头投射到线性 CCD 上。若镜头出现故障，则检查镜头上面是否有纸屑、发丝、棉花等异物附着，可对镜头做清洁处理，如图 2-12 所示。

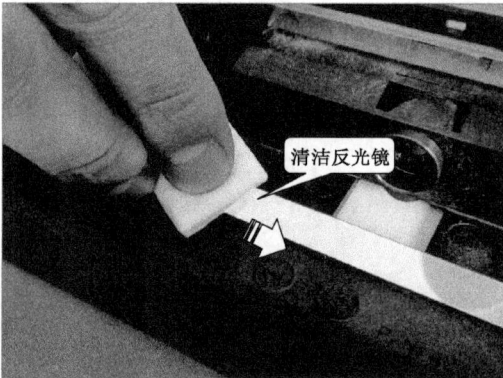

图 2-11　清洁反光镜　　　　　　图 2-12　清洁镜头

（4）CCD 图像传感器的检修

CCD 图像传感器电路如图 2-13 所示，在该电路上的主要器件就是 CCD 图像传感器，其引脚在背部有标志。

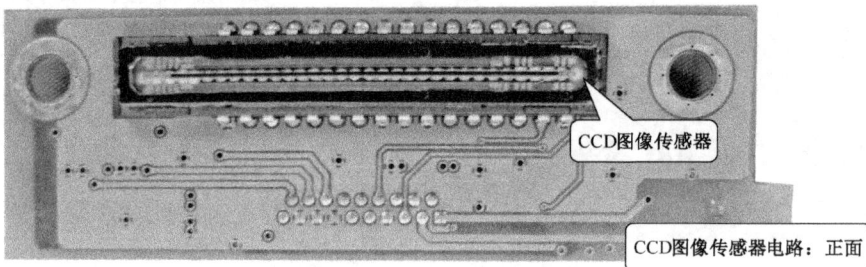

图 2-13　CCD 图像传感器电路

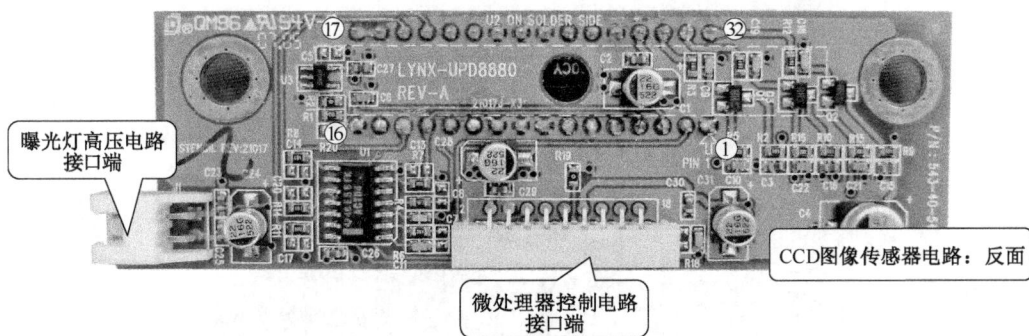

曝光灯高压电路
接口端

CCD图像传感器电路：反面

微处理器控制电路
接口端

图 2-13　CCD 图像传感器电路（续）

【图解演示】

如图 2-14 所示为 CCD 图像传感器的检测，CCD 图像传感器对地阻值如表 2-2 所示。

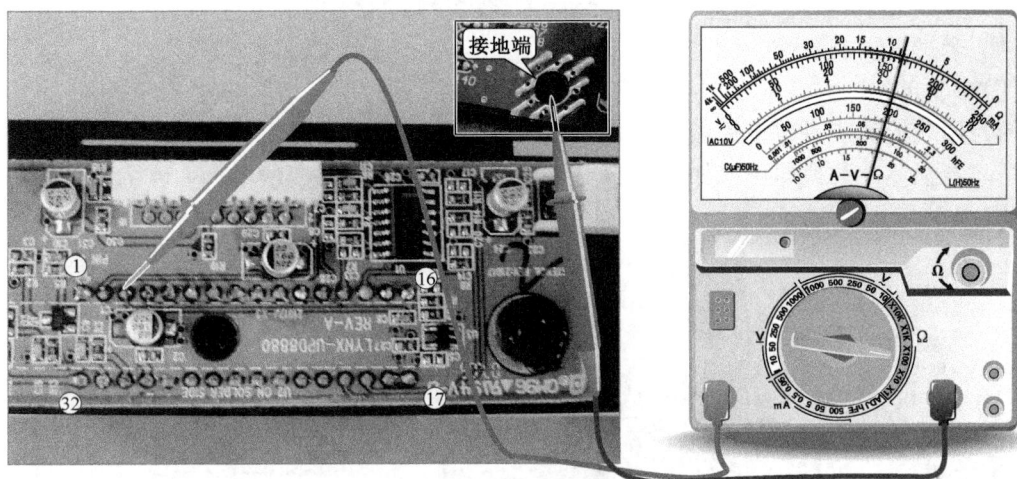

接地端

图 2-14　CCD 图像传感器的检测

表 2-2　CCD 图像传感器对地阻值

引　脚	对地阻值	引　脚	对地阻值	引　脚	对地阻值	引　脚	对地阻值
1	$0\times100\Omega$	9	∞	17	$7\times100\Omega$	25	$0\times100\Omega$
2	$8.5\times100\Omega$	10	$0\times100\Omega$	18	$7\times100\Omega$	26	∞
3	$8.5\times100\Omega$	11	$7\times100\Omega$	19	$8\times100\Omega$	27	∞
4	$7\times100\Omega$	12	$7\times100\Omega$	20	$7\times100\Omega$	28	$0\times100\Omega$
5	$7\times100\Omega$	13	$7\times100\Omega$	21	$7\times100\Omega$	39	$5.5\times100\Omega$
6	∞	14	$8\times100\Omega$	22	$7\times100\Omega$	30	$9\times100\Omega$
7	∞	15	$7\times100\Omega$	23	$0\times100\Omega$	31	$9\times100\Omega$
8	$0\times100\Omega$	16	∞	24	$0\times100\Omega$	32	$9\times100\Omega$

技能训练 2.2.2　机械传动系统的检修方法

扫描仪的机械传动部分主要包括步进电机、驱动带、导轨和齿轮组，如图 2-15 所示。

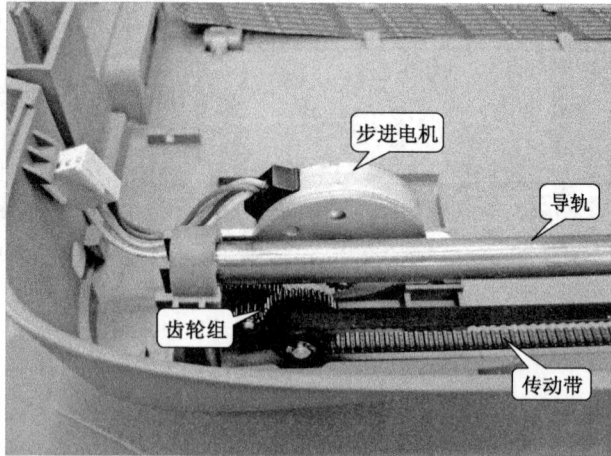

图 2-15　扫描仪的机械传动系统

（1）步进电机的检修

【图解演示】

用万用表检测步进电机引线插头各个引脚之间的电阻值来确定该步进电机内部线圈是否损坏，若损坏，替换即可，如图 2-16 所示，检测阻值如表 2-3 所示。

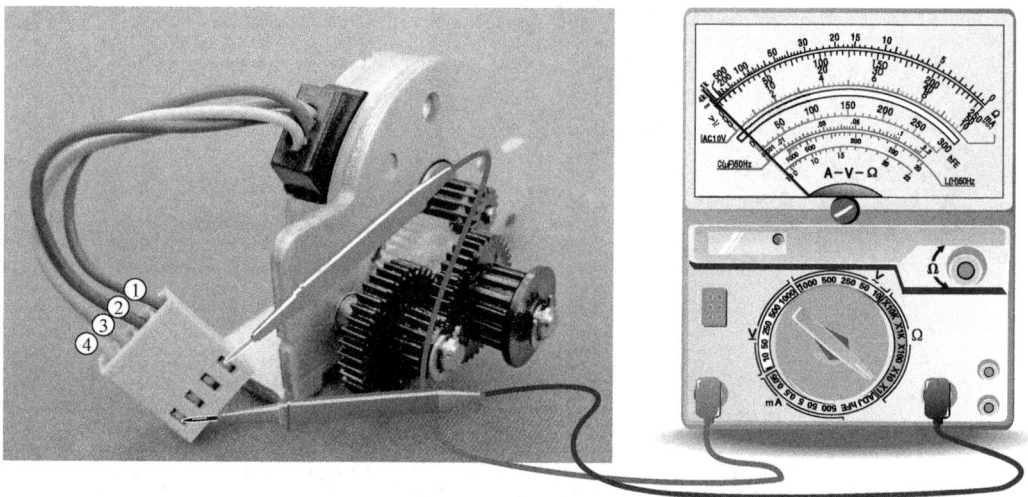

图 2-16　步进电机的检测

表 2-3　步进电机引脚之间的阻值

引　脚	阻　值	引　脚	阻　值	引　脚	阻　值
1-2	∞	1-4	∞	2-4	5.5×1 kΩ
1-3	5.5×1 kΩ	2-3	∞	3-4	∞

（2）齿轮组的检查

【图解演示】

若齿轮组出现故障，则检查齿轮组之间是否啮合，如图 2-17 所示。若损坏，用一字螺丝刀将卡扣取下，更换破损齿轮即可。

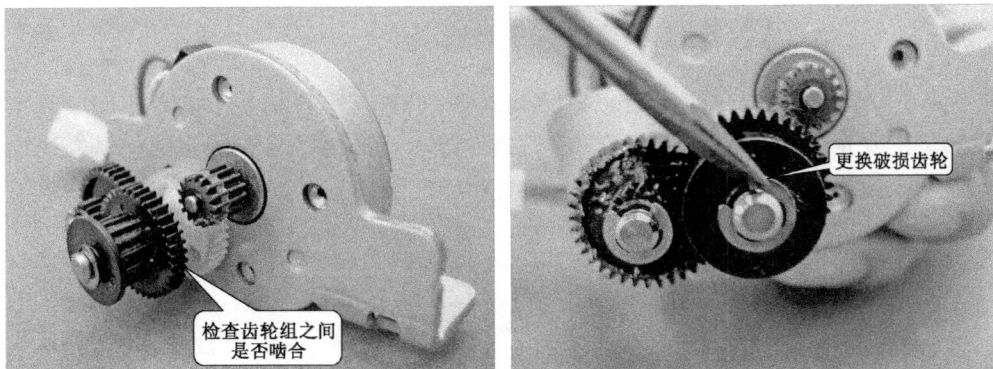

图 2-17　检查齿轮组之间是否啮合

（3）驱动带和滑动导轨的检查

【图解演示】

若驱动带出现故障，则检查驱动带是否松弛或断裂，如图 2-18 所示。若损坏，及时更换即可。

若滑动导轨出现故障，则检查滑动导轨是不是很干燥，滴几滴润滑油即可，如图 2-19 所示。

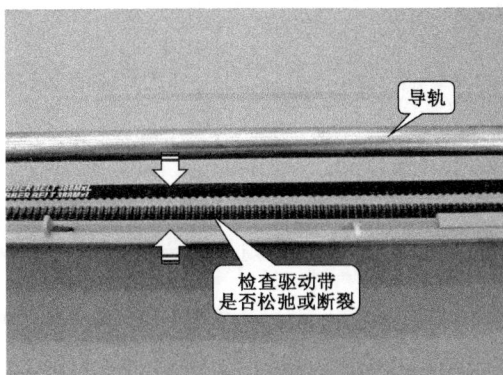

图 2-18　检查驱动带状况　　　　　图 2-19　清洁导轨

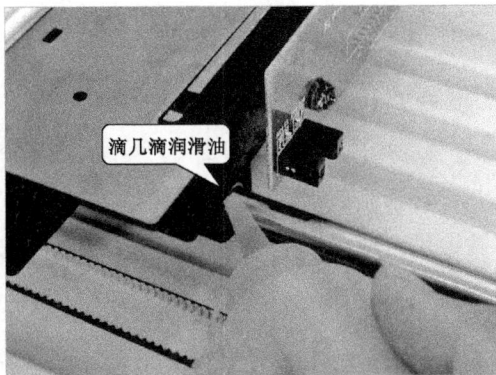

【提示】

若脏污较严重，并且很长时间没有使用，则将导轨抽出，检查并清洁导轨及其套孔的内壁，如图 2-20 所示。

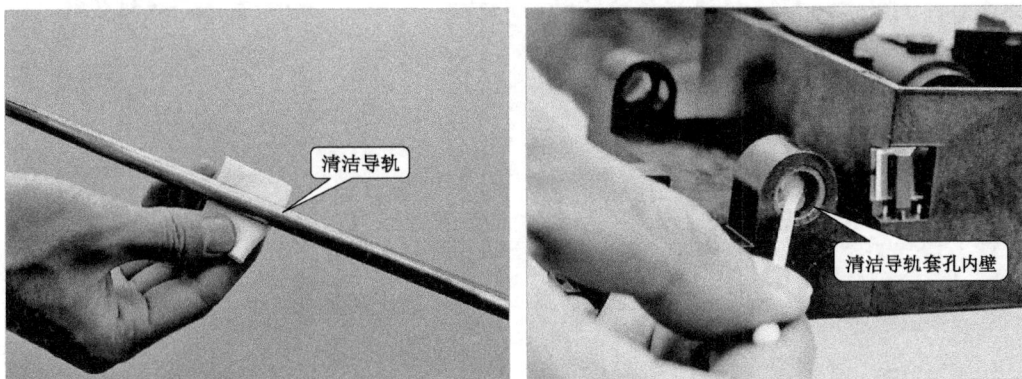

图 2-20　清洁导轨及其套孔的内壁

技能训练 2.2.3 操作显示电路的检修方法

如图 2-21 所示为扫描仪（Microtek ScanMaker 4850 II）操作显示控制电路板基本结构图，该电路主要是用来进行人机交互，实现指令输入，并将接受到的数据信号经过控制电路板接口端，由数据线送入控制电路板，进行指令控制。

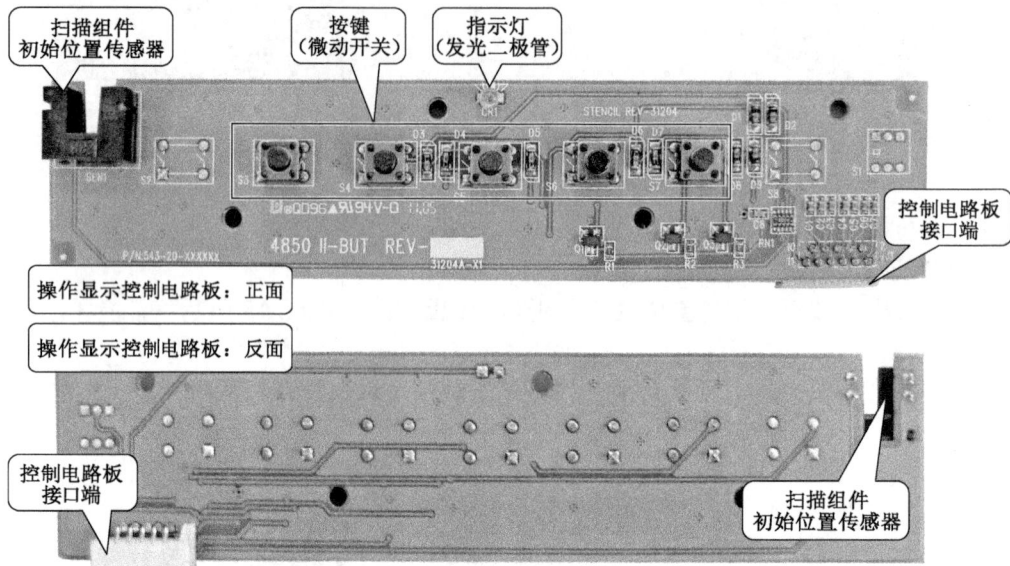

图 2-21 操作显示控制电路板基本结构图

（1）微动开关的检修

操作显示电路板上采用的按键是 4 个引脚的微动开关，在检测之前需要对其引脚关系进行判断。

【图解演示】

微动开关引脚关系判断如图 2-22 所示，用万用表检测任意两个引脚之间的阻值，若两个引脚之间的阻值为 0Ω，则说明这两个引脚为同一个焊点。

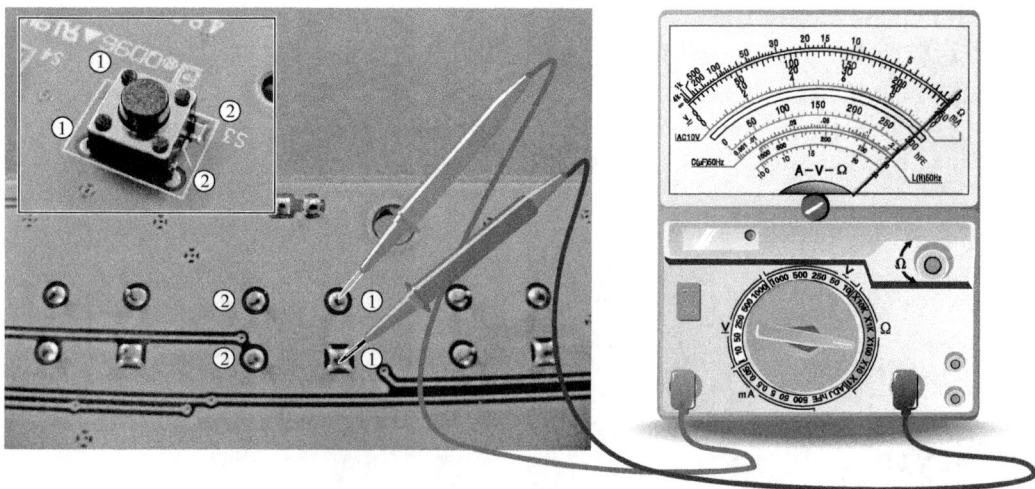

图 2-22 微动开关引脚关系判断

确定了微动开关引脚关系之后，就可以对其进行检测，如图 2-23 所示，当万用表表笔搭在不同焊点的两个引脚上时，万用表显示应为∞，若是按下微动开关，则万用表显示应为 0Ω。

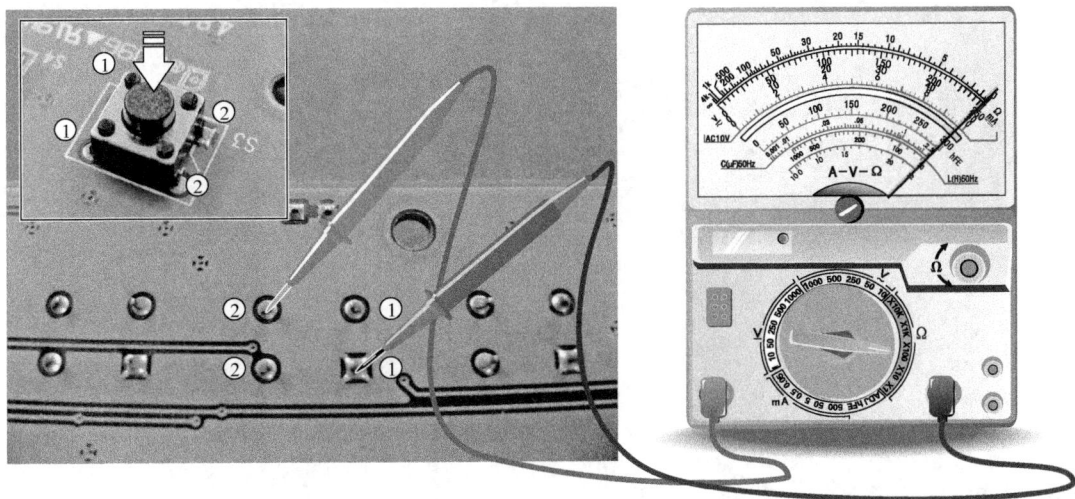

图 2-23 微动开关的检测

（2）发光二极管的检修

显示控制电路板上还有用于显示指示状态的发光二极管，如图 2-24 所示为发光二极管的引脚关系。

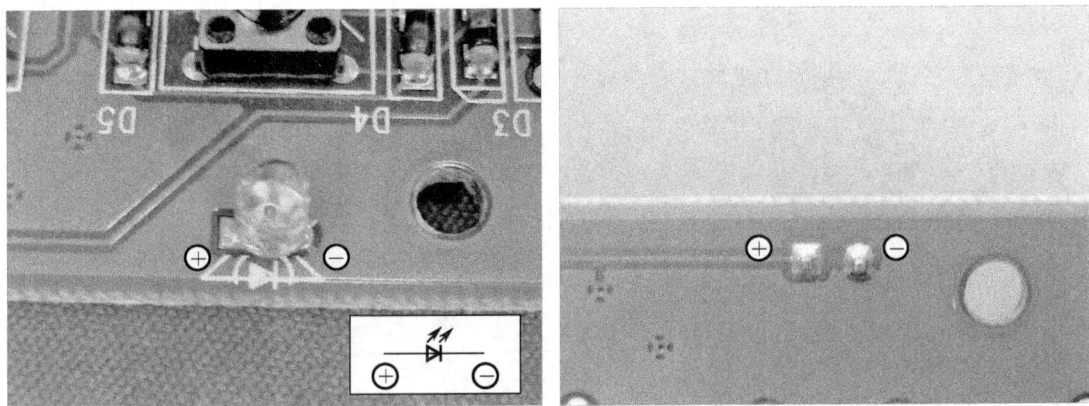

图 2-24 发光二极管及其相对应的引脚对照图

【图解演示】

发光二极管跟普通的二极管相同，也具有正向导通、反向截止的特性，因此发光二极管的检测方法与普通二极管的检测方法是一样的，如图 2-25 所示。

（3）初始位置传感器的检修

显示控制电路板上的传感器，主要作用是检测扫描组件的初始位置，如图 2-26 所示为初始位置传感器的引脚关系。①②脚内为发光二极管，③④脚内为光敏晶体管。

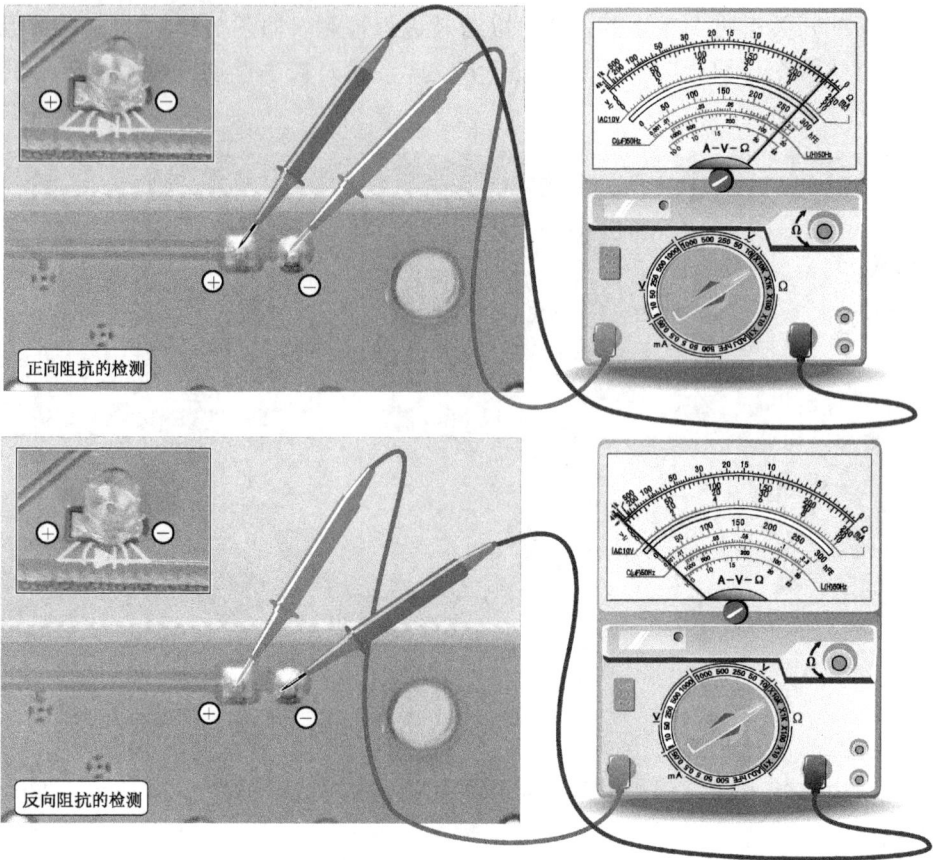

图 2-25　发光二极管的检测

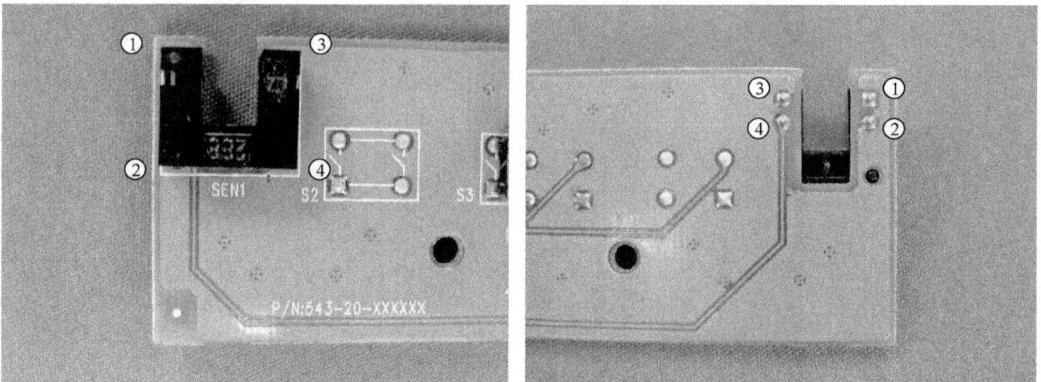

图 2-26　初始位置传感器的引脚关系

【图解演示】

检测时，将红表笔接①脚，黑表笔接②脚，测量的阻值为 $32×10$ kΩ；表笔互换过来，测得的阻值为 $1.5×10$ kΩ，操作如图 2-27 所示。

用同样的方法测量 3、4 引脚间的阻值。3 引脚接红笔、4 引脚接黑笔，测量的阻值为 $1×10$ kΩ；表笔互换过来，测得的阻值为∞。

（4）接口的检修

显示控制电路中的接口与控制电路相连，进行数据的传输与控制。

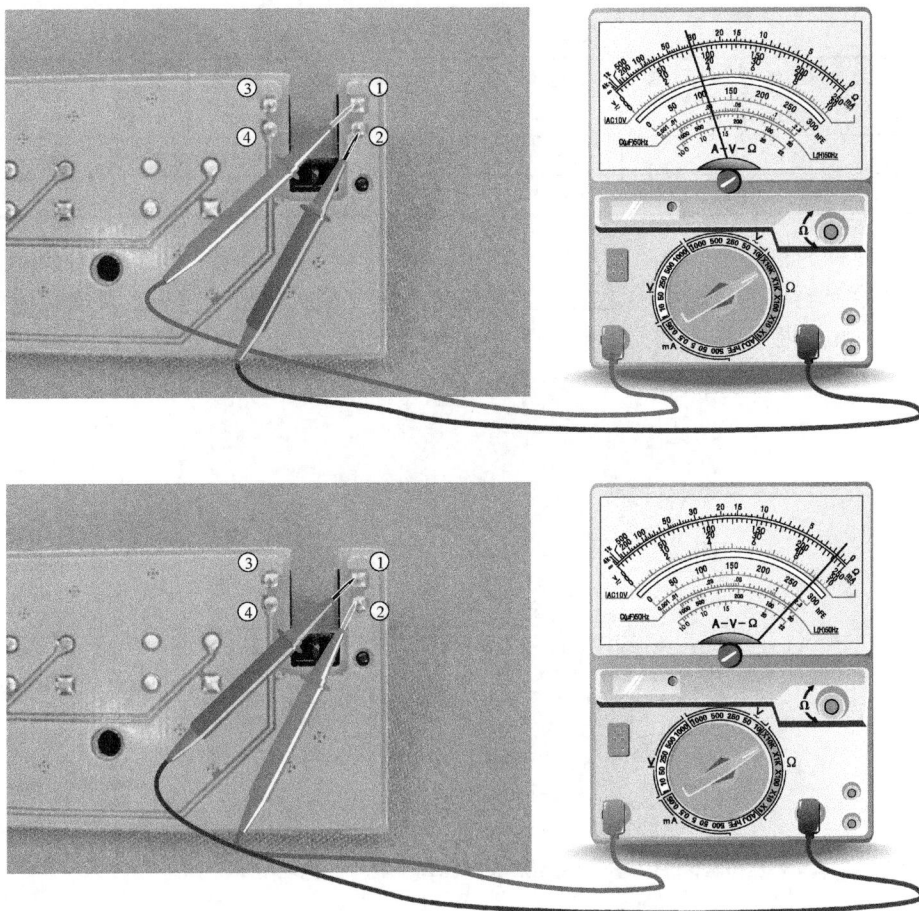

图 2-27　初始位置传感器的检测

【图解演示】

　　如图 2-28 所示为显示控制电路接口 J1 的对地阻值的检测方法，共有 11 个引脚，引脚对地阻值如表 2-4 所示。

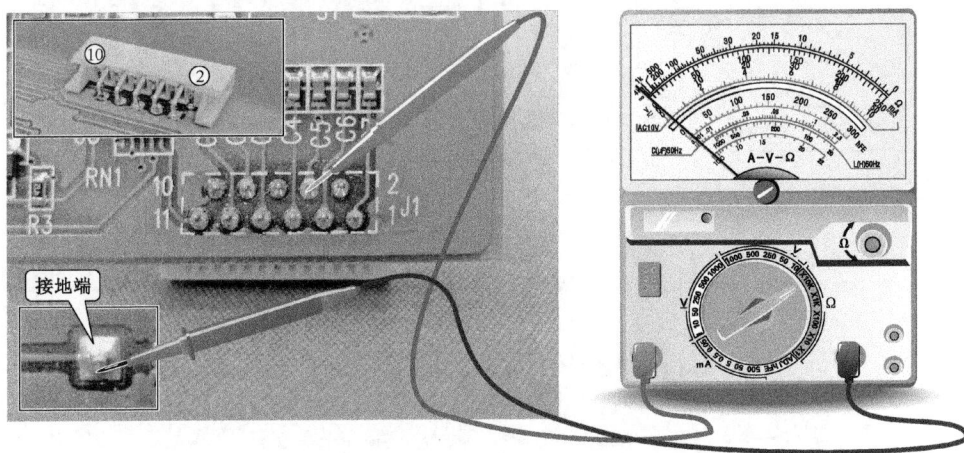

图 2-28　接口 J1 的对地阻值的检测方法

表 2-4　接口 J1 对地阻值

引　脚	对 地 阻 值	引　脚	对 地 阻 值	引　脚	对 地 阻 值	引　脚	对 地 阻 值
1	$32\times10k\Omega$	4	∞	7	$36\times10\ k\Omega$	10	$0\times10\ k\Omega$
2	$0\times10\ k\Omega$	5	$36\times10\ k\Omega$	8	$36\times10\ k\Omega$	11	$34\times10\ k\Omega$
3	∞	6	$0\times10\ k\Omega$	9	∞		

（5）元器件的检修

以上主要元器件的故障检修之后，如果还是没有发现故障所在。那么，就利用观察法，检查显示控制电路板上其他的元器件是否存在焊接不良、接触不良等问题，如图 2-29 所示。

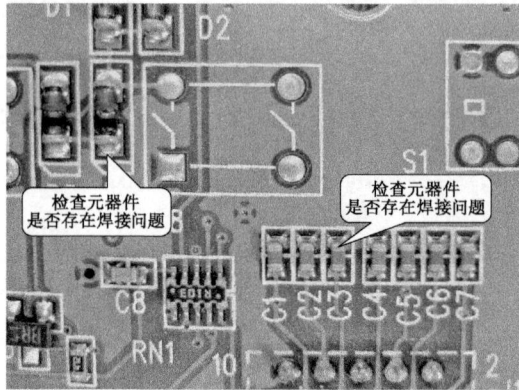

图 2-29　检查显示控制电路板其他元器件

技能训练 2.2.4　微处理器及控制电路的检修方法

如图 2-30 所示为扫描仪（Microtek ScanMaker 4850Ⅱ）微处理器控制电路板基本结构图，该电路还包括接口电路，以便实现与计算机或外接电源的连接。扫描过程中，它主要完成 CCD 信号的输入处理以及对步进电机的控制，将读取的图像以任意的解析度进行处理。

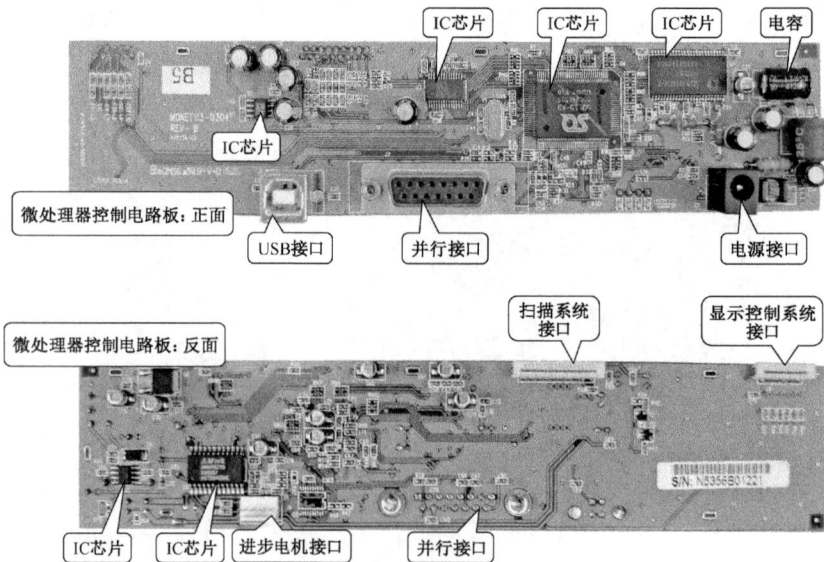

图 2-30　控制电路板结构

（1）IC 芯片的检修

在扫描仪的微处理器及控制电路板上，有很多 IC 芯片，这些芯片多采用贴装方式焊接在电路板上，IC 芯片的表面都标记了该芯片的信号。对 IC 芯片进行检测时，可以通过万用表检测引脚对地的阻值。

【图解演示】

以 U2 芯片为例，该芯片的表面标识为"9953A"，这表示该芯片的型号为 9953A，如图 2-31 所示为该芯片的内部电路框图。

具体检测操作见图 2-32 所示。各引脚对地阻值如表 2-5 所示。

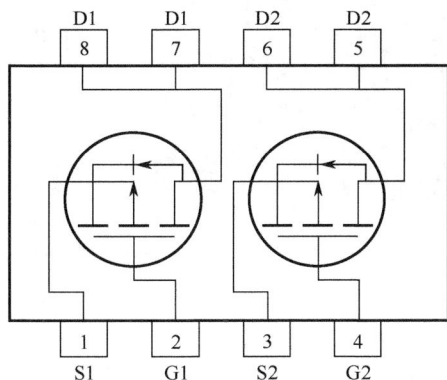

图 2-31 9953A 的内部结构

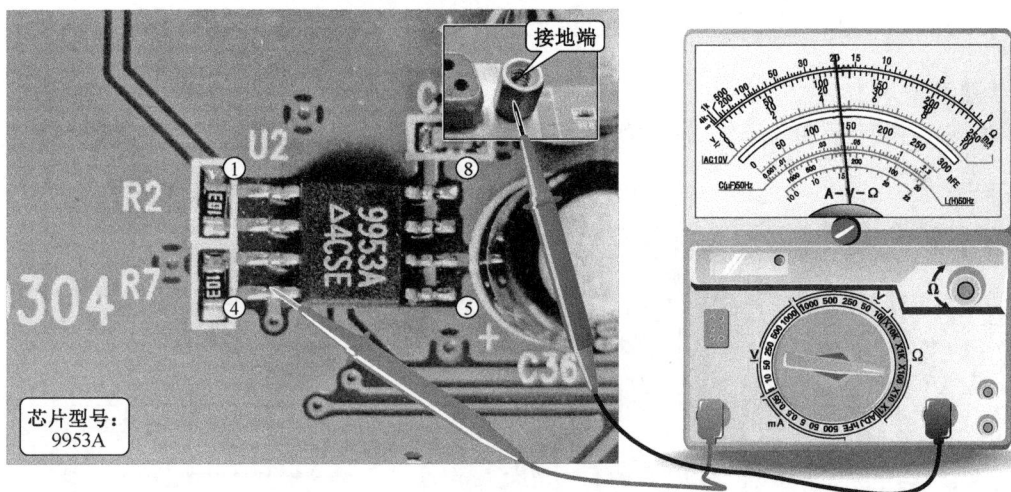

图 2-32 芯片 U2 （9953A）

表 2-5 芯片 U2 （9953A）对地阻值

引　脚	对地阻值	引　脚	对地阻值	引　脚	对地阻值	引　脚	对地阻值
1	$7\times100\Omega$	3	$7\times100\Omega$	5	∞	7	∞
2	$23\times100\Omega$	4	$20\times100\Omega$	6	∞	8	∞

（2）接口的检修

检测接口的方法与检测 IC 芯片类似，使用万用表分别检测接口各引脚对地的阻值即可。

【图解演示】

以 USB 接口 J1 为例，具体检测操作见图 2-33 所示。引脚对地阻值如表 2-6 所示。

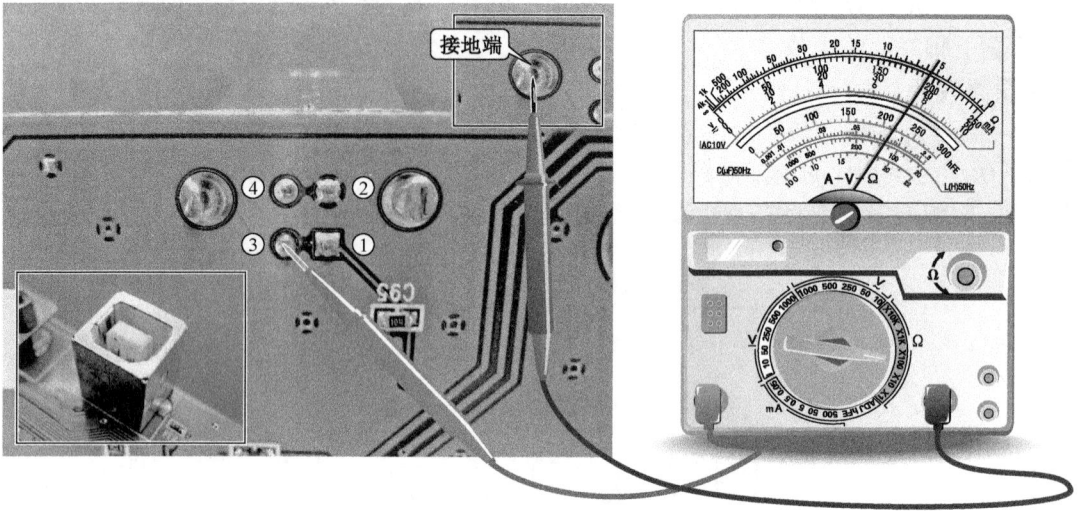

图 2-33　USB 接口 J1

表 2-6　USB 接口 J1 对地阻值

引　脚	对地阻值	引　脚	对地阻值	引　脚	对地阻值	引　脚	对地阻值
1	$7.5\times100\Omega$	2	$5.5\times100\Omega$	3	$5.5\times100\Omega$	4	0×100

【图解演示】

如图 2-34 所示为显示控制数据线接口 J4 对地阻值的检测方法，引脚对地阻值如表 2-7 所示。

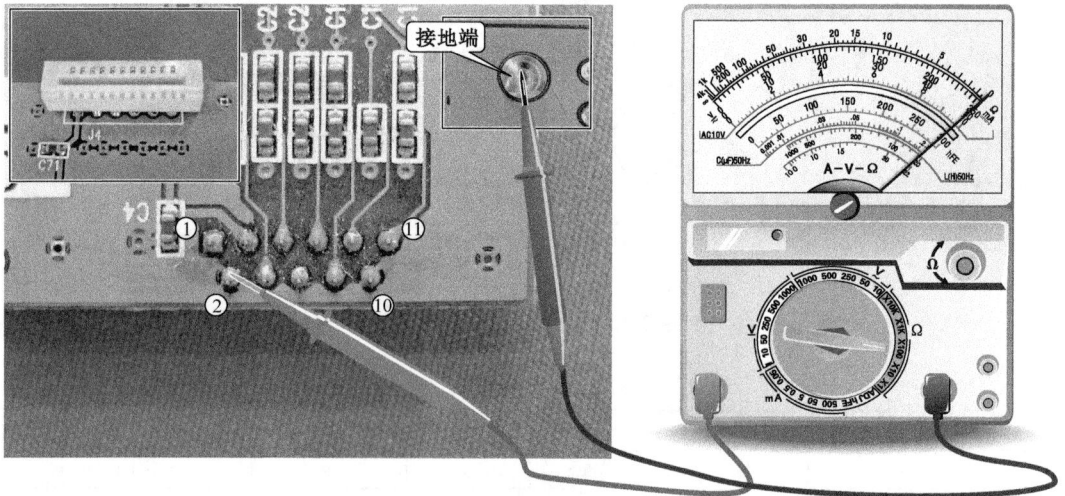

图 2-34　显示控制数据线接口 J4

表 2-7　显示控制数据线接口 J4 对地阻值

引　脚	对 地 阻 值	引　脚	对 地 阻 值	引　脚	对 地 阻 值	引　脚	对 地 阻 值
1	$4\times100\Omega$	4	$9\times100\Omega$	7	∞	10	$0\times100\Omega$
2	$0\times100\Omega$	5	$9\times100\Omega$	8	$9\times100\Omega$	11	$9\times100\Omega$
3	∞	6	$0\times100\Omega$	9	$5.5\times100\Omega$		

【图解演示】

如图 2-35 所示为电机数据线接口 J6 对地阻值的检测方法,引脚对地阻值如表 2-8 所示。

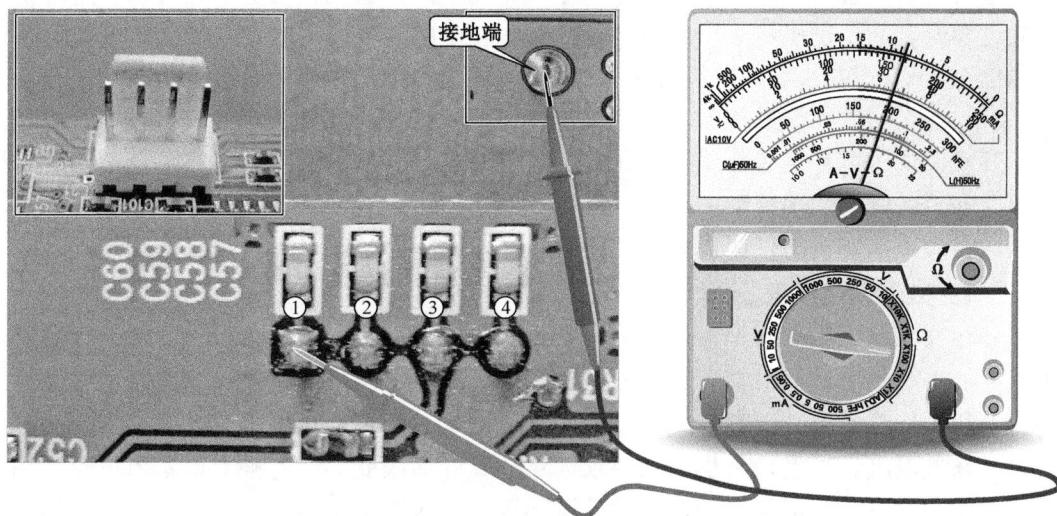

图 2-35　电机数据线接口 J6

表 2-8　电机数据线接口 J6 对地阻值

引　脚	对 地 阻 值	引　脚	对 地 阻 值	引　脚	对 地 阻 值	引　脚	对 地 阻 值
1	$8.5\times100\Omega$	2	$8.5\times100\Omega$	3	$8.5\times100\Omega$	4	$8.5\times100\Omega$

任务模块 2.3　掌握扫描仪保养维护常识

扫描仪是由非常精细的光学器件构成的设备,即使是十分细小的灰尘也会影响扫描效果。因此,在日常的使用中为保证扫描仪正常工作,确保其扫描精度,应十分注意扫描仪的日常维护。

知识讲解 2.3.1　扫描仪的保养常识

1. 将扫描仪放置在稳固的水平支撑台面上

稳固、水平的支撑台面是使扫描仪内部各光电器件切合位置的设计要求,也是保证扫描正确的首要前提。现在使用得最多的平板扫描仪的体积非常小,比它能处理的页面大不了多少,完全可以将扫描仪放在自己的办公桌上,既稳当又方便。现代办公设施很多,功能也越来越强大,办公人员的工作内容也是"五花八门",其中扫描、复印是最主要的项目。

合理布置扫描仪、打印机的放置位置，可以为您的办公操作节省很多时间。

2．避免震动

新型扫描仪的重量较轻，在扫描过程中外界的震动会使扫描效果模糊。因此，在选择放置位置时应尽量避免靠近震动源。比如在办公室里，由于接口、插座、连接线的限制，围绕计算机连接在一起的各个外围设备可能会将办公桌"挤"得满满的。将扫描仪放在计算机机箱上或紧挨打印机放置，这些做法都是不可取的。机箱的风扇和驱动器、打印机的打印头来回移动都会引起震动。

扫描头捕捉图像都是以像素大小为捕捉单元面积的，而扫描头的来回移动和精确定位都是通过导轨上的步进机构实现的。在扫描时，轻微的外界震动会使扫描头的采集位置出现"越位"。千万不要小看这样的微小"越位"，因为扫描仪采集图像信息都是一"行"一"行"、一"点"一"点"进行的，扫描头定位出现混乱时，部分图像区域将采集不到任何信息，有些图像区域却是重复采集，在复制再现时以上区域的图像信息肯定是错误的，特别是图像细节区域的扫描复制，图像品质肯定会出现模糊或细小纹路、花斑、白点等问题。

因此，扫描仪也包括打印机必须选择稳固、无震源的平台放置。

3．避免遭受极端环境

扫描仪属于敏感的光电子设备，光学成像系统、步进机械构件等都是十分精良的器件。由于器件自身的物理、化学特性，超过一定范围的温度、湿度都会影响器件的工作精度。过冷、过热、污染等极端的外界环境会对扫描仪产生一定的不良影响。当然，不同品牌的扫描仪对环境温度、湿度都有自己的要求，对外界的适应能力也有强有弱，用户应详细阅读用户手册，尽量为其提供一个较好的放置环境。一般要求温度控制在 0～40℃，尽量不要将扫描仪放在暖气、空调器或加湿器等附近。这一项要求对专业用户进行高精度扫描作业来说至关重要。

4．保证安全、可靠的供电

稳定的电源供电是任何电子设备的基本工作要求。在多数情况下，一个安全的电源就是将扫描仪插在一个有合格的急变保护器的电源上，避免电源的快速变化损坏扫描仪。急变保护器种类繁多，购买时应注意是否与扫描仪匹配，并且记住一点，即这种保护装置在使用一段时间后会失去保护功能，应及时更换。

5．经常使用扫描仪导轨的锁紧装置

安装或移动扫描仪时，一定要记住使用扫描仪上的锁紧装置。扫描仪内部有许多光学器件、机械传动部件，移动扫描仪时极易受到挤压、碰撞，因此必须及时将扫描仪的易碎部分、活动部分固定好，尤其要注意扫描仪的导轨，移动、翻转时千万不要忘记固定、锁紧它。锁紧装置通常设在扫描仪的底部或背部。

6．选择扫描原稿

扫描仪可以接受多类原稿，大致可以分为反射介质原稿和透射介质原稿。反射介质包括印刷品、纸上手绘插图、相片以及实物等，透射介质包括负片、彩色幻灯片、菲林胶片以及较大规格的透射片等。

扫描原稿都必须放在稿台上，通过对扫描光线的反（透）射使扫描仪获得相应的图文信息。液体以及有腐蚀作用、易燃、易爆、过重的物体不要作为扫描原稿，因为扫描稿台

的密封性并不是很好，万一液体不慎洒了，流进机壳内部，会损坏扫描仪。有腐蚀性的物体会与稿台玻璃起反应，影响玻璃的清晰度及承重能力。扫描灯管发出的光线亮度很强，发热量也很大，为避免发生意外，最好不要扫描易燃、易爆物体。扫描仪的外壳并不是十分牢固，特别是部分厂家新近推出的超薄型扫描仪的稿台承重能力不是很大，过重的物体会使之发生形变或压裂玻璃，影响扫描精度。

7. 保护扫描仪稿台玻璃

上面已经提到稿台玻璃的承重限制，还应该注意的是维护玻璃表面的平滑、整洁，如图 2-36 所示。根据承载原稿的设计要求，扫描仪获取原稿的图文光信号必须经过透明玻璃。内部光学系统的成像设计已经考虑了稿台玻璃对光线的平移后果，但是玻璃对光线的散射削弱、折射干扰等影响是不可避免的。玻璃质量（透光度、清晰度、结晶均匀度等）存在问题，玻璃表面有脏物（灰尘），玻璃有裂痕或花斑等，都会影响扫描仪捕捉光信号的精确度。在放置原稿时，应该轻提轻放，避免划伤玻璃表面。有腐蚀作用的物体或去污强度过大的清洁剂都不要使用，不然会使玻璃表面失去应有的平滑度，使光线在玻璃表面产生过多的漫反射，光信号强度传递不准确，进一步影响扫描仪对原稿原始信息的采集。

图 2-36　保护扫描仪的稿台玻璃

8. 注意噪声污染

噪声污染往往容易被人们所忽视，但噪声污染无论是对人体还是对设备都会有不同程度的伤害。有人可能认为这是危言耸听，但实际情况确实如此。CCD 上每个单元的光灵敏度与它们之间的电隔离以及与环境噪声的隔离有很重要的关系。在扫描图像时常常会出现噪声，噪声主要来源于电子电路的不稳定性和暗电流。噪声的存在会减小扫描仪的信噪比，而信噪比是扫描仪较重要的性能指标，信噪比越高，对有用信号的提取就越准确和清晰。当然环境噪声也会降低 CCD 的光灵敏度，需加以避免。

知识讲解 2.3.2　扫描仪的维护常识

1. 定期更换易老化的组件

扫描仪属于精密仪器，对使用环境、组件配置的要求较高。部分组件容易老化而失去功用，必须定期替换，才能保证扫描仪的正常工作精度。例如，扫描灯管、扫描白色校正条、色彩校正片等需定期更换，如图2-37所示。扫描仪使用时间长了灯管会发暗，照射光线强度不够，会影响扫描仪采集信息，特别是暗部和亮部的阶调复制明显存在不足。扫描白色校正条由于长期受强光的直接照射，颜色会发黄，影响色彩的校正，特别是在纸张色彩调试的过程中会出现错误引导。色彩校正片一般存放在自带的保护套中，可以防止划伤和光照氧化退色，但是它的使用期限为1年左右，必须定期更换，并应重新对扫描仪及其系统进行色彩校正。

图 2-37　定期更换扫描灯管

2. 定期进行扫描仪的清洁维护

灰尘、污物十分容易吸附、堆积在一起，使光学器件、传动器件的功效受到极大的影响。若长期这样，内部机械部件会受到磨损，扫描仪会出现扫描声音大、图像错位、图像模糊等问题，因此扫描仪的清洁维护是至关重要的步骤。扫描仪清洁维护工作主要是对镜头组件、机械部件进行清洁、维护，以达到保证扫描仪的扫描质量、延长扫描仪寿命的目的。

扫描仪的清洁维护主要有以下几个方面，讲究一些技巧是十分容易办到的。

首先检查扫描仪的锁紧装置是否已锁上。清洁工作必须在锁紧装置处于锁上的状态（见图2-38）下进行，这一点千万不能忘记。

图 2-38　锁紧装置处于锁上的状态

　　拿一块软布把扫描仪的外壳（不包括玻璃平板）擦拭一遍（如图 2-39 所示），除去表面的浮灰，不用水擦拭是为了避免将外壳弄得更脏。然后用一块湿布仔细擦拭，注意布不要太湿。在一些积垢很厚的地方，可以蘸一些清洁剂擦拭。

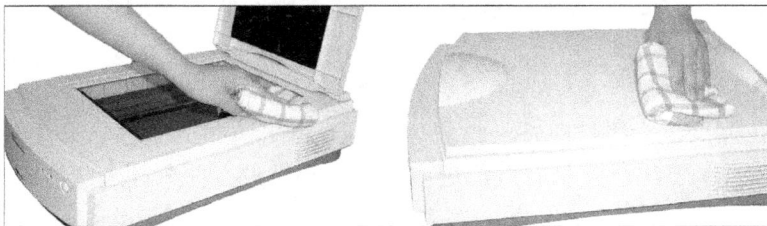

图 2-39　清洁扫描仪的外壳

　　接下来将扫描仪上罩取下。一般来讲，旋开引脚处的螺钉即可取下上罩，然后检查并清洁上罩玻璃板上的灰尘，特别是基准白处应仔细清除干净，否则扫描图像会出现竖线条。

　　打开扫描仪的外壳后，如果发现里面的灰尘比较多，可以用吹气球自内往外吹气，如图 2-40 所示。若有小型吸尘器，除尘效果会更好。

图 2-40　去除扫描仪内部的灰尘

　　除尘完毕后，在扫描仪的光学组件中找到发光管、反光镜，再把脱脂棉用蒸馏水或专用清洁剂浸湿，干湿程度以挤压后不出水为好，然后小心地在发光管和反光镜上擦拭，如图 2-41 所示。注意动作一定要轻，不要改变光学配件的位置或划伤镜片和透镜。

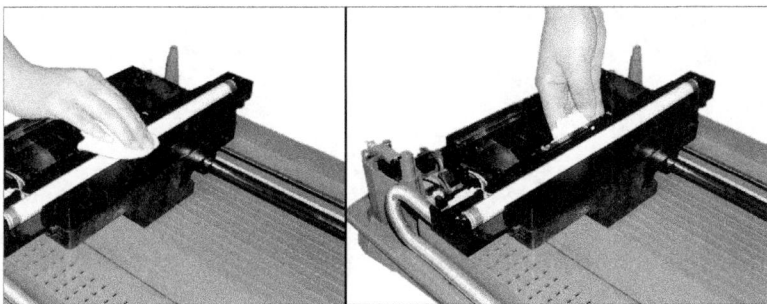

图 2-41　清洁扫描仪的发光管、反光镜

如果发现扫描仪在使用过程中有些噪声，则可能是滑动杆缺油或积垢。先打开锁紧装置，将滑杆螺钉拧开，并将镜头组件与皮带分开，抽出滑杆，用纸巾清洁滑杆、镜头组件上的滑杆套环、齿轮组。清洁完毕后重新组装，并在滑杆和齿轮组上涂少许润滑油，并拖动它来回滑动几下，擦掉多余的润滑油，调整皮带的松紧程度，噪声问题就可以基本解决了。

清洁维护扫描仪时应注意一些关键问题：擦基准白时一定要擦干净，否则扫描图像会出现竖线条；在擦拭镜头组件时，一定要注意不要用酒精擦拭镜片，千万不能划伤镜片和透镜；在安装皮带时要注意将粘有胶的地方靠近镜头组件；往滑杆上滴油时，油不可过量，多余的润滑油一定要擦掉。

项目三

▶▶▶ **认识传真机**

在学习传真机检修技术之前，我们首先要了解一下传真机的整机构成，认识传真机中的主要器件，掌握传真机的工作过程以及传真机各单元电路之间的关系。

任务模块 3.1 了解传真机的结构特点

知识讲解 3.1.1 了解传真机的结构组成

传真机作为一种现代办公设备，大多数都具备收发电话、收发传真和复印的功能。下面以典型的传真机为例分别介绍一下传真机整机结构、操作面板和内部电路等各组件的基本结构。

【图文讲解】

如图 3-1 所示为典型传真机的整机外形图（图 3-1 和图 3-2）。电话听筒用以接听电话，显示及操作面板主要是对电话及传真等工作方式的设置和选择。传真机的插口通常位于传真机的侧面或背部。这些插口是供传真机与外部设备进行连接使用的。比如电源接口、电话线插孔、分机插孔、振铃音量控制口、听筒插孔以及脉冲/音频转换开关等。

如图 3-3 所示为翻开显示面板后传真机的内部结构，从图中可以看到传真机的热敏打印头、输纸辊以及记录纸槽等结构。

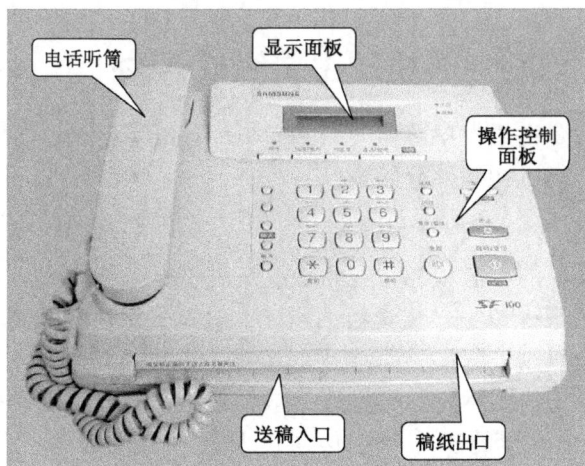

图 3-1 三星 SF-100 传真机的正面结构

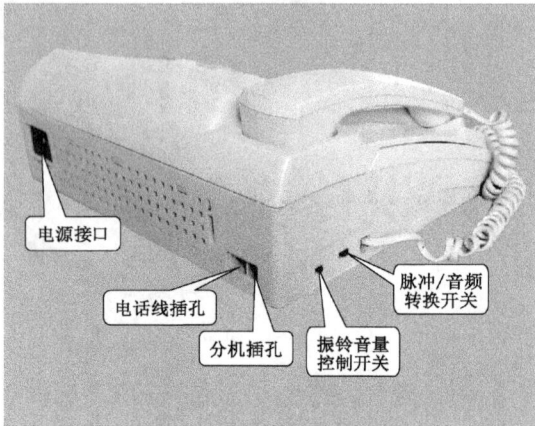

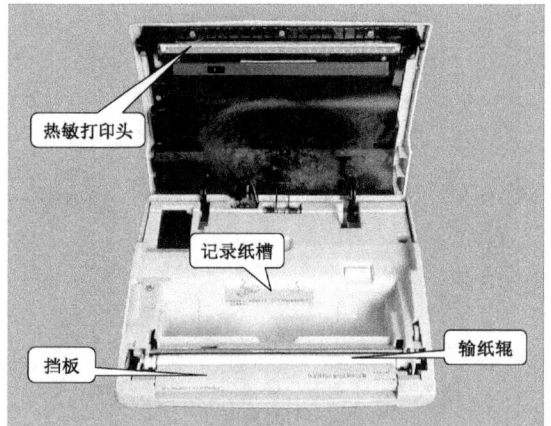

图 3-2　三星 SF-100 传真机的背部结构　　　图 3-3　三星 SF-100 传真机内部结构

【提示】

在翻开前面板时，在传真机的一侧有一个锁扣，用手往上一提，显示面板即自动向上弹起，具体操作如图 3-4（a）所示。显示面板弹起后并不能完全竖立，这是由于显示面板与传真机下部机构的连接处有一个锁钩，在翻开时需要用螺丝刀等工具将其向外拨动，直至锁脱离卡槽后方可打开，具体操作如图 3-4（b）所示。

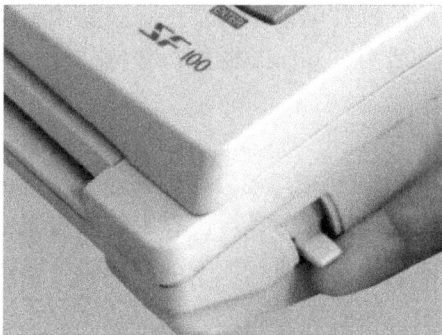

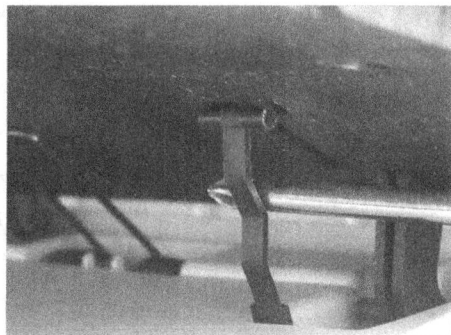

（a）上盖开关　　　　　　　　　　　（b）内部锁钩

图 3-4　开上盖开关及内部锁钩

知识讲解 3.1.2　识别传真机的主要组成部件

传真机的内部一般是由主控电路、线路接口电路、电源电路、扫描组件、打印头组件、操作显示系统、输纸送稿机构等部分组成。

1. 主控电路

主控制电路是传真机的核心电路，主要功能是对整机工作方式、工作状态、图像信号、机械部件以及电源电路进行控制。传真机的设计人员事先编制了机器的各种工作方式和各种动作的程序指令，所以用户只要按下相应的按键，调出与该按键对应的程序指令入口地址就可确定整机工作方式。通常将这种程序存放在只读存储器（ROM）中，将那些经常变动或每次开机时需重新设置的工作状态信息以及暂存的图像数据均放置在随机存储器（RAM）中。

【图文讲解】

如图 3-5 所示为典型（三星 SF-100）传真机主控制电路板。从图中可以看到有很多集成电路和引线接头。主控制电路通过不同的接口与图像的编译码、图像信号处理、记录控制及调制解调等电路相连接，并对图像信号的流向进行控制。

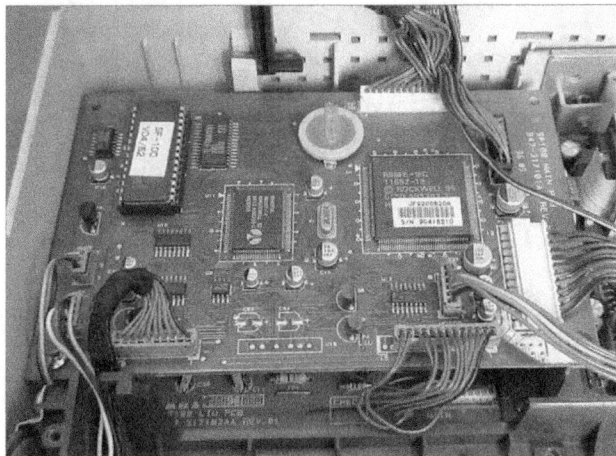

图 3-5 传真机的主控电路板

如图 3-6 所示为主控电路的基本结构。从图中可以看到右侧方形的集成电路就是微处理器（即 CPU），它是传真机的核心电路，其主要功能是对整机工作方式、工作状态、图像信号、机械部件以及电源电路进行协调控制。

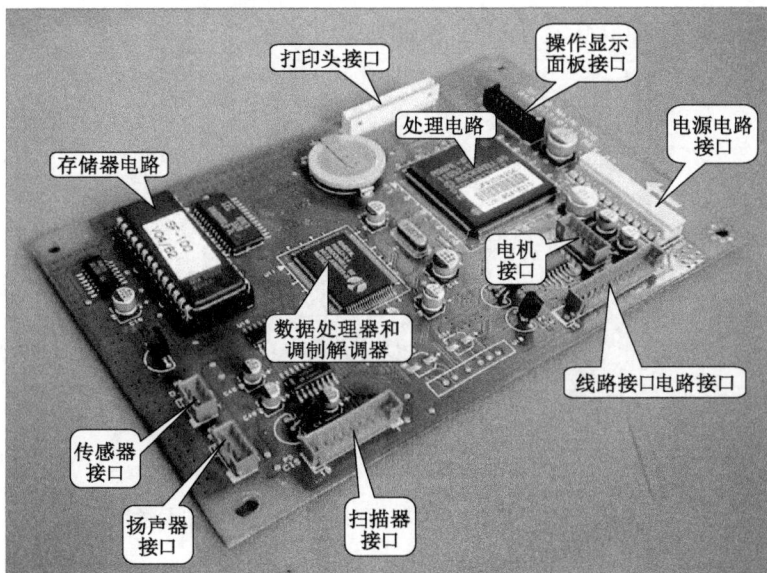

图 3-6 主控制电路的基本结构

（1）微处理器

目前，大多数传真机采用的是 8 位或 16 位的微处理器。

【图文讲解】

如图 3-7 所示为三星 SF-100 传真机所采用的微处理器的外形结构示意图。

图 3-7 三星 SF-100 传真机微处理器的外形结构示意图

微处理器是一个方形的大规模集成电路，共有 144 个引脚，引脚的间距非常小，采用表面安装技术进行焊接。微处理器用于对发送传真操作和接收传真操作进行控制，发送传真操作包括传真图像扫描输入、图像数据变换、图像数据处理及调制输出；接收传真操作包括传真信号接收、解调、存储及打印输出。

（2）存储器

存储器一般可分为两种：程序只读存储器（ROM）与数据随机存储器（RAM）。机器在出厂前已将传真机的工作程序固化在 ROM 里面，是不能随意更改的；而 RAM 则用于存储扫描图像等数据，是可以随时存取更改的。

【图文讲解】

如图 3-8 是三星 SF-100 传真机存储器的外形结构示图。

图 3-8 三星 SF-100 传真机存储器的外形结构示意图

（3）调制解调器

调制解调器由调制器、解调器和线路接口控制电路组成。在发送设备中把输入数据变换为适合于通过信道传输的信号波形的过程称为调制，完成这一变换过程的设备叫调制器；在接收设备中要完成与发送端相反的变换，信道输出的是带有畸变的信号与干扰噪声的混合波形，接收设备对这种混合波形进行处理，从中恢复出数据的过程称为解调，完成调制器逆过程的设备叫解调器；二者合称为调制解调器。

【图文讲解】

如图 3-9 所示为三星 SF-100 传真机调制解调器的外形结构示意图。调制解调器的作用是为了使数字信号在模拟电话线路中进行传输。由于数字信号具有丰富的低频和高频成分，因此，它不能直接在模拟电话网上进行传输，为了使这样的数字信号能在一个话路中不失真地传输，必须在编码器与电话线之间接入调制解调器，以实现数字信号和模拟信号的互相转换。

图 3-9　三星 SF-100 传真机调制解调器的外形结构示意图

2．线路接口电路

线路接口控制电路是电话和传真机之间连接和切换控制的专用接口，主要由线路切换电路、振铃信号检测电路和摘机传感器组成。线路接口电路位于主控电路板的下方，要进行观察和检测时须将主控电路板卸下。

【图文讲解】

如图 3-10 所示为线路接口电路外形图。它是电话线路与传真机之间的接口电路，该板设有电话听筒接口、脉冲/音频选择开关、振铃音量控制钮、线路输入插座和主控电路板接口等。

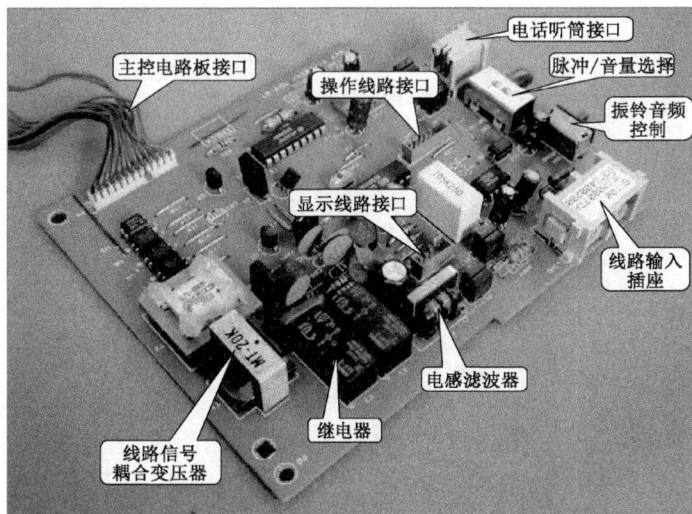

图 3-10　线路接口电路外形图

【资料链接】

如图 3-11 所示为摘机信号检测电路图，它由光电耦合器 PT2、PT3，电阻 R10、R12，电容 C9 以及和电话机并联的双向二极管 VD2 组成。该电路用于检测电话机是否摘机。光电耦合器由发光二极管和光敏三极管组成，光敏三极管受发光二极管的光照射而导通。当电话机摘机时，电话机内的直流回路接通，由于光电耦合器 PT2、PT3 的两个发光二极管反向并联，因此必有一个导通。导通的发光二极管发出的光照射到对应的光敏晶体管上，光敏晶体管导通，经驱动器 IC3 反相后，HS1（或 HS2）输出低电平，即表示摘机状态。当电话机挂机时，由于电话机内的直流回路不通，即使外线电路有直流电压能构成回路，此时光电耦合器 PT2、PT3 的发光二极管均不导通，与之对应的光敏晶体管也不导通，HS1 或（HS2）输出高电平，即表示挂机状态。

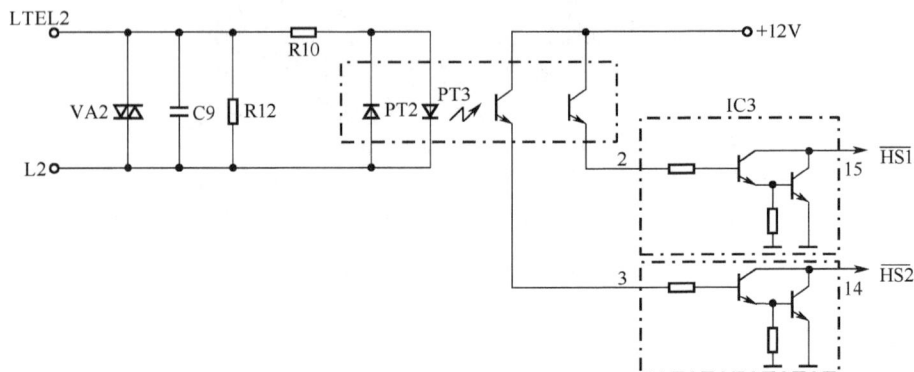

图 3-11　摘机信号检测电路图

3．电源电路

电源电路主要用于向机器的各部分电路供电，通常采用开关式稳压电源，即主电源和热头电源都是受控电源。机器处于待机状态时，只有辅助电源工作；机器进行传真通信及复印时才启动电源和热头电源工作。

【图文讲解】

如图 3-12 所示为电源电路结构图。电源电路主要由整流滤波电路、振荡变换部分和直流稳压输出部分组成。

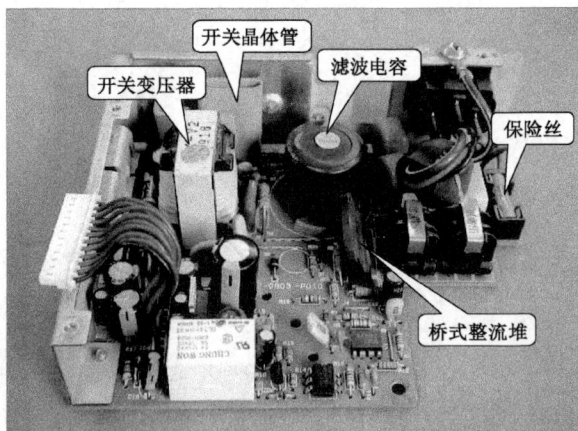

图 3-12　电源电路结构图

传真机的外接电源一般采用 220V（或 110V）交流电源，通过电源电路向传真机提供所需的几组电压。交流电压输入之后，经过一个熔断管以及由电感、电容组成的滤波电路处理后，再经整流桥进行整流。整流滤波部分的作用是对外部电网输入的交流电压进行整流、滤波，产生一个 300V 左右的直流电压。从整流滤波部分输入的 300V 左右的直流电压，通常由振荡变换电路转换成高频交流电压。电源电路主要有三组电压输出：一是用来给传真机各集成电路供电的+5V 电压；二是用来给放大器、CCD 板及操作面板供电的±12V 电压；三是用来给驱动电路、热敏打印头、荧光灯驱动器和控制继电器等供电的+24V 电压。由脉冲变压器输出降压后的各组交流电分别由二极管进行整流，再经滤波和不同方式的稳压处理后输出。

4．扫描组件

扫描组件主要是由图像扫描器与文件传感器组成的，如图 3-13 所示。其中，文件传感器位于图像扫描器的下方，用来检测原稿托盘上是否有稿件插入以及稿件位置是否正确。将文稿插入扫描器，装在扫描器中的文件传感器检测到文稿插入后，给微处理器发出传感器信号。于是微处理器发出指令使电机动作，将文稿送到初始位置，然后等待人工指令。

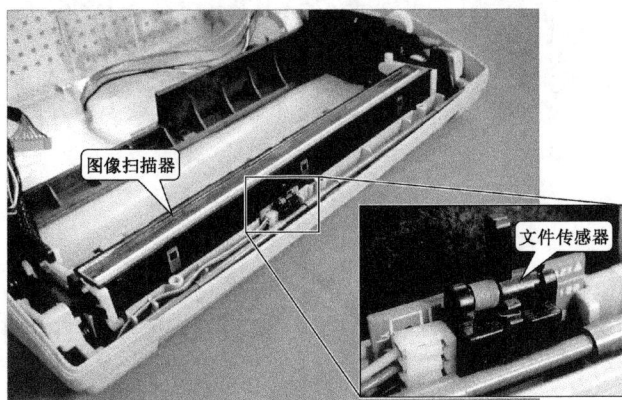

图 3-13　传真机扫描器组件外形图

【图文讲解】

如图 3-14 所示为图像扫描器外形结构。图像扫描器中设有一排发光二极管和一组线性自聚焦镜头（光纤管），扫描的图像经 CCD 将光图像变成电信号，然后送到控制电路和调制解调器，将文稿扫描信号通过线路传输出去。

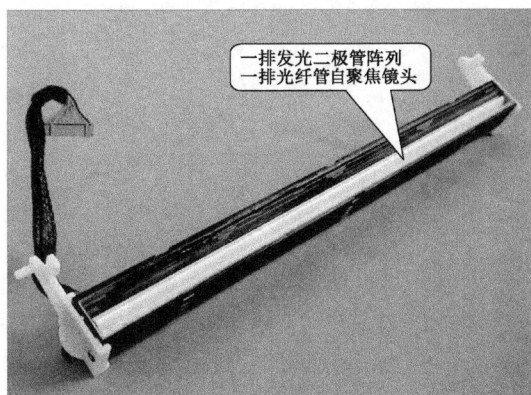

图 3-14　传真机扫描器外形结构

5. 打印组件

（1）热敏传真机打印组件

【图文讲解】

热敏传真机的打印组件主要有热敏头、输纸辊、传感器等器件，如图 3-15 所示为典型热敏传真机的打印机构主要部件。

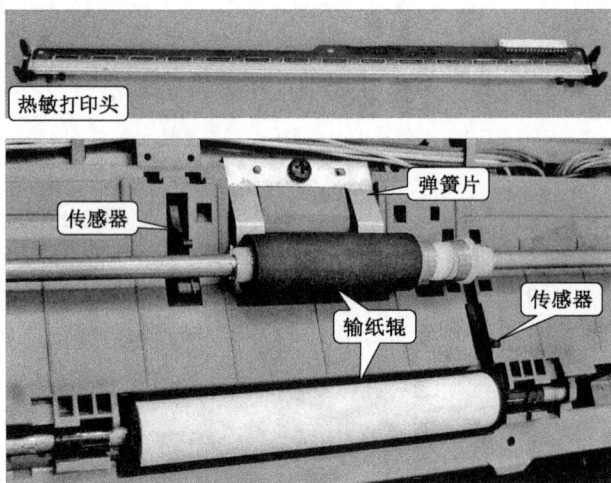

图 3-15 典型热敏传真机的打印机构主要部件

（2）喷墨传真机打印组件

【图文讲解】

喷墨传真机打印组件的结构如图 3-16 所示，从图可看出喷墨传真机的打印机构主要由字车组件、打印头连接数据线、打印机构支架、泵组件、泵电机、字车驱动电机、传动齿轮组、传动皮带、字车导轨等构成。

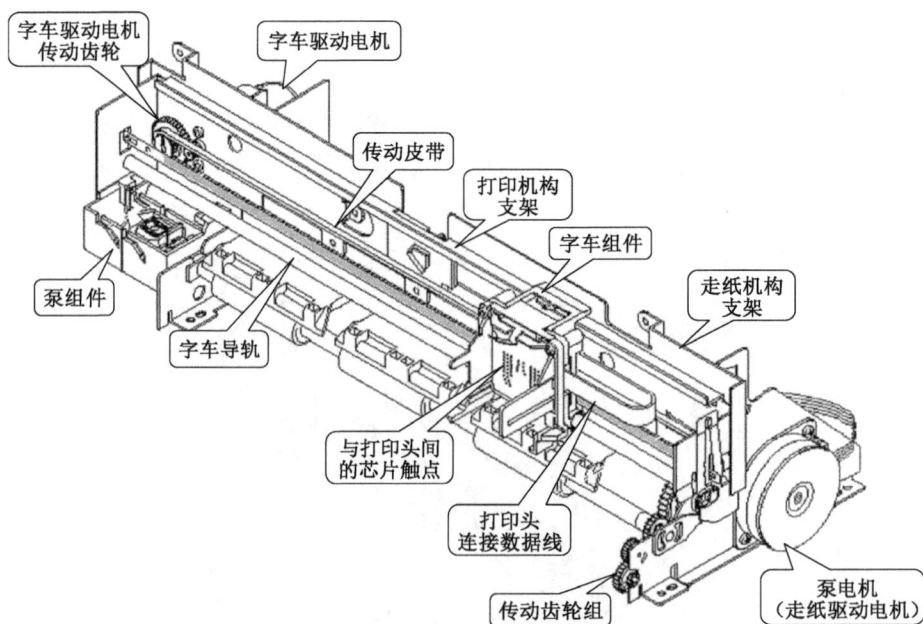

图 3-16 喷墨传真机打印组件的结构

（3）激光传真机打印组件

【图文讲解】

图 3-17 所示为激光传真机的打印组件。从图可看出激光传真机的打印机构主要包括显影组件、测激光组件和定影组件。

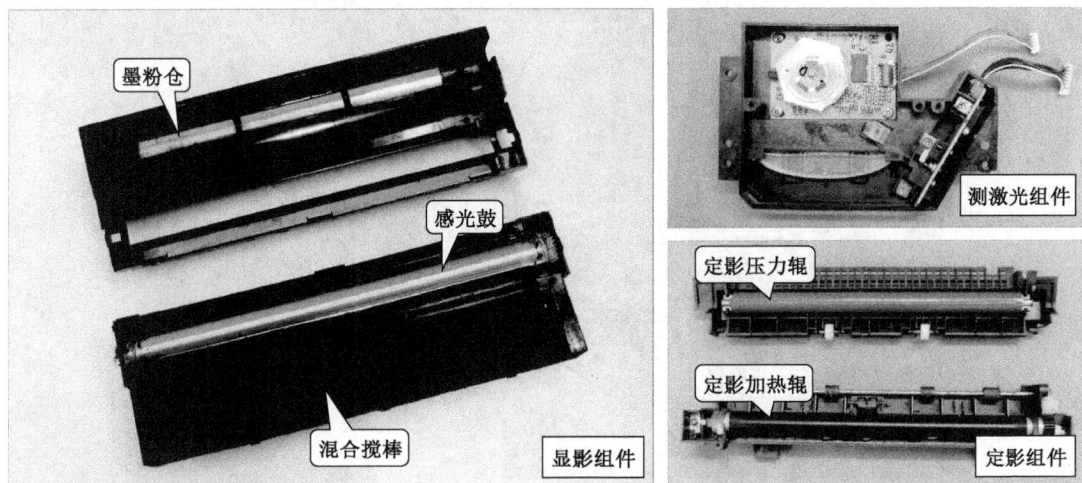

图 3-17　激光传真机的打印组件

【图文讲解】

如图3-18所示为热敏传真机打印头组件及其传感器。在热敏打印头的旁边有一排毛刷，它是用来去除热敏纸上的静电的。打印头组件上的传感器位于输纸通道的支架上，用来检测是否有热敏打印纸。当没有热敏打印纸时，它就会凸出来。此时，无纸信号就传输给了微处理器电路，微处理器电路通过操作面板接口电路控制液晶显示电路，将无纸信息显示在显示屏上。

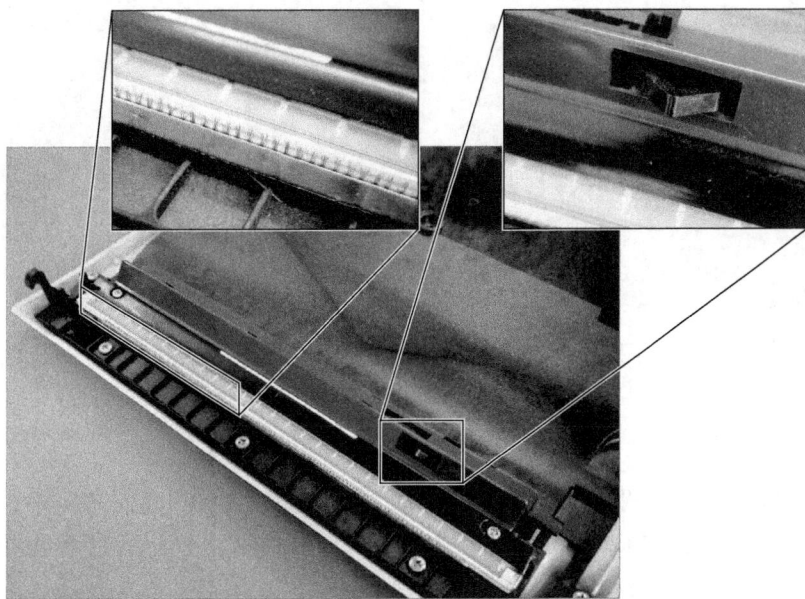

图 3-18　热敏传真机打印头组件及其传感器

6．操作显示电路

如图 3-19 所示，传真机操作显示电路板主要是由显示电路板、操作显示电路接口、听筒控制电路、蜂鸣器、蜂鸣器接口以及打印头传感器接口等部分构成的。

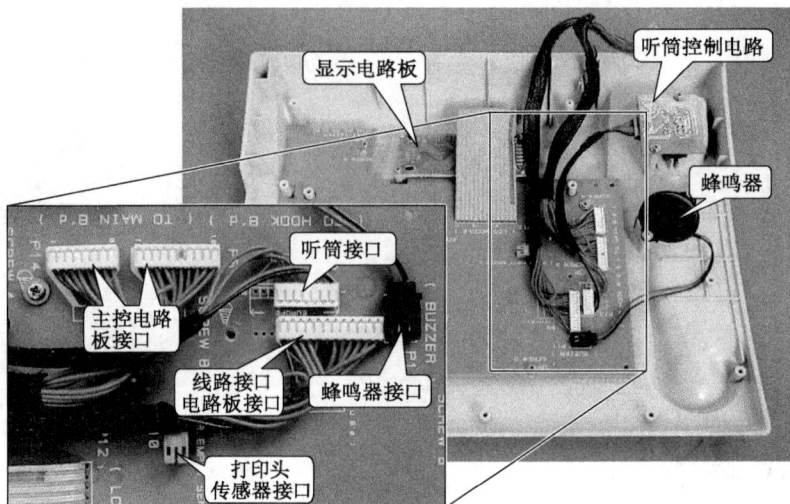

图 3-19　传真机操作显示电路板

（1）显示电路板

【图文讲解】

显示电路板是用来显示传真机的各种操作状态及功能设定状态。如图 3-20 所示为传真机显示电路板的正反面结构图。

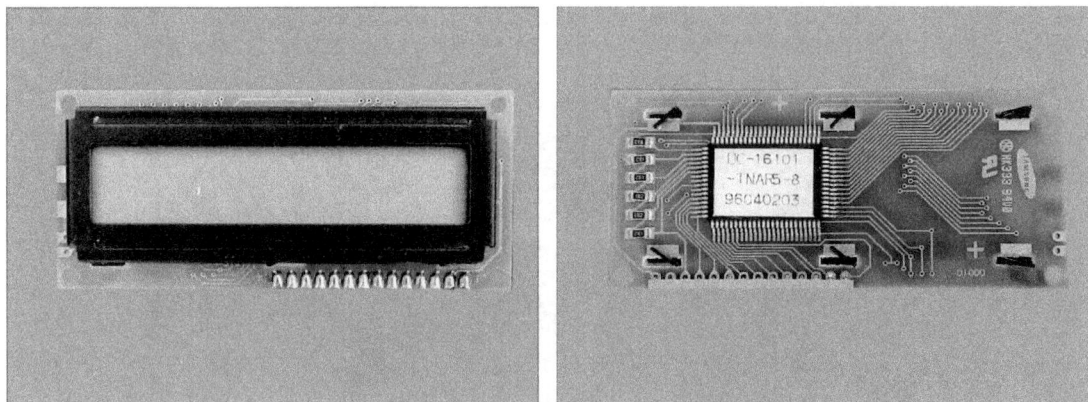

图 3-20　传真机显示电路板的正反面结构图

（2）听筒控制电路

【图文讲解】

如图 3-21 所示为传真机听筒控制电路板的正反面结构图。听筒控制电路是用来控制听筒的接通与挂断的电路。当拿起听筒时，电路开关接通，并可以进行接听和通话；反之，放下听筒时，电路处于断路状态，不能进行接听和通话工作。

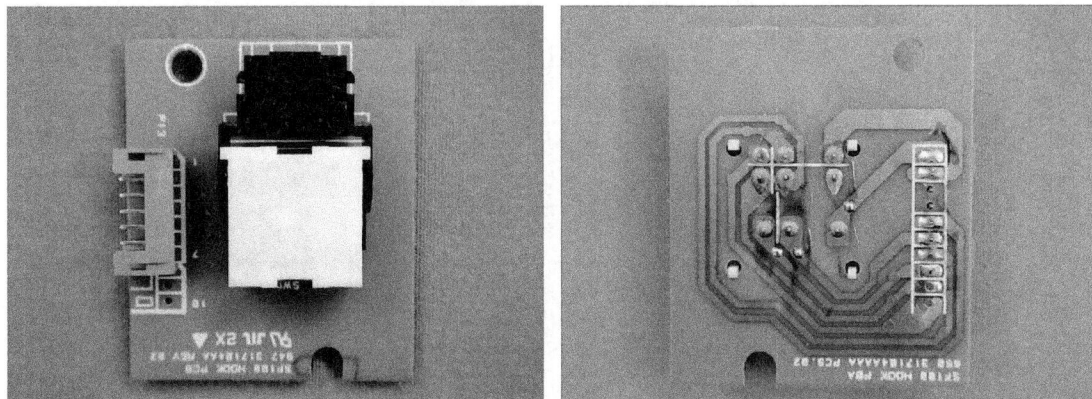

图 3-21　传真机听筒控制电路板的正反面结构图

（3）蜂鸣器

【图文讲解】

如图 3-22 所示为传真机蜂鸣器的外形图。当有信号传入时，蜂鸣器发出响声，用以提示用户有信息送入；当拿起听筒时，蜂鸣器停止发声并恢复到初始状态，下一次信号送入时蜂鸣器继续发声。

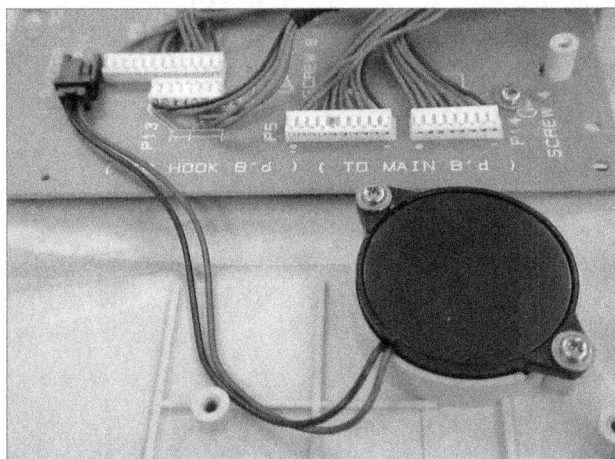

图 3-22　传真机的蜂鸣器外形图

（4）操作面板电路

【图文讲解】

图 3-23 所示为传真机操作面板电路。翻开操作面板后，可以看到在每个按键的部位都有一个或几个圆形的导电橡胶垫，如图 3-24 所示。这些导电橡胶垫分别与显示面板上的数字键和功能键相对应，当用户按动按键时，与该按动键相对应的导电橡胶垫与操作电路板上的触点接触并导通。此时，导通信号经连接插件送到微处理器进行处理并控制相应的电路进行工作。

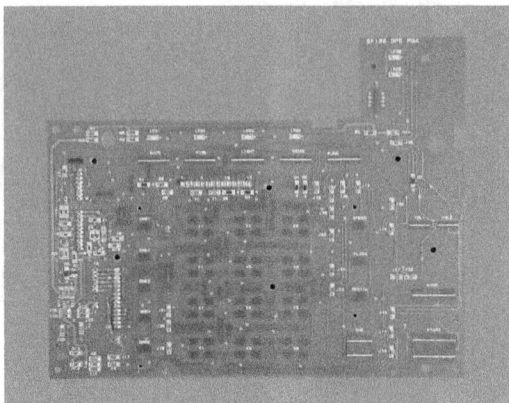

图 3-23　传真机操作面板电路

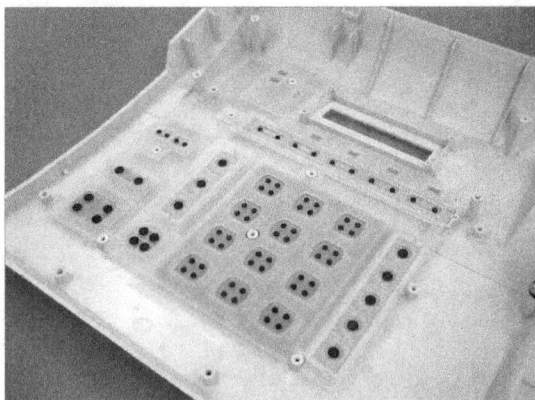

图 3-24　传真机的导电橡胶垫

7．输纸机构

如图 3-25 所示为传真机整机的输纸机构，它位于图像扫描器的一侧，只有一个步进电机提供输纸动力。从图上可以看到很多传动齿轮，通过电机不同方向的转动来带动不同齿轮动作，完成送稿或出纸动作。

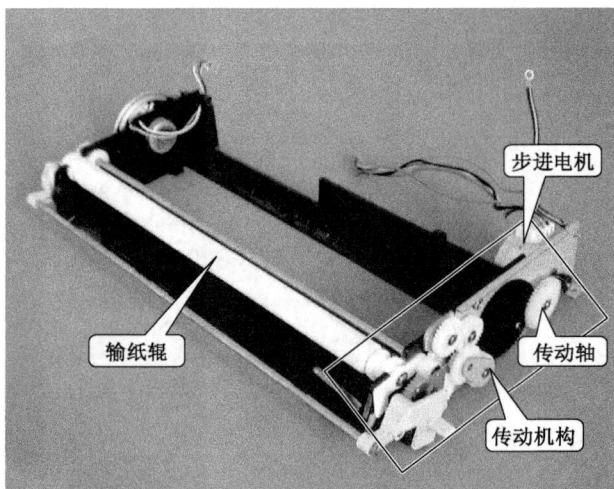

图 3-25　传真机整机的输纸机构

（1）步进电动机

【图文讲解】

如图 3-26 所示为传真机直流步进电动机外形图。它是整个机械传动部分的动力源，由传真机控制部分控制，同时传真机的扫描也由它控制完成。

（2）传动轴及传动机构

【图文讲解】

如图 3-27 所示为传真机的传动机构图。传动轴的作用是通过传动来完成传真机各种动作。传动机构由若干组齿轮、齿条、传动带及带轮等组成，使步进电机和传动轴连成一体。

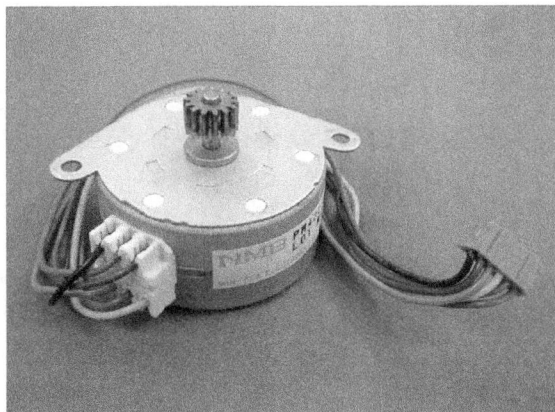

<table>
<tr><td>图 3-26　传真机直流步进电动机外形图</td><td>图 3-27　传真机的传动机构图</td></tr>
</table>

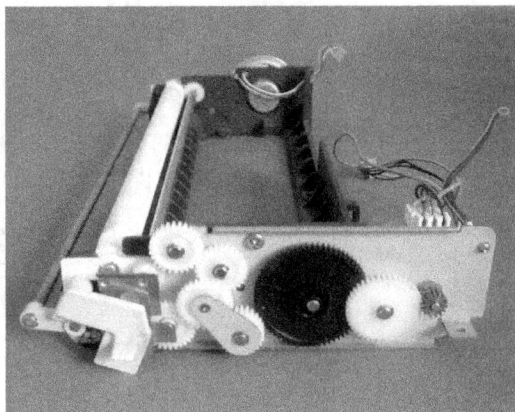

（3）记录纸槽

【图文讲解】

记录纸槽如图 3-28 所示。记录纸槽是用来存放记录纸的，对于不同的传真机，记录纸槽的大小、规格不同。

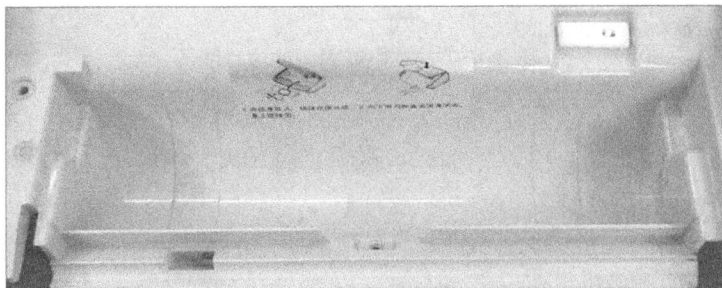

图 3-28　传真机记录纸槽外形图

（4）输纸辊

【图文讲解】

如图 3-29 所示为传真机输纸辊的外形结构。输纸辊所采用的材料是橡胶，它依靠与纸之间的摩擦来进行输纸。

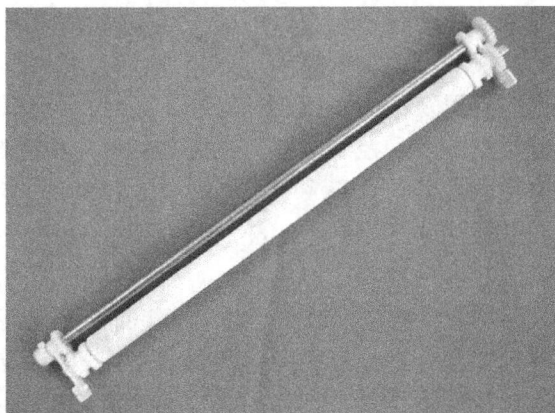

图 3-29　传真机输纸辊的外形结构

任务模块 3.2 掌握传真机的工作原理

传真机作为一种现代办公设备，大多数都具备收发电话、收发传真和复印的功能。如图 3-30 所示为主控制电路的工作原理图。

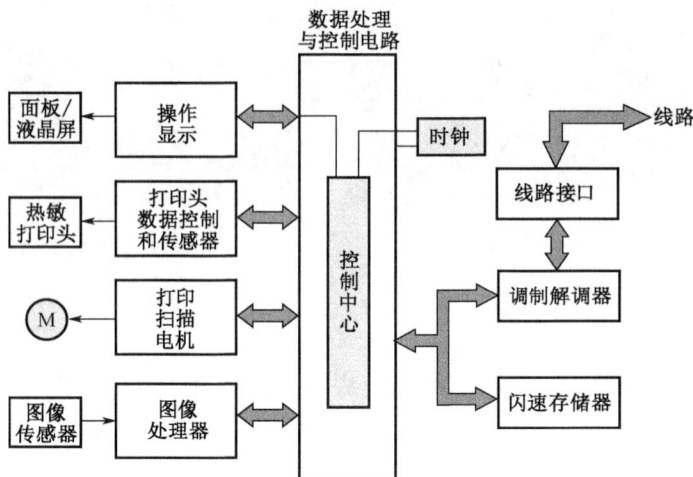

图 3-30 主控电路的工作原理图

从图 3-30 可以看到，传真机的数据处理与控制电路可接收和发送通过电话线传送的传真信号，控制打印机构，接收文稿扫描器中图像传感器发出的文稿数据信号以及机械传动信号，并对各部分进行协调控制。

数据处理与控制电路是主控制电路板上的主控电路，它是一个微处理器，可以接收由操作电路板送入的人工指令，同时检测各处传感器发出的信号。外部电源、复位电路和时钟振荡器为它提供所必需的工作条件（电源、复位电路在图 3-30 中已省略）。微处理器接收到人工指令或来自电话线路的信号（自动状态）后，通过扫描器、打印头、电机和传动机构完成收发传真的工作。

在发送传真状态下，将文稿插入扫描器中，装在扫描器中的传感器检测到文稿插入后，向微处理器发出传感信号。于是微处理器发出指令使电机动作，将文稿送到初始位置，然后等待人工指令。用户拨通对方电话，对方做好接收准备后操作启动键，于是对方的接收准备状态信号会发送过来。发送方传真机收到对方接收传真的状态后，操作启动键，数据处理和控制电路便给图像传感器及电机发出控制信号，图像传感器将光图像变成电信号，经扫描图像预处理后送给数据处理和控制电路。在数据处理和控制电路中设有传真图像处理电路，用于将处理后的图像数据信号变成一页一页的 8 位并行的数据格式存入闪速存储器中。传真的数字信号在微处理器的控制下，经调制解调电路变成串行文稿数据信号，然后经线路接口送入电话网。

在接收传真状态下，由电话线路送来的传真信号（串行信号），首先经线路接口送入调制解调电路中，经调制解调器的处理后变成并行数字信号，然后经数据总线存入闪速存储器中。微处理器在接收传真状态下，再从闪速存储器中将数据信号取出并进行处理，然后将其变成串行数据信号送至打印头数据控制电路，形成驱动热敏打印头的控制信号。与此同时，微处理器控制输纸机构完成接收传真的打印工作。

复印状态就是在微处理器的控制下将图像传感器输出的数据转换成驱动打印头的信号，一边扫描一边打印，完成复印的任务。

对于传真机的工作流程，下面将分别从复印、发送传真和接收传真三个方面进行详细的介绍。

知识讲解 3.2.1　传真机复印的工作流程

下面介绍一下传真机的复印过程，如图 3-31 所示为传真机进行复印时的工作流程图。

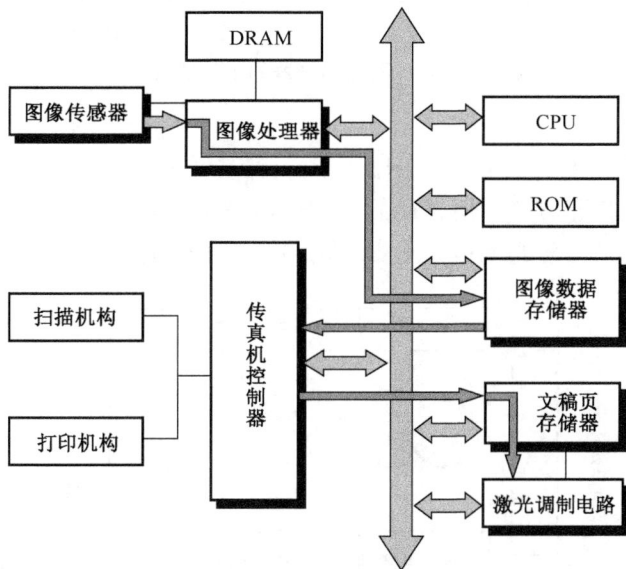

图 3-31　传真机进行复印时的工作流程图

在复印时，将原稿放入输稿导板上，在电机的作用下进入图像扫描器，由图像传感器将文稿图像变成电信号，再经图像处理器处理后变成数字信号，然后存入图像数据存储器（DRAM）中。数字图像信号再经传真机控制器送到文稿存储器中，用此信号调制激光器，在打印机构的配合下打印出文稿，完成复印工作。对于热敏式传真机，文稿页存储器的数据在传真机控制器的作用下，转换成驱动热敏打印头的信号，完成复印工作。

【图文讲解】

如图 3-32 所示图像扫描器的工作流程。图中虚线框中的构件是图像扫描器的扫描机构和稿件传动机构简图。复印时，文稿传感器首先会检测到有文稿插入，并将文稿插入信号传输到主控集成电路中，主控集成电路便输出信号驱动输纸电机进行输纸。与此同时，CIS 接触式图像传感器便在驱动信号的作用下，内部的发光二极管开始发光并照射到文稿上，经文稿反射的光再经镜头后照射到 CCD 上，CCD 将稿件上反射来的光信号转化成电信号后通过一组软排线进行输出。随着文稿的传输完毕，扫描工作也就完成了。

扫描工作完成后，接下来就是传真机的打印组件对扫描的文件进行打印了。

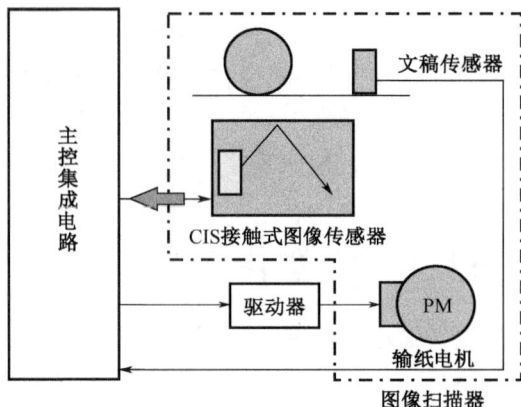

图 3-32　图像扫描器的工作流程

【图文讲解】

如图 3-33 所示稿件打印工作流程图。从图上可以看出，这是采用热敏头打印的一种方式。如果采用热敏头打印方式，所使用的打印纸应该是热敏打印纸，这样才能够顺利地将文稿上的图文打印出来，普通纸是无法实现这种打印工作的。

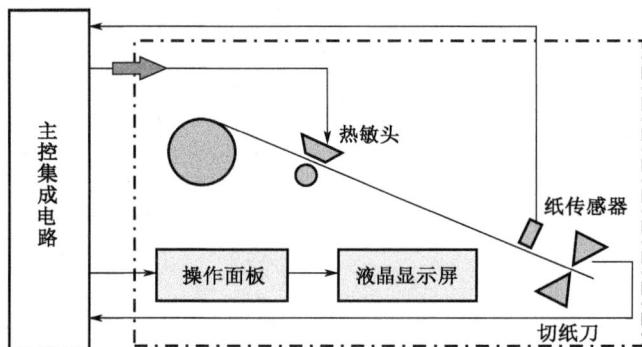

图 3-33　稿件打印工作流程图

在打印的时候，主控集成电路会将打印驱动信号传送给热敏头。此时，经数字图像处理电路处理的文稿信息转换为热敏打印头的信号。这样，热敏打印头在接触纸的时候，有文字或图案的部分温度就会升高，热敏纸受高温的作用就会发生热敏变化，也就是说热敏纸受热的地方变黑了。随着热敏纸在传动机构的传动下，热敏打印头上的温度也在不断变化。这样，文稿上的图文信息便完整地在热敏纸上呈现出来了。

打印组件中也有一个纸传感器，它是用来检测在打印过程中是否有纸的。若无纸时，该传感器便将无纸信号传送到主控集成电路。主控集成电路通过操作面板电路将无纸信息显示在液晶屏上以提醒用户。切纸刀是用来切纸的，由于热敏纸是成卷的，打印完毕后，直接将纸从切纸刀处撕下即可。

知识讲解 3.2.2　传真机发送传真的工作流程

发送传真时的文稿扫描过程与上述复印过程大体相同，所不同的是数字图像信号经传真机控制器后送到调制解调器，调制解调器的信号再经过线路接口输出并由电话线路传输出去。

【图文讲解】

传真机发送传真的工作流程如图 3-34 所示。发送传真时，在待机状态下将文稿文字面朝下插入传真机中。在文稿输入通道入口处设有文稿传感器，该传感器将检测到的文稿插入信号经接口电路传送到传真机的主控集成电路（传真机控制器）。控制器收到传感器的信号后便输出电机驱动信号，使电机转动，驱动文稿进入待机位置。在待机状态下按启动键后，文稿便进入传真机的图像扫描器中。图像扫描器将文稿的图像信息变成电信号并送入主控电路中。与此同时，调制解调器输出处理信号并通过电话线送到接收端的传真机中。这样，文稿传真就发送完毕了。

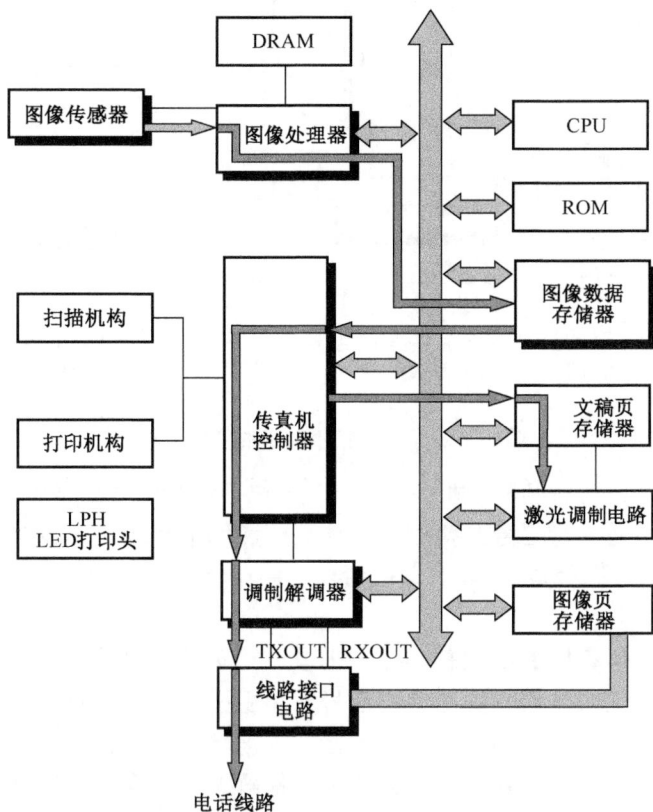

图 3-34　传真机发送传真的工作流程

知识讲解 3.2.3　传真机接收传真的工作流程

接收传真功能是将对方通过电话线路传来的文稿图像信号，经处理后变成驱动打印头的信号，然后通过输纸机构的同步动作将文稿重新打印出来。

【图文讲解】

传真机接收传真的工作流程如图 3-35 所示。由电话线路送来的传真信号经线路接口电路送至调制解调器，然后将解调的传真信号送到传真机控制器中，最后在控制器的控制下将收到的传真信号打印出来。打印过程与复印过程是相同的。

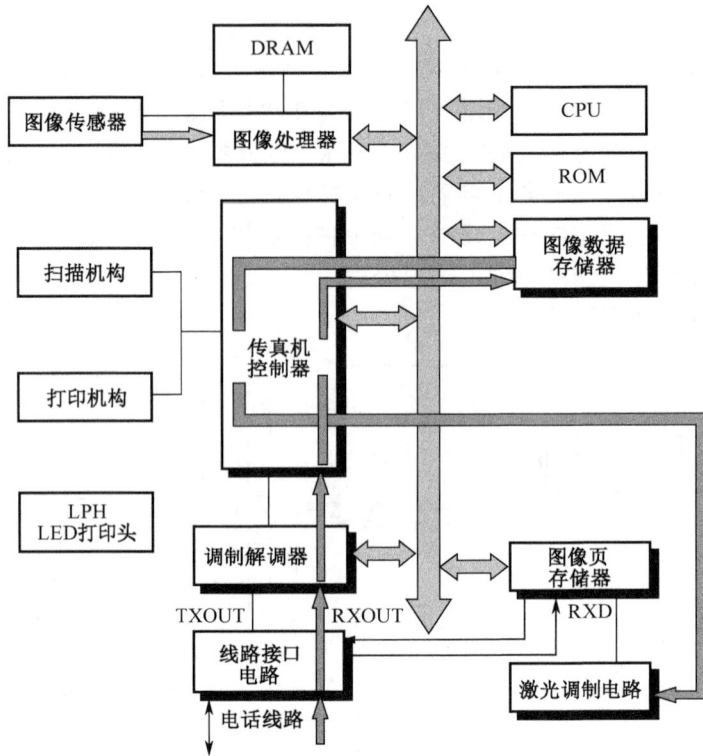

图 3-35 传真机接收传真的工作流程

接收传真的操作方式有两种，即手动和自动。在手动接收模式的摘机状态下按启动键，或在自动接收模式下通过对信号的检测，启动打印和输纸系统。无论是手动接收还是自动接收，它们的内部信号流程是一样的，不同的是主控电路以哪种方式来驱动接收传真而已。具体的接收流程如下：

在接收传真时，传真机的主控制器控制来自调制解调器的处理信号进入准备接收数据的状态。当操作启动键或自动识别出话路信号后，主控制器中的相应程序启动。来自调制解调器的串行信号在主控制器的调制解调器接口处被转换成并行信号，并存储在随机存储器的接收缓冲器中。接收缓冲器中的数据通过软件解调，在图像缓冲器内重新变成二进制图像数据。此数据以标准传真数据信号的方式传送到主控制器的打印处理器中，然后将并行数据转换成串行数据并送至热敏打印头。最后，通过步进电机的转动，逐行打印数据并形成文稿输出。这样，传真就接收完毕了。

项目四

▶▶▶ 掌握传真机维修与维护技能

在该项目中，我们要通过对传真机实际样机的解剖，介绍传真机的拆装方法，并结合传真机的结构和工作原理，明确传真机的故障特点和故障检修流程。最后，通过对典型传真机的分析与检测，使读者掌握传真机的维修方法和技巧。

任务模块 4.1 了解传真机的故障类型和检修流程

知识讲解 4.1.1 了解传真机的故障类型

传真机的故障大致分为传真通信故障、进出纸机构故障、打印故障、操作显示失常故障、电源供电故障以及一些特殊的故障等。

（1）传真机不能正常收发传真的故障

传真机不能正常地接收、发送传真，一般是指传真机在接收或发送传真的过程中出现问题。引起此故障的原因有很多，而大多数故障是由电话线连接错误、传真机拨动开关位置调整不良、调制解调器损坏、外线线路干扰、控制电路板损坏等原因引起的，如图 4-1 所示。

（2）传真机接收不起作用或接收数据中断故障

传真机出现接收不起作用或接收数据中断，但传真机发送传真正常的故障，大多数为传真机的电话线路连接异常，或调制解调器损坏所引起的故障。检查时可按下免提键，查传真机此时是否有噪声。若有噪声则说明电路线路异常，无噪声则应重点检查传真机的调制解调器部分。

（3）传真机接收、发送传真时好时坏，传输速率下降故障

传真机出现接收、发送传真时好时坏故障大多数是由电话线连接不良、线路干扰、线路接口电路损坏所引起的。检查此故障时，可借助传真机检修平台判断是否为传真机的线路出现异常，如图 4-2 所示。排除线路问题则应重点对传真机的本身进行检查。若确定为传真机的线路问题，应该咨询相关的电信部门或有关单位协助解决出现的问题。

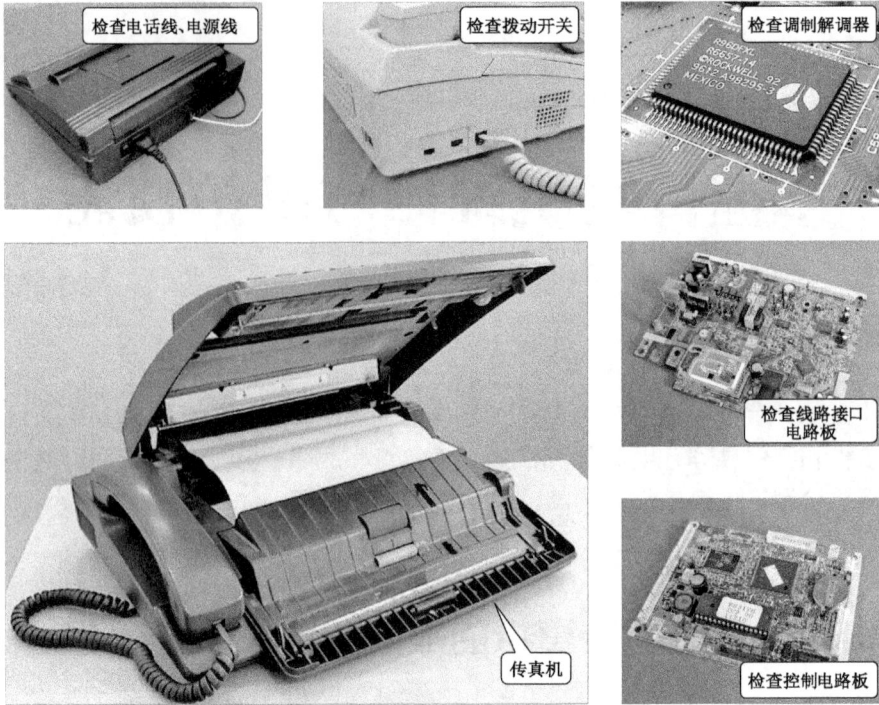

图 4-1　传真机不能正常接收、发送传真的主要检查部位

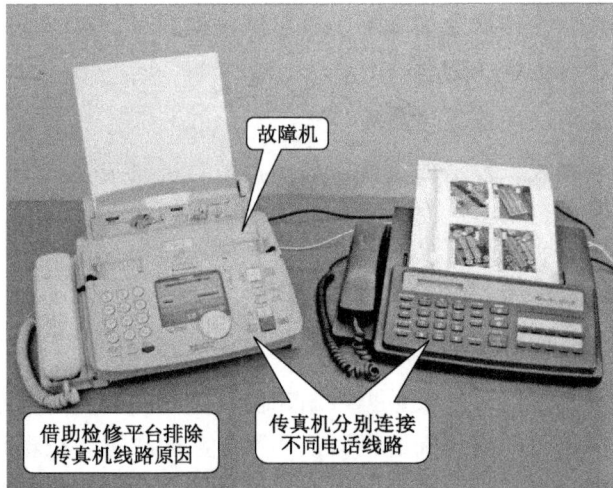

图 4-2　借助检修平台排除传真机线路问题

（4）传真机自动接收正常，但不能手动接收故障

引起传真机出现不能手动接收的故障主要是由传真机设置错误、线路连接错误、操作按钮损坏或线路接口等故障引起的。

【提示】

传真机若已经设置为自动接收状态，电话铃响后传真机即可进行自动接收，因此导致手动接收功能失效。

传真机的线路连接错误主要是由传真机电话线与听筒线路连接错误所引起的，要检查其是否连接正常，应对传真机的操作显示面板组件进行检查。对传真机检修后，再对传真机通电，检查传真机的故障是否排除。

（5）传真机发送正常，但不能自动接收传真故障

传真机出现发送正常，但不能接收传真的故障时，应先判断是否为该传真机本身的故障。即借助传真机检修平台，判断是否为接收端出现故障进而导致传真机无法接收传真。排除该故障原因后，则应重点检查传真机的设置模式是否正确、操作按钮是否损坏，响铃次数是否太多误认为传真机不能自动接收，或传真机接收电路是否损坏引起传真机不能自动接收故障。传真机操作按钮的检查如图4-3所示。

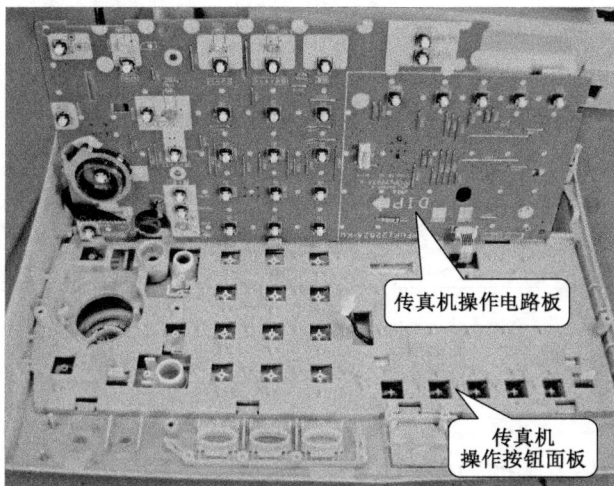

图4-3　检查传真机的操作按钮

【提示】

传真机的自动接收过程，大多数是指由电话振铃开始到传真机自动转入传真状态，在此期间，传真机需几次振铃后转换为接收传真状态是可以通过人为设置的。但有些传真机则不是按振铃次数而是按时间长短进行设置。

（6）传真机只能发送或只能接收传真故障

传真机在工作的过程中，只能发送传真或只能接收传真，出现此种故障说明该传真机出现单向通信故障。此故障主要是由拨号方式不对、调制解调器损坏、线路接口电路异常、传真机发送电平太低等导致的。

传真机出现此种故障时，应先检查传真机的拨号方式是否正确，传真机主要分为脉冲拨号和双音频拨号两种方式。传真机设置的拨号方式不同，则传真机的传真发送方式也有所区别。

（7）传真机发送、接收文件质量不好故障

传真机所发送、接收到的文件出现空白页、垂直黑线、有污迹、等丢失数据现象时，应首先排除接收端或发送端的故障原因后，再对传真机进行检查。

排查时可借助传真机检修平台进行，也可按照以下方法检查是否为传真机自身故障。

使用传真机复印干净整洁的文件，检查传真机的复印质量。如果传真机复印质量良好，而接收质量不好，则说明为发送端有故障。

知识讲解 4.1.2 了解传真机的基本检修流程

传真机出现故障时，通常先检查整机的工作情况，依据检修流程逐步排除传真机的故障，如图 4-4 所示，为初步检查传真机的故障流程图。

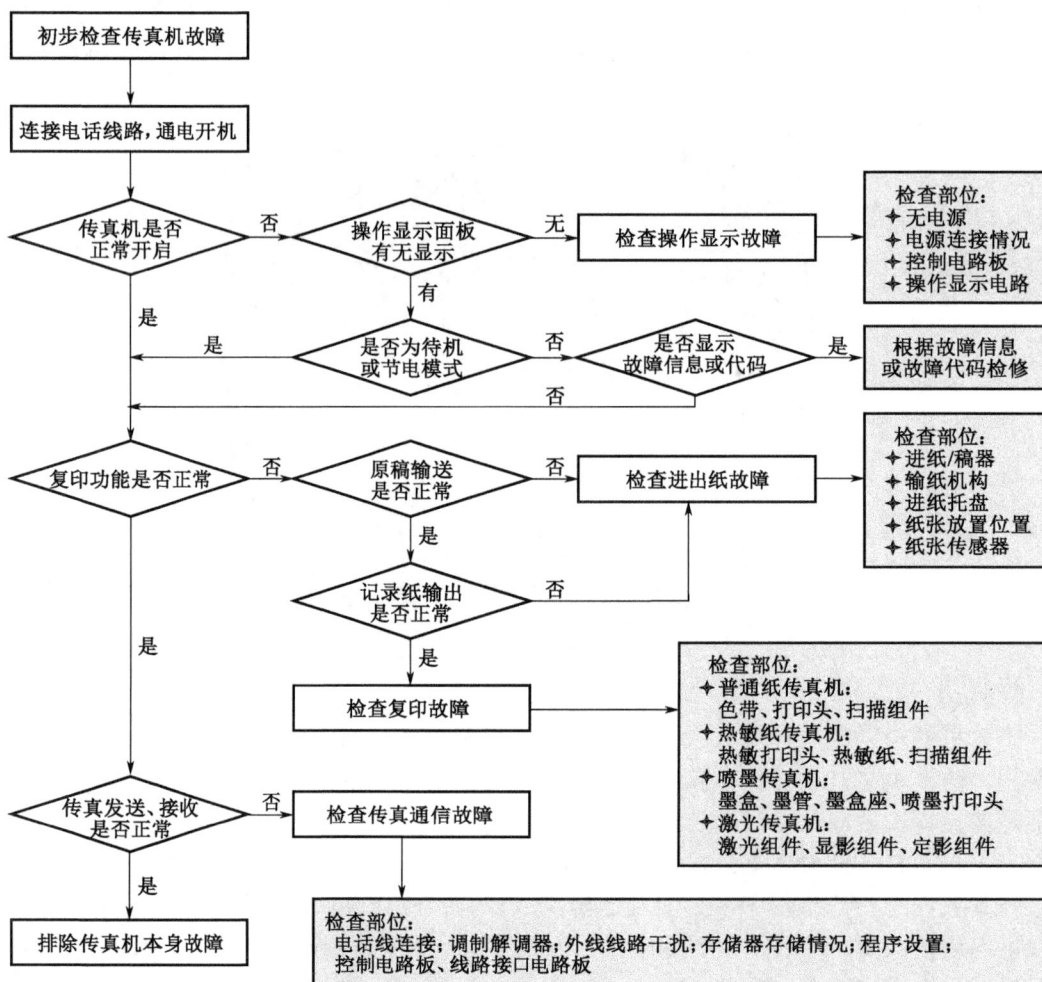

图 4-4 初步检查传真机的故障流程图

1. 传真通信故障检修流程

如图 4-5 所示，为传真机通信故障的检修流程图。传真机出现传真通信故障时，应重点检查传真机的发送、接收传真情况是否良好，再根据传真机的工作情况、功能和打印质量等进行检查。

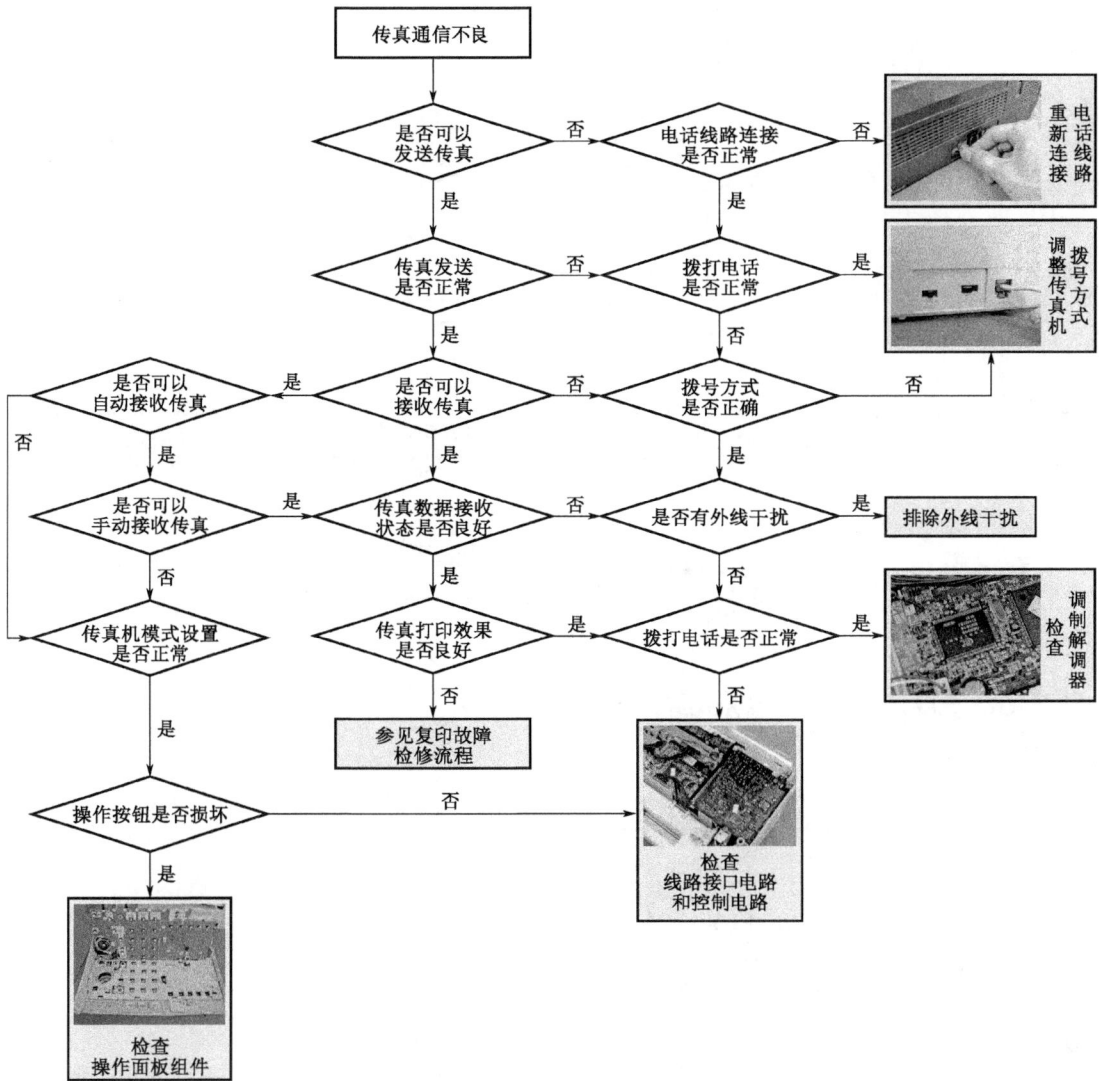

图 4-5　传真机通信故障的检修流程图

2．进出纸故障检修流程

传真机发生进出纸故障时，可根据进出纸的故障特点依次检查进出纸的相关机构和电路。

（1）卡纸故障的检修流程

如图 4-6 所示，为传真机卡纸故障的检修流程图。当传真机出现卡纸故障时，应根据其卡纸部位，判断引起传真机卡纸故障的原因。

（2）传真文稿不能送进故障的检修流程

如图 4-7 所示，为传真文稿不能送进故障的检修流程图。传真机出现文稿不能送进故障，应先查看传真机的液晶屏是否显示无纸或无文稿信息，再对传真机的进纸或进稿器等部位进行检查。

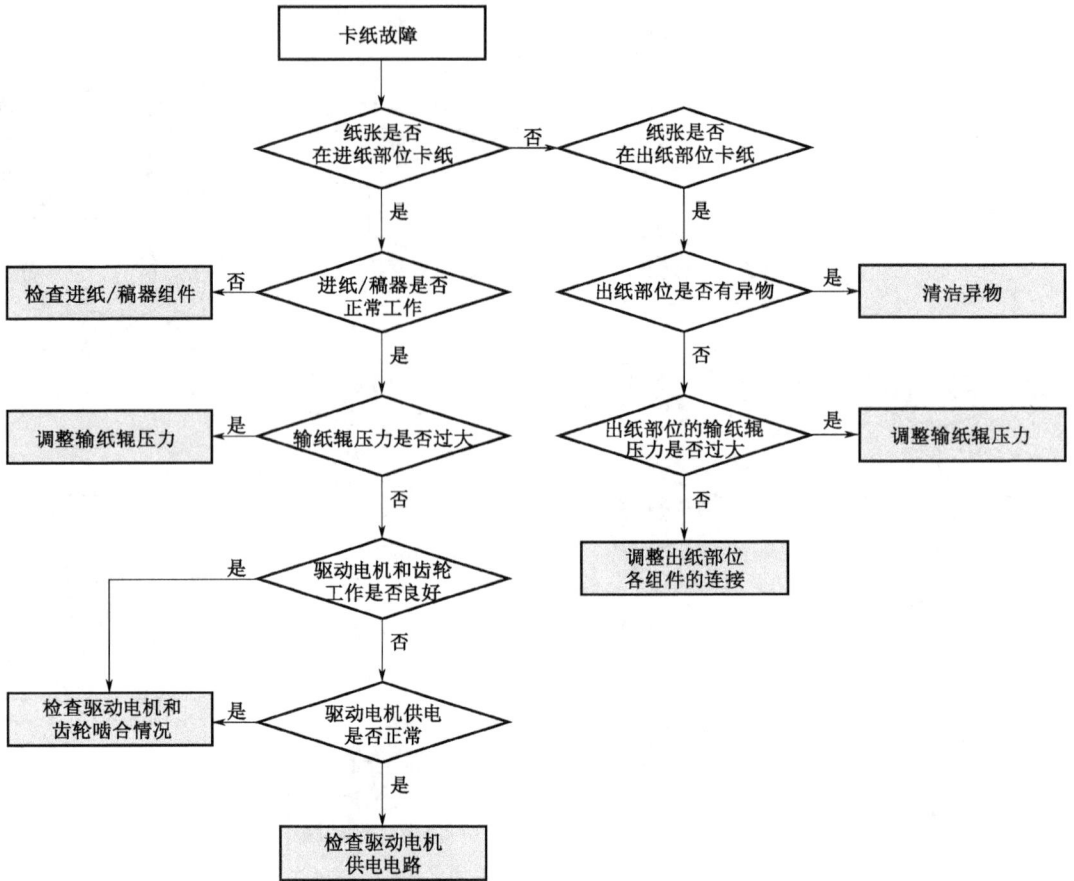

图 4-6　传真机卡纸故障的检修流程图

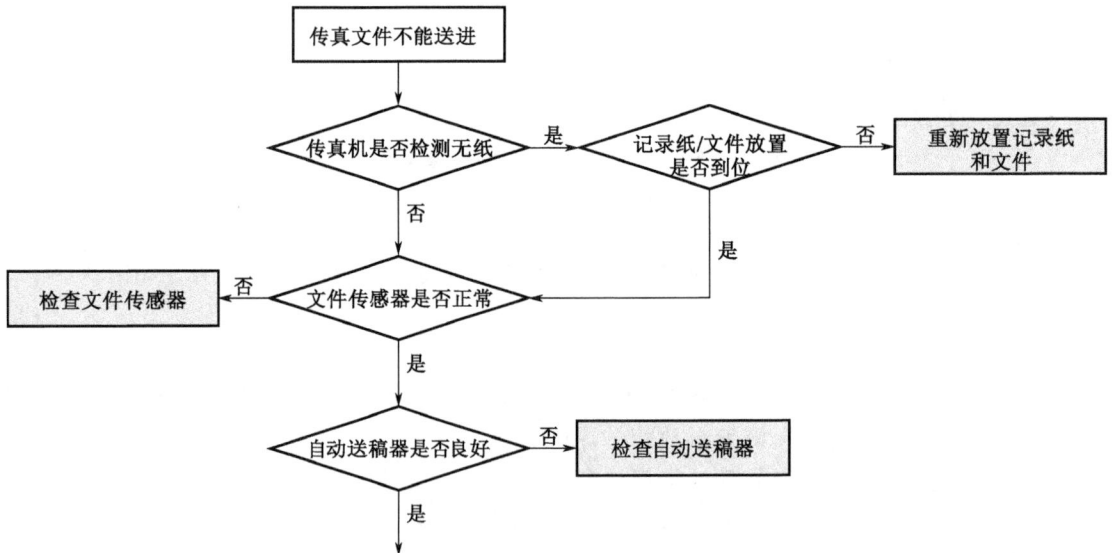

图 4-7　传真文稿不能送进故障的检修流程图

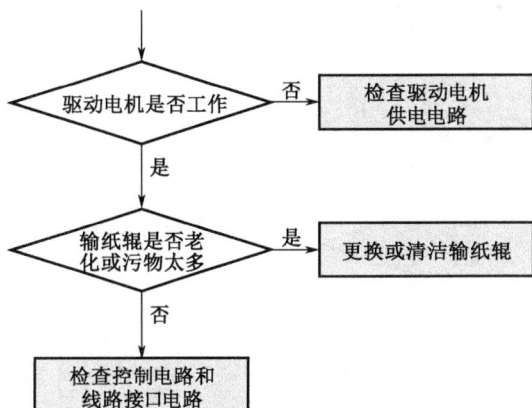

图 4-7 传真文稿不能送进故障的检修流程图（续）

（3）多页进纸/进稿故障的检修流程

如图 4-8 所示，为传真机多页进纸/进稿的故障检修流程图。根据该流程图可知，传真机出现多页进纸/进稿故障主要是由打印纸质量不佳或是输纸机构有故障引起的。

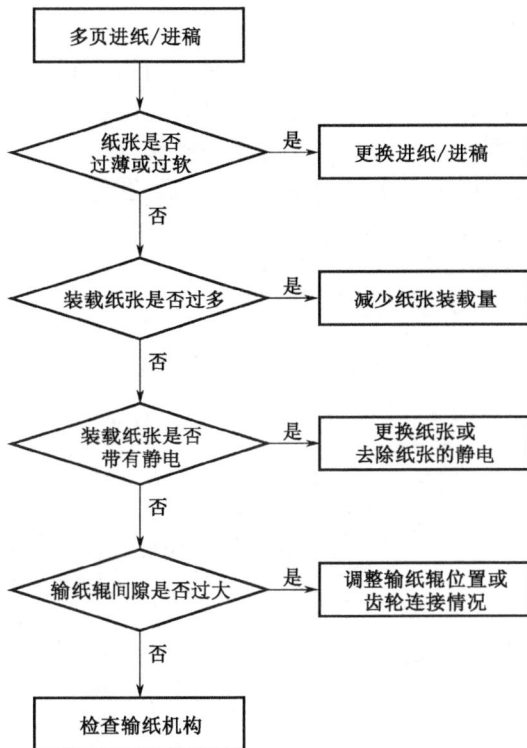

图 4-8 传真机多页进纸/进稿故障的检修流程图

3．接收文稿故障的检修流程

传真机在接受传真的过程中，常出现接收文件空白、有黑线和污迹等故障，在检修的过程中，可根据图 4-9 所示流程，逐步对故障进行排除。

不同种类的传真机扫描文稿的方式和打印的方式不同，其故障部位和检修方法也有所不同，在检修的过程中应根据各传真机自身的特点排除故障。

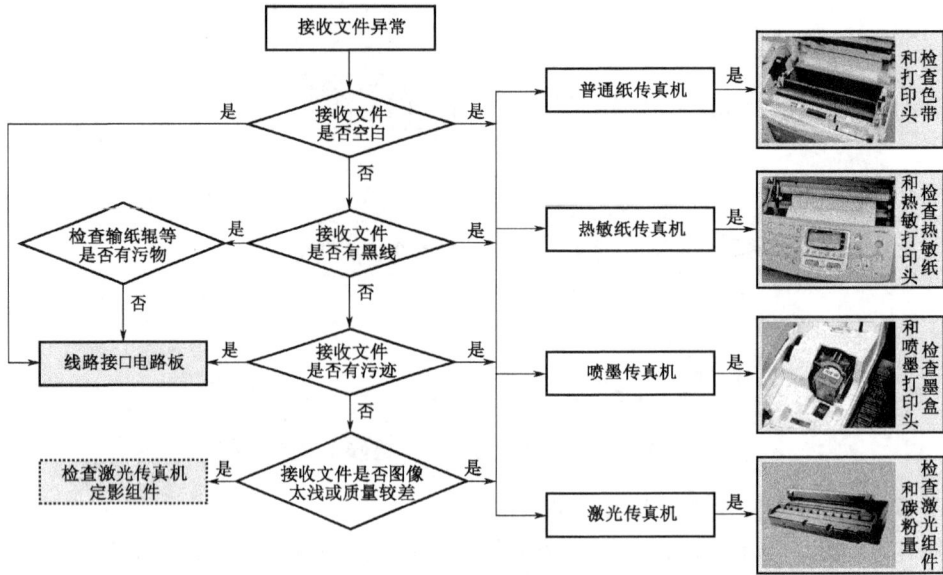

图 4-9　传真机接收文件的故障检修流程图

4．复印不良故障的检修流程

传真机在复印的过程中常出现复印全黑，或者有白道、黑道、污迹、一侧发黑等故障现象，检修时，应按照大致的检修流程对复印的故障进行排除。

（1）复印件全白和图像浅、颜色差故障的检修流程

传真机在使用复印的过程中，常出现复印件全白、图像浅或颜色差的故障，检修时可按照图 4-10 所示流程，逐步对此故障进行排除。

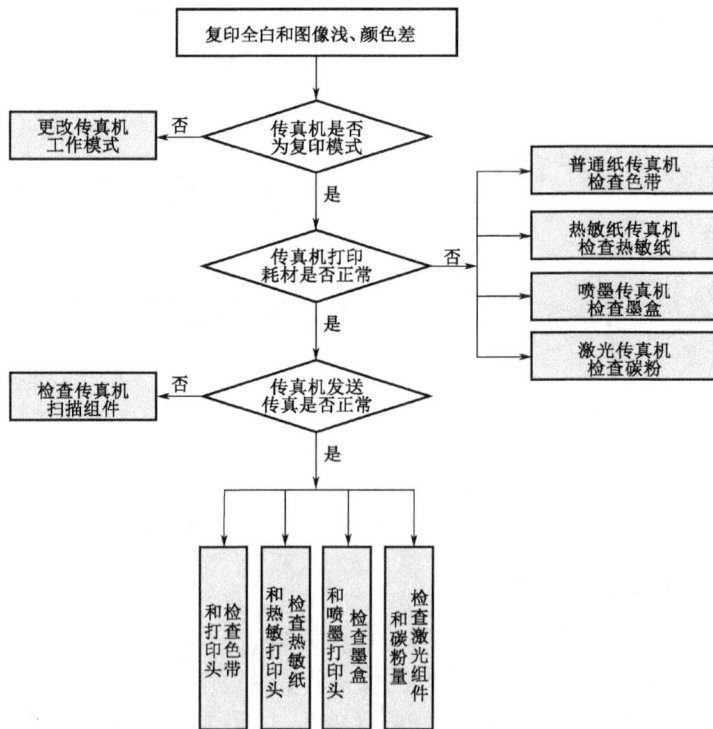

图 4-10　传真机的复印全白和图像浅、颜色差的故障检修流程

（2）复印件有黑道、白道故障的检修流程

传真机在复印的过程中出现黑道和白道时，其大致的检修流程如图4-11所示。

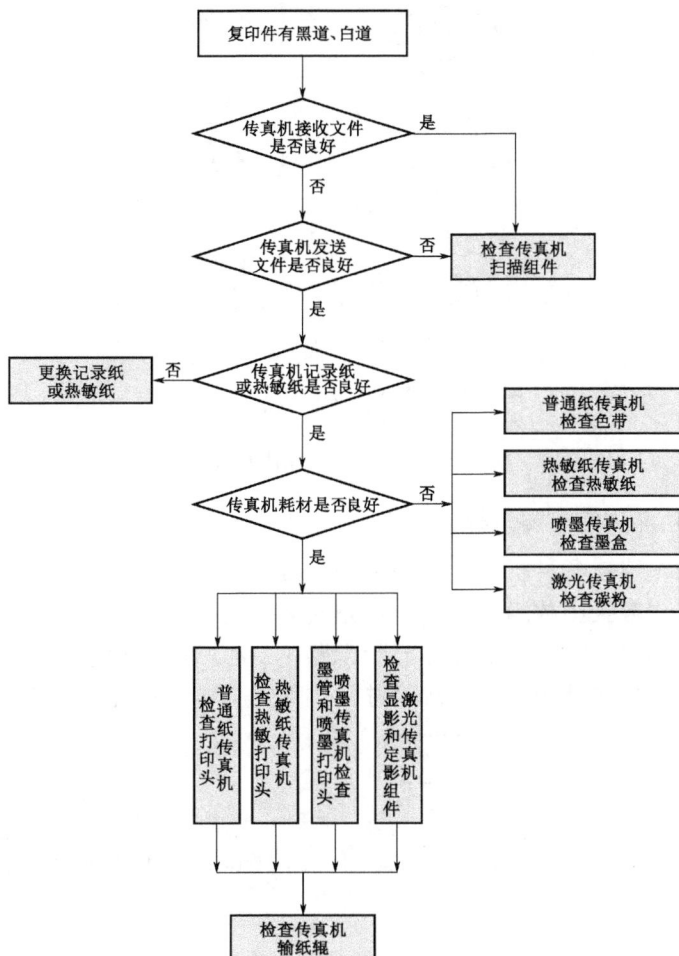

```
        ┌──────────────────┐
        │复印件有黑道、白道│
        └──────────────────┘
                │
        ◇传真机接收文件──是──┐
         是否良好            │
            │否             │
        ◇传真机发送──否──┐   │
         文件是否良好    │   │
            │是    ┌────────────┐
┌────────┐      │检查传真机  │
│更换记录纸│──否──◇传真机记录纸│扫描组件    │
│或热敏纸 │     热敏纸是否良好└────────────┘
└────────┘        │是
                                ┌──────────────┐
                             ┌─│普通纸传真机  │
                             │ │检查色带      │
        ◇传真机耗材是否良好─否┤ ┌──────────────┐
            │是              ├─│热敏纸传真机  │
                             │ │检查热敏纸    │
                             ├─│喷墨传真机    │
                             │ │检查墨盒      │
                             └─│激光传真机    │
                               │检查碳粉      │
```

图4-11 传真机复印件有黑道、白道故障的检修流程

复印机出现污迹的故障，也可通过以上检修流程进行查找；但由于传真机型号规格的不同，传真机在工作时具体查找的部位也有所区别。

（3）复印件夹纸或歪斜故障的检修流程

传真机在复印的过程中出现夹纸或歪斜的故障时，其大致的检修流程如图4-12所示。

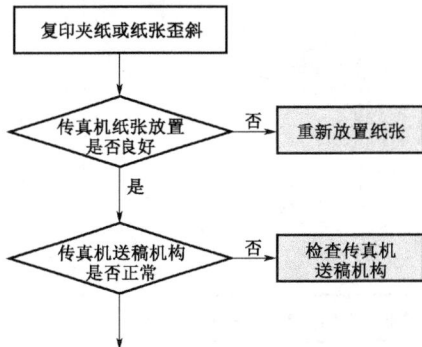

图4-12 复印件夹纸或歪斜故障的检修流程

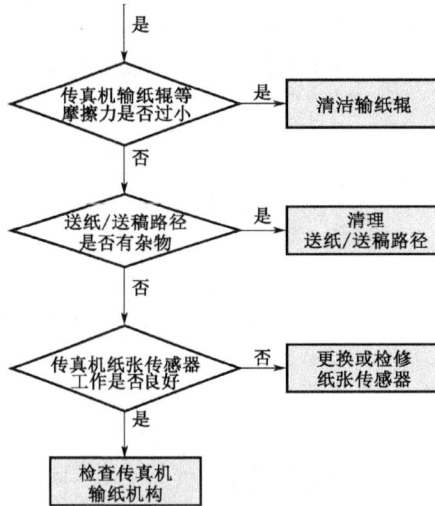

图 4-12　复印件夹纸或歪斜的故障检修流程（续）

5．操作显示功能失常故障的检修流程

传真机的内部电路或各种机构如出现故障，操作显示电路常出现显示故障代码，用户可根据故障代码的内容找出故障元器件，这是传真机的自我诊断功能。如果显示屏出现显示异常、操作失灵等情况时，表明操作显示电路本身有故障。检修操作显示故障时，应根据相应的检修流程对操作显示电路的故障进行排除，其检修流程如图 4-13 所示。

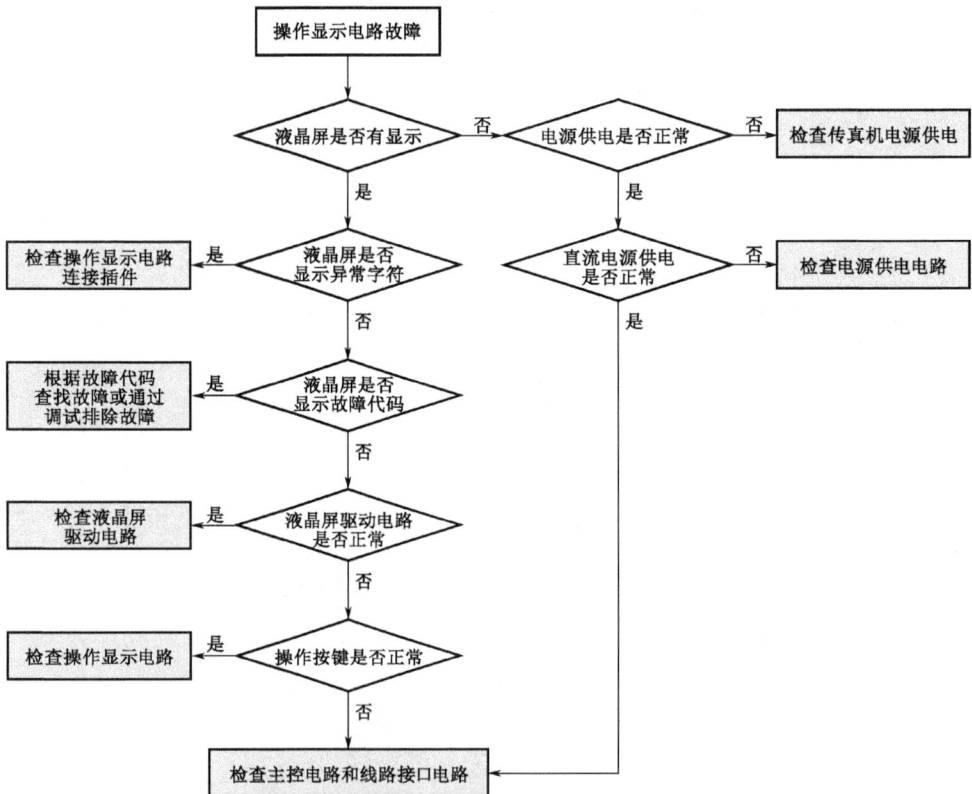

图 4-13　传真机操作显示电路故障检修流程

任务模块 4.2　掌握传真机的检修技能

技能训练 4.2.1　电话听筒及操作显示面板的检修方法

1. 听筒的检修方法

话机中的听筒作为电话机的声音输出设备，它将电信号还原成声音信号，当电话机受话不良时，应检查听筒部件。

【图解演示】

普通单机电话中听筒的检测方法如图 4-14 所示。将万用表量程调至"×1"欧姆挡，并进行欧姆调零；然后，将红黑表笔分别搭在听筒的正负两极上，检测其电阻值。

正常情况下，应可以测得听筒本身有一定阻值（实测为 30Ω）。如果所测得的阻值为零或者为无穷大，则说明听筒已损坏，需要更换。

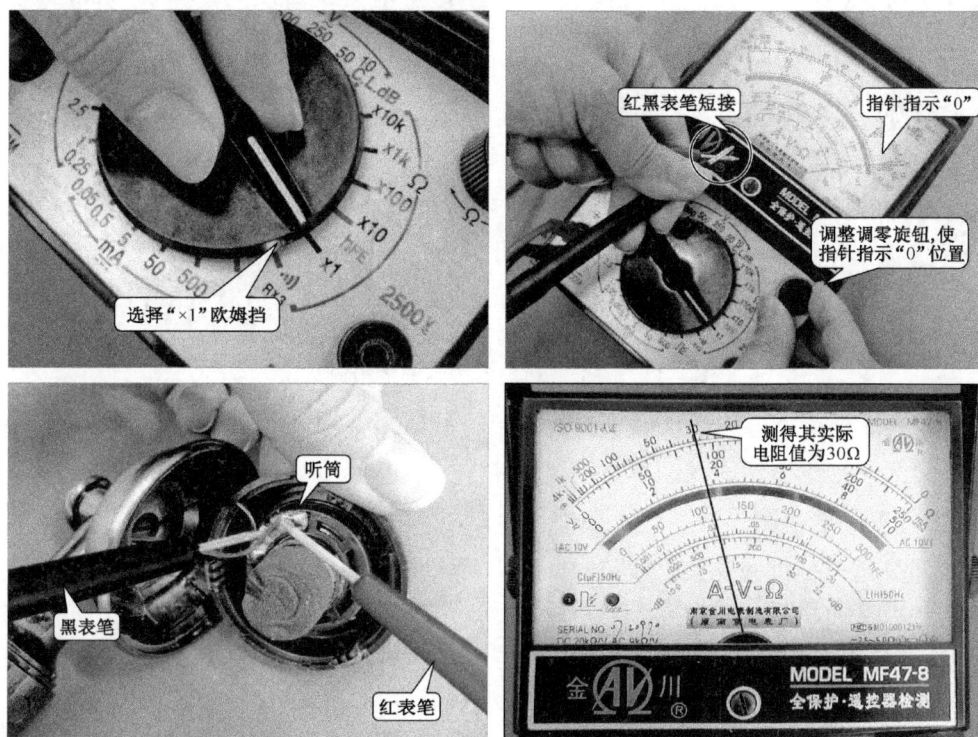

图 4-14　普通单机电话中听筒的检测方法

【提示】

如果听筒性能良好，在检测时，用万用表的一只表笔接在听筒的一个端子上，当另一只表笔触碰听筒的另一个端子时，听筒会发出"咔咔"声；如果听筒损坏，则不会有声音发出的情况。

2. 话筒的检修方法

话机中的话筒作为电话机的声音输入设备，它将声音信号变成电信号，送到电话机的内部电路，经内部电路处理后送往外线。当电话机送话不良时，应检查话筒部件。

【图解演示】

普通单机电话中话筒的检测方法如图 4-15 所示。调整万用表量程为"×10"欧姆挡，并进行欧姆调零，将万用表红黑表笔分别搭在话筒的正负两极上，测其电阻值。

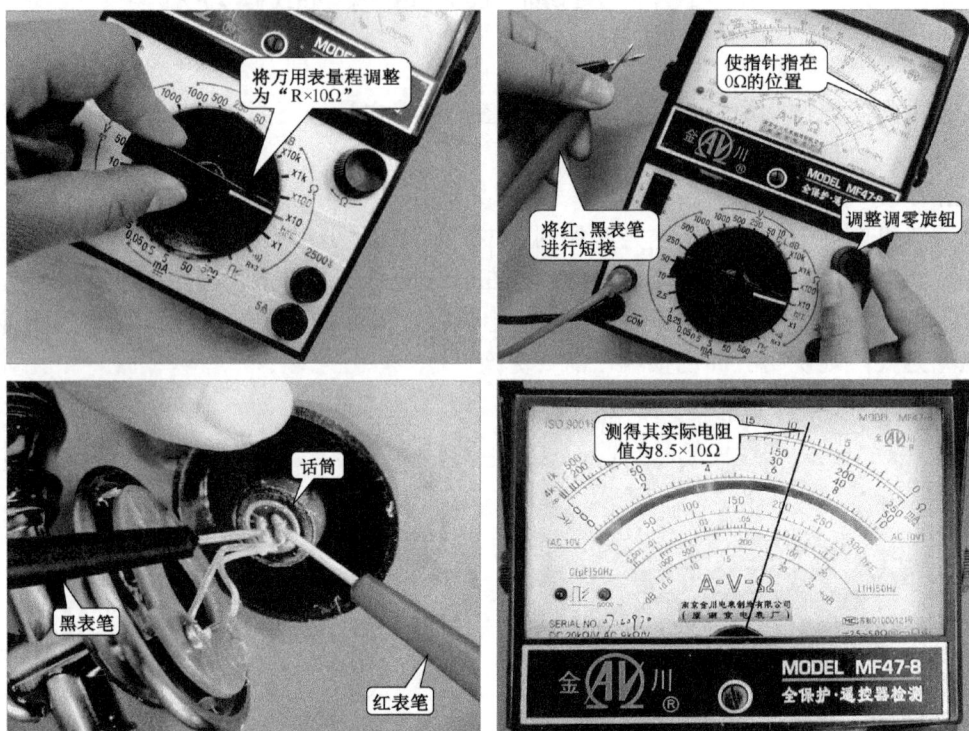

图 4-15　普通单机电话中话筒的检测方法

正常情况下，应可以测得话筒本身有一定阻值（实测为 85Ω）。如果所测得的阻值为零或者为无穷大，则说明话筒已损坏，需要更换。

3. 插簧开关的检测

插簧开关是一种机械开关，检修时，可首先判断其弹性是否良好，然后用万用表电阻挡检测其触点接通和断开的状态来判断好坏。

【图解演示】

如图 4-16 所示，首先检查插簧开关弹性是否良好。

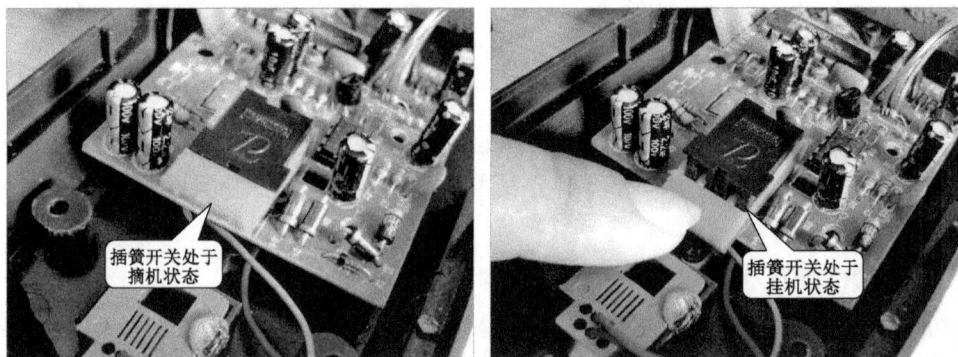

图 4-16　首先检查插簧开关弹性是否良好

然后，按图 4-17 所示，分别在摘机和挂机状态，检测插簧开关①、③脚和①、②脚之间阻值。

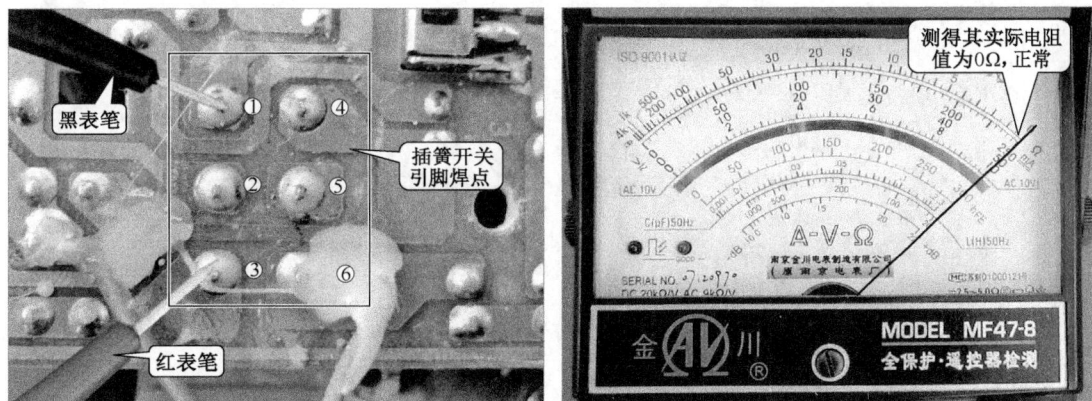

（a）在摘机状态下用万用表电阻挡检测其①、③脚之间阻值

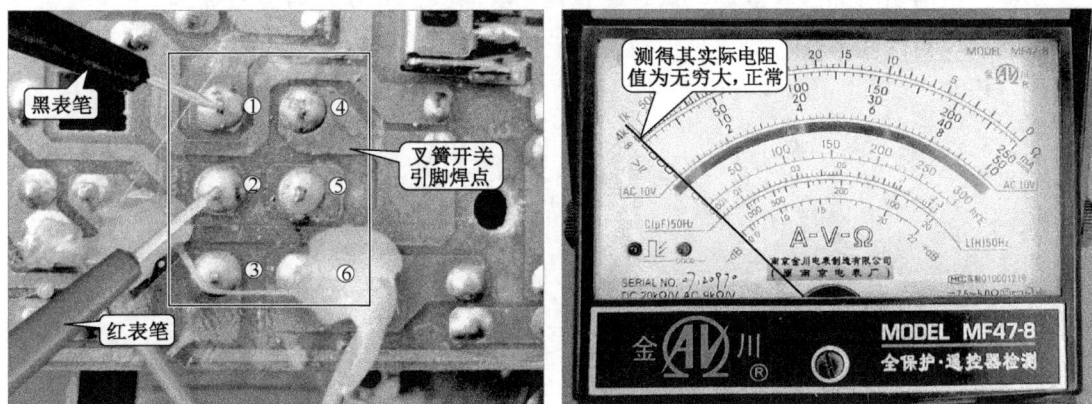

（b）在摘机状态下用万用表电阻挡检测其①、②脚之间阻值

图 4-17　普通单机电话中插簧开关的检测方法

正常情况下，摘机状态下，用万用表检测其①、③脚间的阻值为0Ω，①、②脚间阻值为无穷大；挂机状态下，其①、③脚间的阻值为无穷大，①、②脚间阻值为0Ω。

若经检测和判断插簧开关不良，应选用相同规格和型号的插簧开关进行代换。

4．操作显示面板的检测

操作显示电路主要用于人工指令的输入和显示，对其进行检测时，主要检测其操作按键、显示部件等是否正常。

【图解演示】

图 4-18 所示为操作按键的检测方法。将万用表两表笔分别搭在操作按键的两个引脚端，按下操作按键，万用表指针立刻会指向 0 位。

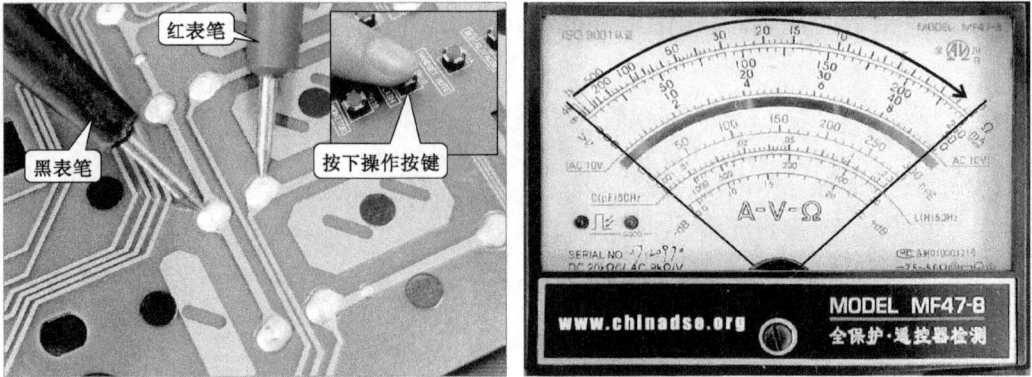

图 4-18　操作按键的检测方法

【图解演示】

图 4-19 所示为操作面板上指示灯的检测方法。通常，操作显示面板上的指示灯就是发光二极管。将万用表的黑表笔接二极管的正极，红表笔接发光二极管的负极，如正常，发光二极管会点亮。如不良，则发光二极管无反应，需要更换。

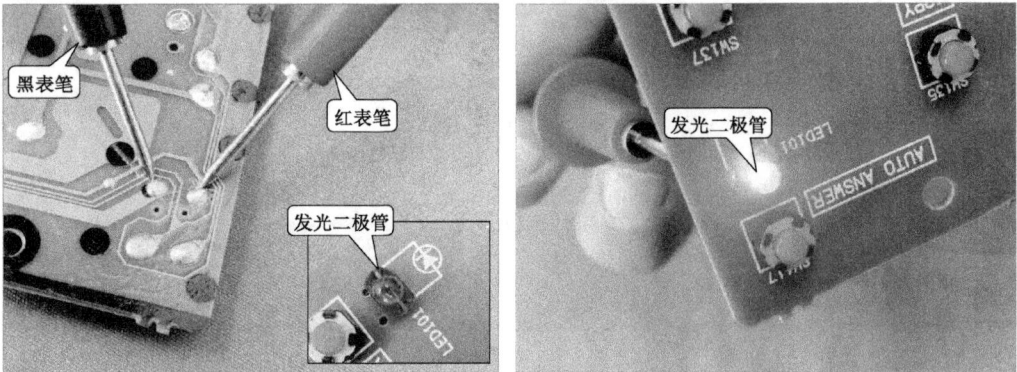

图 4-19　发光二极管的检测

【图解演示】

图 4-20 所示为液晶显示屏连接状态的检测。重点检查连接线缆有无松脱、断裂等情况。观察液晶显示屏的连接线与液晶显示屏的连接引脚是否断裂或出现虚焊的现象，并对其断裂或虚焊的引脚重新进行焊接。

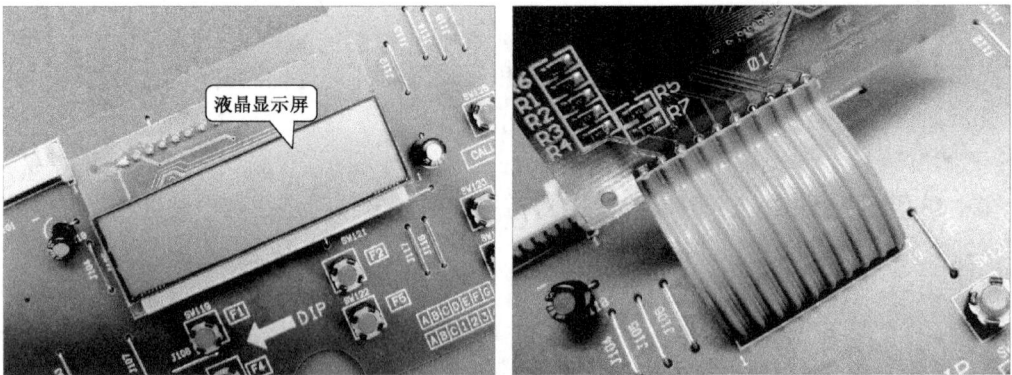

图 4-20　液晶显示屏连接状态的检测

技能训练 4.2.2　打印及输纸机构的检修方法

1. 热敏传真机打印组件的检修

热敏传真机打印组件主要包括驱动电机、传感器、转动齿轮、弹簧片等，下面对这些主要部件进行检修。

（1）驱动电机的检测

对驱动电机的检测，主要是对驱动电机的阻值进行检测；将检测的结果和阻值表进行对照，若检测的结果和阻值表中的阻值相差较大，则说明该驱动电机本身损坏，更换即可。

【图解演示】

对驱动电机的检测，主要是检测驱动电机的引脚阻值，具体的检测方法如图 4-21 所示。

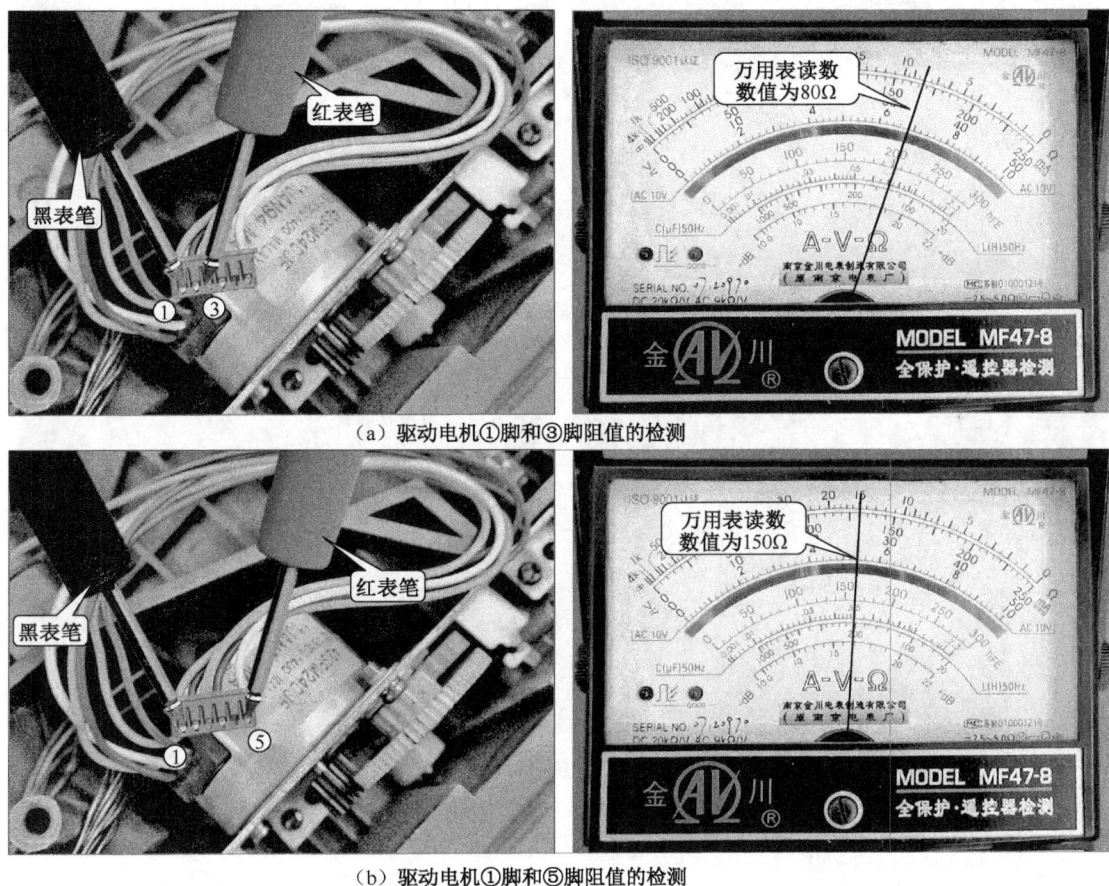

（a）驱动电机①脚和③脚阻值的检测

（b）驱动电机①脚和⑤脚阻值的检测

图 4-21　驱动电机的检测方法

【资料链接】

驱动电机绕组之间的阻值如表 4-1 所示。

表 4-1　驱动电机绕组之间的阻值

引　脚	阻　值	引　脚	阻　值	引　脚	阻　值	引　脚	阻　值
①～②	150 Ω	①～⑤	150 Ω	②～⑤	150 Ω	④～⑤	150 Ω
①～③	80 Ω	②～③	80 Ω	③～④	80 Ω		
①～④	150 Ω	②～④	150 Ω	③～⑤	80 Ω		

（2）传感器的检测

【图解演示】

传感器是用于检测纸张的器件，对其进行检测，可通过阻值进行判断，具体的检测方法如图 4-22 所示。

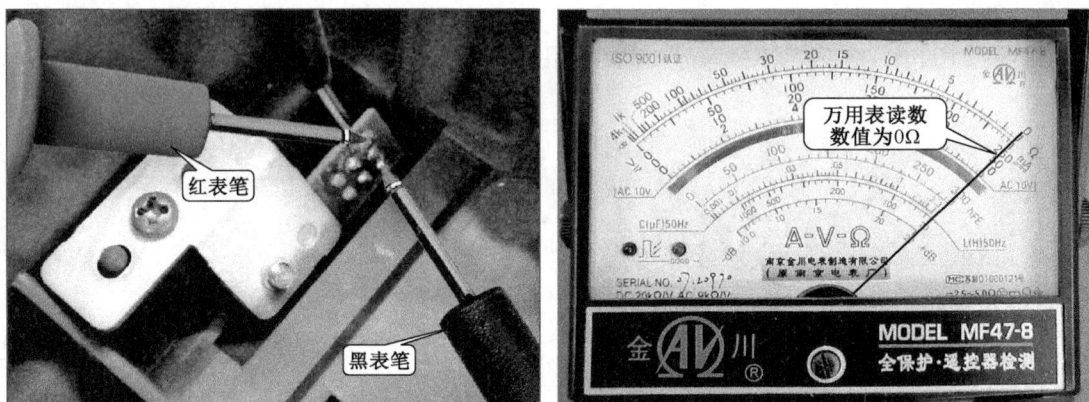

（a）在无纸状态传感器的检测

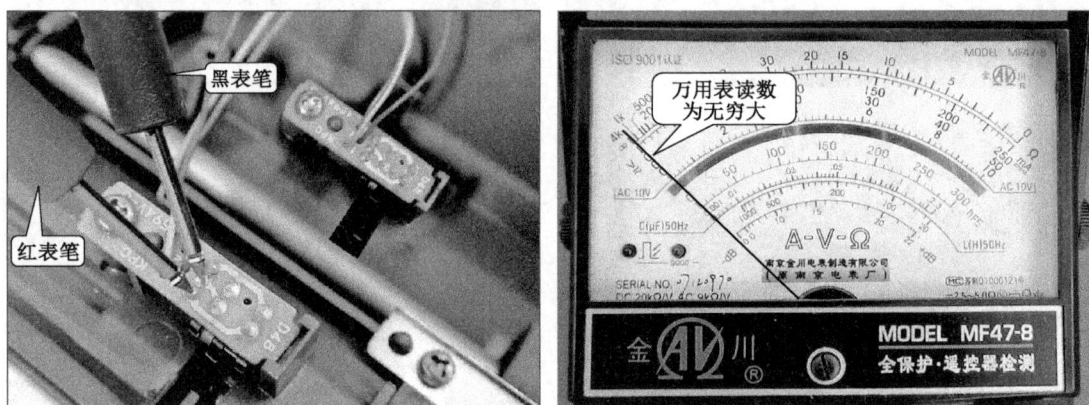

（b）在有纸状态传感器的检测

图 4-22　传感器的检测方法

（3）传动齿轮的检测

【图解演示】

传动齿轮用于带动输纸辊传输纸张，若传动齿轮不能转动，要对传动齿轮进行检查，如图 4-23 所示。

若传动齿轮不能正常运转，要对传动齿轮进行检查；如果在传动齿轮中间有堵塞的现象，将堵塞物取出即可。

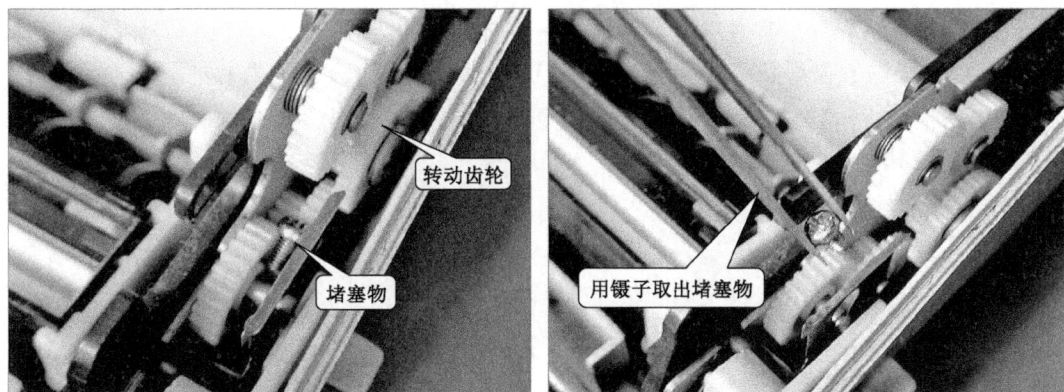

图 4-23 传动齿轮的检测方法

（4）弹簧片的检测

【图解演示】

弹簧片不正常，可能导致纸张不能正常的输出，这时要对弹簧片进行修正或更换，具体方法如图 4-24 所示。

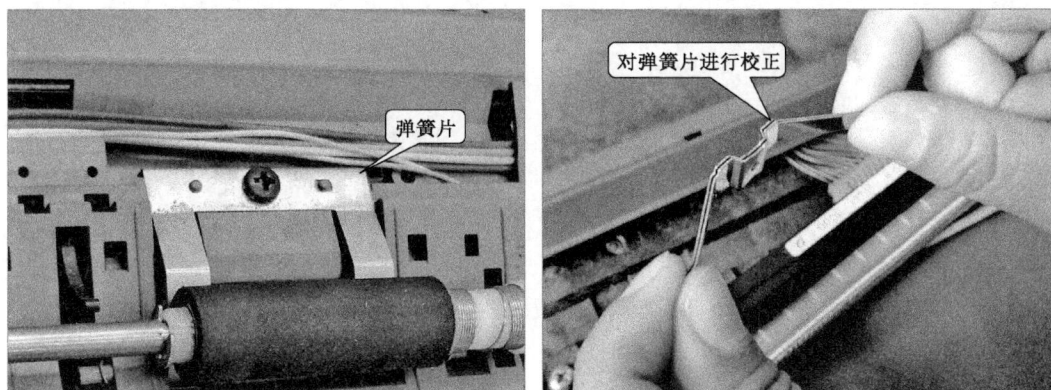

图 4-24 弹簧片的检测方法

弹簧片发生变形，使得两边的弹簧片压力不均匀、不对称，造成图像不良，这时要对弹簧片进行校正或更换。

2. 喷墨传真机打印组件的检修

对喷墨传真机打印组件的检修操作，主要是对喷墨头的清洁、数据线的检查、字车及泵组件的检修。

（1）喷墨头的清洁

喷墨传真机打印纸张出现白线、图像局部打印较差、脏污、白纸等情况时，应先清理喷墨头以及墨盒的接触表面，然后清理墨盒，重复进行几次。

首先，利用喷墨传真机自带的喷墨头清洁功能对喷墨头进行清洁。若喷墨头脏污严重，喷墨头的清洁部件就无法将喷墨头清洁干净，此时可将喷墨头取下，人工进行清洁。

【图解演示】

人工清洁喷墨头的方法如图 4-25 所示。使用蘸有无水酒精的棉棒清洁喷嘴并对喷嘴进行浸泡清洁，然后使用注射器进行清洁，然后用纸巾擦拭残留的墨迹及酒精。若无法疏通可将喷墨头喷嘴在无水酒精中浸泡半小时到一小时后，再进行清洗。

对于堵塞严重的喷墨头喷嘴可使用带有无水酒精的注射器进行喷射冲刷，对喷嘴表面的污物进行强力的喷洗，然后使用纸巾擦拭喷墨头喷嘴周围的墨迹及残留的酒精。

图 4-25　人工清洁喷墨头的方法

（2）喷墨头数据线的检查

由于字车的来回移动，会造成喷墨头数据线的磨损或连接松动，检修时，检查喷墨头数据线表面是否磨损或数据线连接是否松动。

【图解演示】

检查数据线表面及数据线的连接情况，如图 4-26 所示。

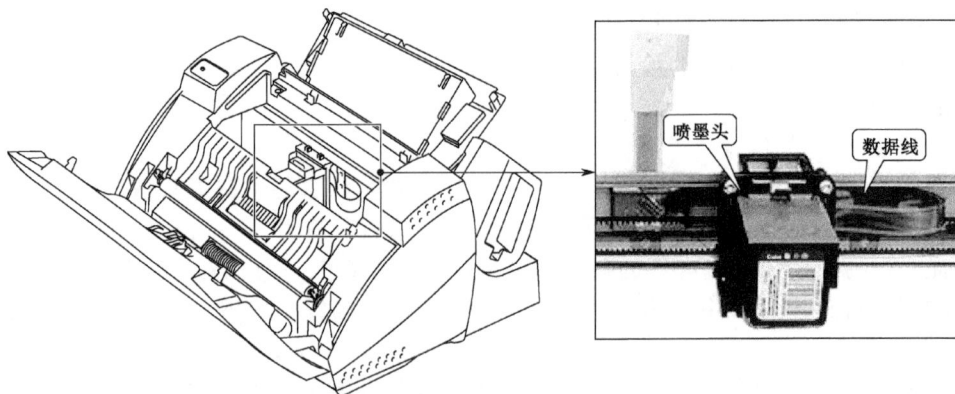

图 4-26　检查数据线表面及数据线的连接情况

（3）字车组件的检修

字车是通过字车驱动电机进行驱动的，字车驱动电机转动过程中，通过传动齿轮带动传动皮带一起运转，使字在字车导轨上来回移动。因此对字车组件进行检修时，应分别对其字车、传动齿轮组、传动皮带、字车驱动电机进行检修。

【图解演示】

字车组件的检修方法如图 4-27 所示。来回移动字车组件，观察字车组件在导轨上移动是否正常。若字车移动不正常，观察字车背部与导轨间的固定扣是否有异物卡住。

检查传动皮带及传动齿轮组是否磨损，齿轮组啮合是否到位。

检查字车导轨表面是否脏污，若脏污应对其进行清洁。

使用万用表检测字车驱动电机各绕组之间的阻值是否正常，若不正常应对其进行更换。

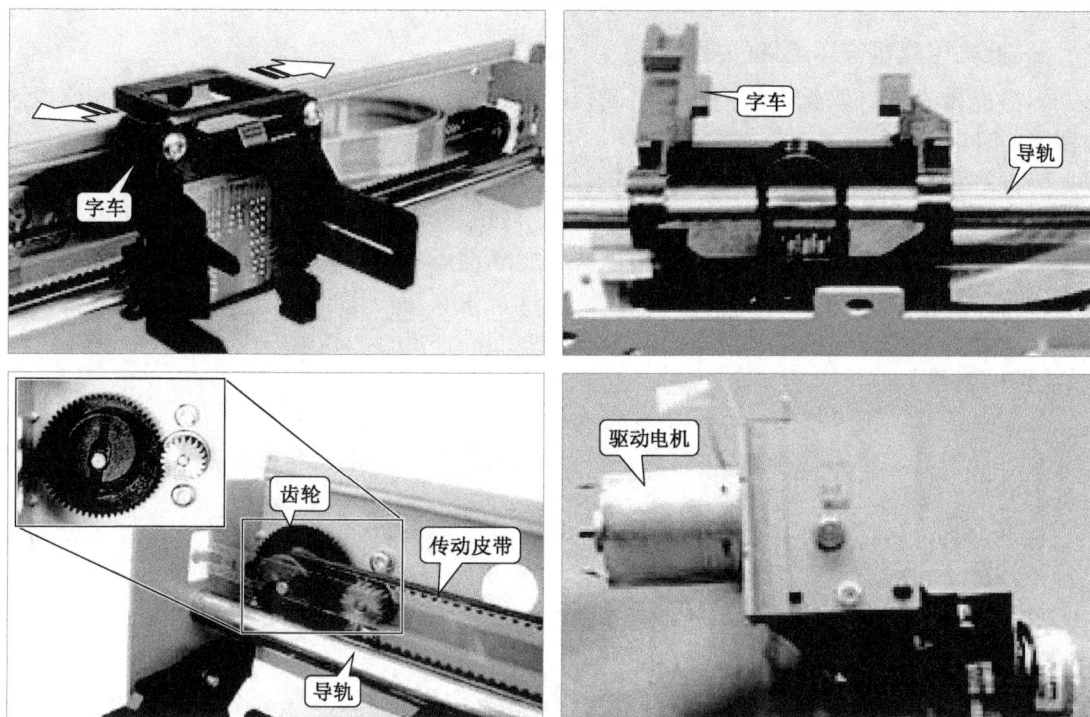

图 4-27　字车组件的检修方法

（4）泵组件的检修

泵组件出现故障时，会降低喷墨传真机喷墨头的清洁功能，使打印出的纸张脏污。对其进行检修时，主要检测喷墨头的喷嘴是否老化、脏污，传动齿轮是否磨损、正常啮合，泵电机是否正常等。

【图解演示】

泵组件的检修方法如图 4-28 所示。检查泵嘴是否老化，若属于表面脏污，则需要采用注射冲刷蒸馏水的方法进行清洁。

同时要检查泵组件的传动齿轮以及电机性能；检查泵组件的传动齿轮组是否磨损，若磨损应对其进行更换；使用万用表检测泵电机各绕组阻值是否正常，若不正常，则需对其进行更换。

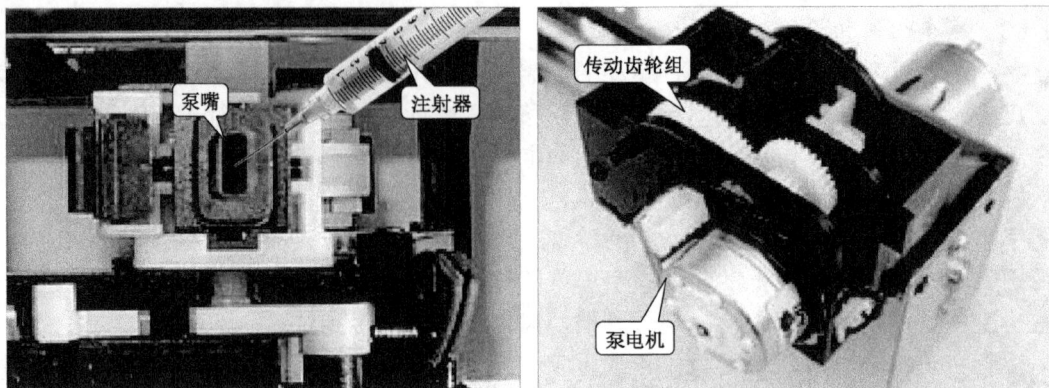

图 4-28　泵组件的检修方法

3. 激光传真机打印组件的检修

对激光传真机打印组件的检修，主要包括对显影组件的检修、对定影组件的检修以及对激光组件的检修。

（1）显影组件的检修

显影组件使用时间过长，墨粉仓内的墨粉会过少，使打印的图文变浅、分布不均匀、出现大面积白条等；而混合搅棒、墨粉供应辊出现故障同样会影响打印的图文出现变浅、分布不均匀、出现大面积白条等故障现象。因此，传真机出现此类故障时，应主要检查墨粉量、混合搅棒和墨粉供应辊等部件，并对损坏的部件进行更换。

【图解演示】

墨粉供应量及混合搅棒、墨粉供应辊的检修方法如图 4-29 所示。

打开墨粉仓，查看墨粉仓内的墨粉是否不足或用尽，若墨粉仓内墨粉不足或用尽则需进行墨粉的充灌。

转动混合搅棒轴，查看混合搅棒转动是否正常，同时检查混合搅棒是否损坏，对损坏的混合搅棒进行更换。

转动墨粉供应辊，检查其传动是否正常；若转动不正常，需对其进行适当调整，直至正常转动为止。

查看墨粉供应辊表面是否损坏、磨损；若出现损坏、磨损的现象，应对其进行更换，排除故障。

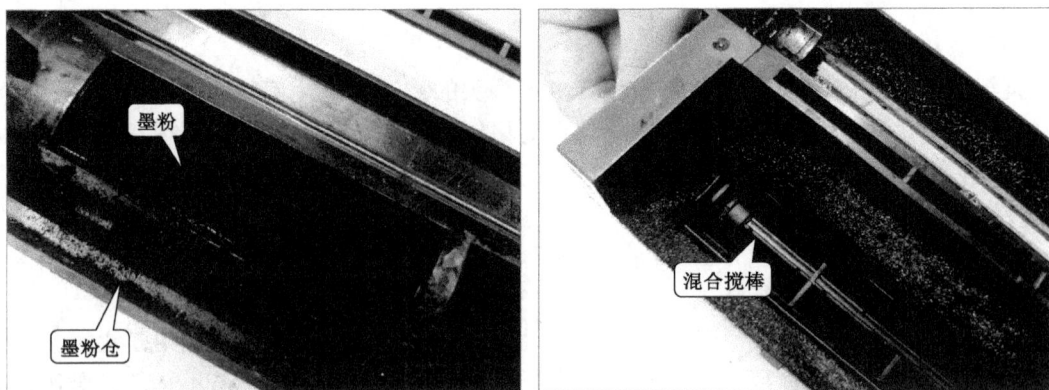

图 4-29　墨粉供应量及混合搅棒、墨粉供应辊的检修方法

图 4-29　墨粉供应量及混合搅棒、墨粉供应辊的检修方法（续）

　　显影组件使用时间过长，感光鼓、显影辊表面就会出现脏污或表面磨损的现象，进而引起传真机打印的图文出现脏污、打印质量差、出现黑线/白线的故障现象；因此检修时，应对其感光鼓、显影辊进行检修。若传真机出现脏污的故障现象时，也应检查刮板的安装是否到位，同时也应对显影组件内进行清洁。

　　【图解演示】

　　感光鼓、显影辊及刮板的检修方法如图 4-30 所示。

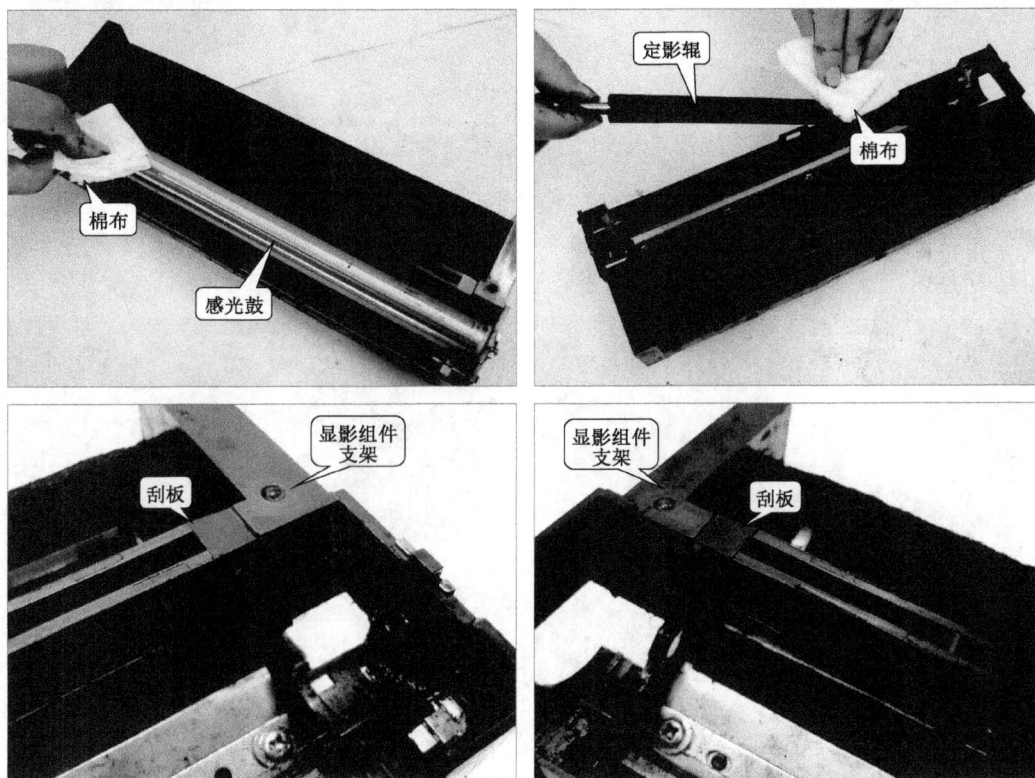

图 4-30　感光鼓、显影辊及刮板的检修方法

　　使用棉布轻轻擦拭感光鼓表面沾染的异物，若感光鼓的感光膜磨损严重，则需更换新的感光鼓。

使用棉布轻轻擦拭定影辊表面沾染的异物，若定影辊表面磨损严重，则需更换新的定影辊。检查刮板一端安装是否到位，若刮板已高于显影组件的支架，则需将其重新安装牢固。使用同样的方法检查刮板的另一端安装是否正常。

（2）定影组件的检修

定影组件损坏引起传真机最常见的故障现象就是打印的图文掉墨粉。对其进行检修时，应将定影组件的护盖取下，分别观察内部的出纸轮、走纸轮、传动齿轮、定影加热辊、定影压力辊是否损坏，安装是否正常；若均正常，则需使用万用表检测定影灯及过热保护器是否正常，并对损坏的器件进行更换。

【图解演示】

首先，如图 4-31 所示，打开定影机构护盖，查看出纸轮是否损坏，安装是否到位。若出纸轮损坏，则需进行更换；若安装不到位，则应按图中的安装方式安装到位。

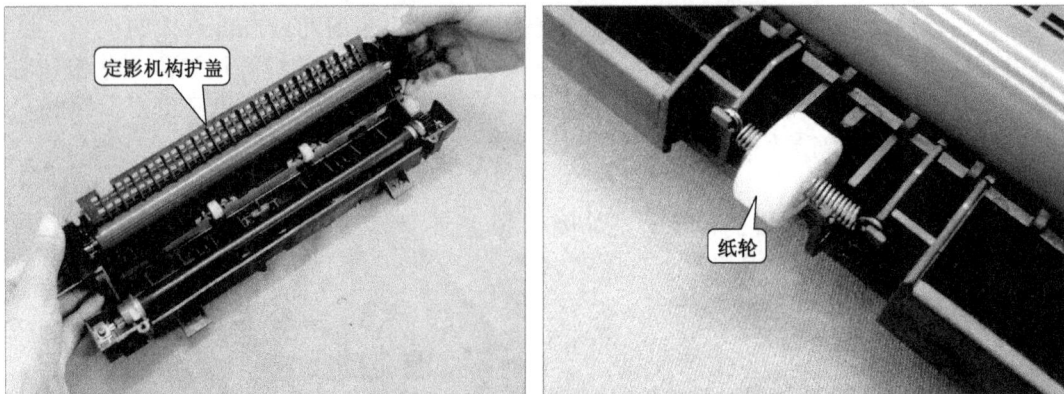

图 4-31　检查出纸轮安装情况

其次，如图 4-32 所示，转动走纸轮，检查传动齿轮是否工作正常，橡胶辊、传动齿轮等是否有老化情况。若存在老化迹象，则需要及时更换。查看传动齿轮组安装是否到位，表面是否磨损。若安装不到位则需重新进行安装，使其良好的啮合；若磨损则需进行更换。

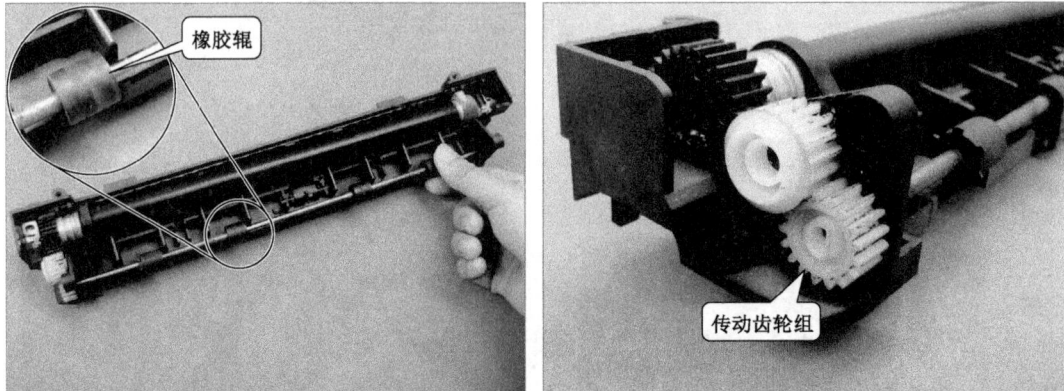

图 4-32　检查走纸轮及传动齿轮组

再次，如图 4-33 所示，对定影压力辊及定影加热辊进行清洁。

检查取下的定影压力辊使用棉布对其表面定影膜进行清洁，同时观察定影膜表面是否老化或损坏；若出现老化或损坏的现象，应对定影压力辊进行更换。

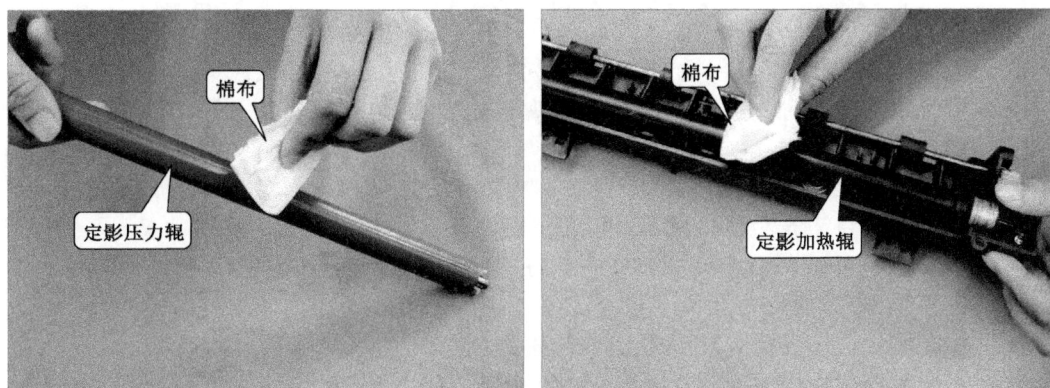

图 4-33　清洁定影压力辊及定影加热辊

转动定影加热辊，使用棉布擦拭表面脏污处；若定影加热辊表面磨损或损坏，也应对其进行更换。

最后，使用万用表对定影灯和过热保护器进行检测。

观察定影加热灯内部的灯丝是否损坏，若从表面无法判断，则需使用万用表进行检测，将万用表的两表笔分别搭在定影加热灯的两端，如图 4-34 所示。

将万用表的两表笔分别搭在过热保护器的两端，正常时，过热保护器应处于接通状态；若测得阻值为无穷大，则说明过热保护器内部触点损坏，应对其进行更换，如图 4-35 所示。

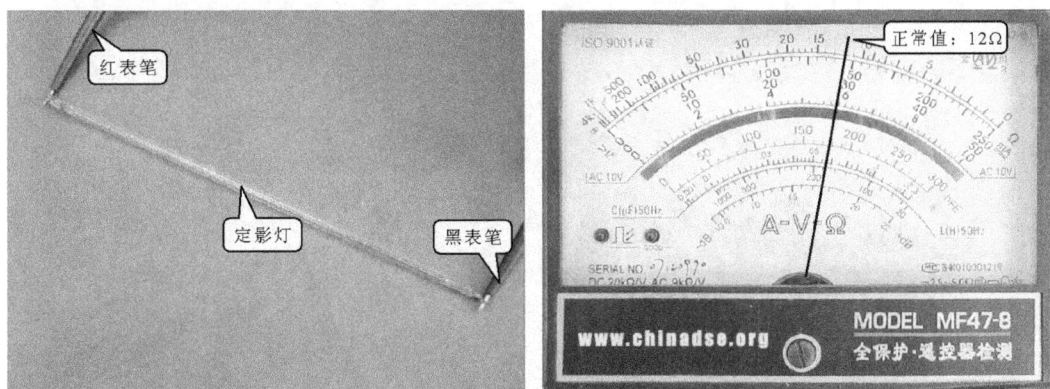

图 4-34　检测定影灯

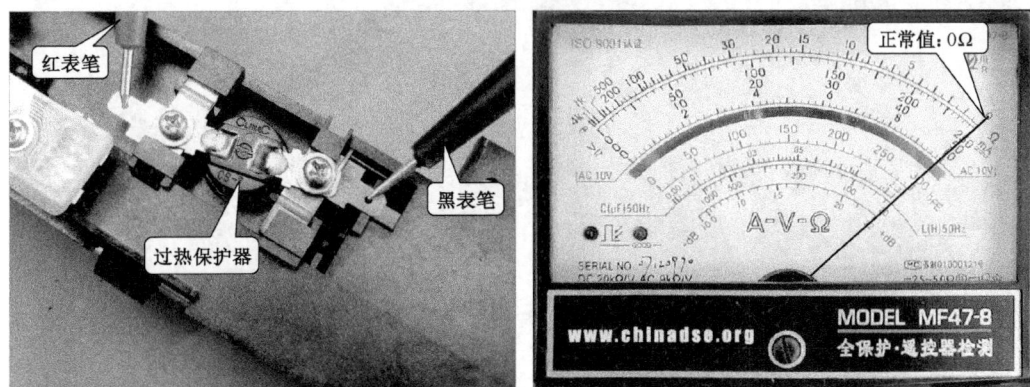

图 4-35　检测过热保护器

（3）激光组件的检修

激光组件出现故障时，经常会造成打印图文信息品质下降，如字迹偏淡或出现条文、全白的故障现象，检修时，通常通过清洁和观察的方法进行判断。

【图解演示】

激光组件的检修方法如图 4-36 所示。

使用吹气皮囊将激光组件内的灰尘清除干净。

棱镜扫描器是可以自由旋转的装置，若在棱镜扫描器上有顽固的污物，可使用棉棒蘸酒精擦拭。

使用棉棒清洁透镜表面，将其表面清洁干净。

若激光发射器使用时间过长，会出现老化的现象，使发射激光亮度下降，因此需对老化的激光发射器进行更换。

若激光组件内的部件均正常,怀疑电路部分出现故障,通常都是通过更换电路板排除故障。

图 4-36　激光组件的检修方法

4. 输纸机构的检修

对传真机输纸机构进行检修时，应根据输纸机构的基本检修流程，按照纸张传送辊→走纸驱动电机及传动齿轮组的顺序进行检修。

【图解演示】

输纸机构的检修方法如图 4-37 所示。

观察纸张传动辊表面是否磨损，转动上端的纸张传动辊，观察下端的纸张传动辊是否随之转动。若出现磨损则需对其进行更换，若转动不正常，应适当调整纸张传动辊的安装位置。

观察传动齿轮组中的齿轮是否磨损，并对磨损的齿轮进行更换。

使用万用表检测走纸驱动电机各绕组之间的阻值是否正常。正常时，走纸驱动电机红-棕、蓝-黄绕组间的阻值为 4Ω 左右，其他各绕组间的阻值均为无穷大。

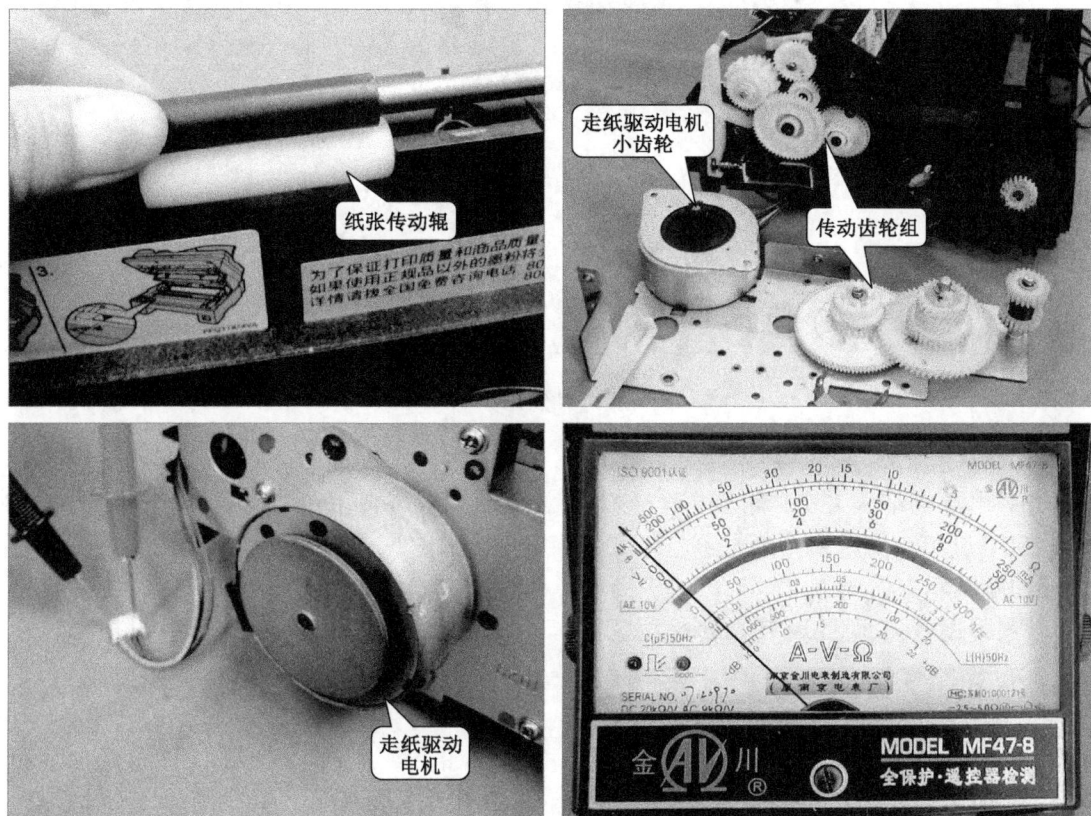

图 4-37　输纸机构的检修方法

技能训练 4.2.3　开关电源电路的检修方法

对传真机开关电源电路进行检修时，应根据电源电路的基本检修流程，从电源输入端按顺序对可能产生故障的器件进行检修，从而排除故障。

【图解演示】

如图 4-38 所示，为传真机开关电源电路中重点需要检测的部件。电源电路的检修，重点是检测电压输入端、过压保护器、熔断器、扼流圈、互感滤波器、桥式整流电路、整流滤波电容器、开关振荡集成电路、开关管、光电耦合器、接口等部件的性能及连接是否良好。

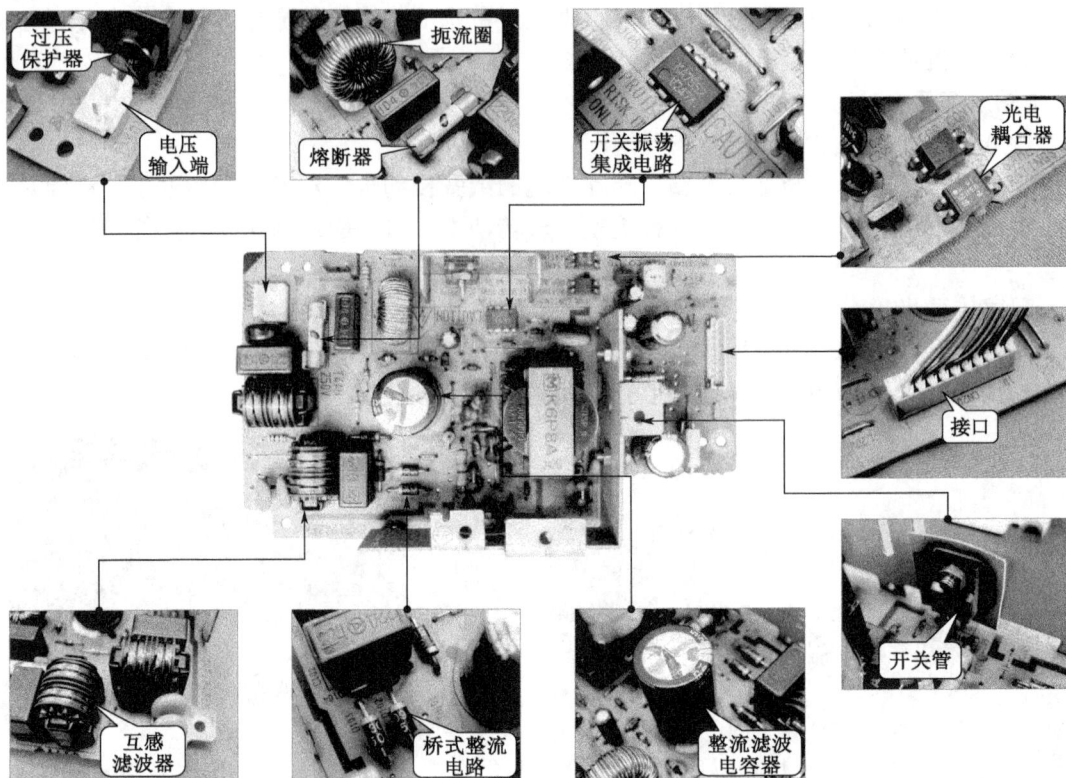

图 4-38　开关电源电路中的重点检测部件

1．220 V 输入电压的检测

开关电源电路从 220V 输入端输入 220V 的交流电压，因此可在开机状态下通过检测输入的 220V 交流电压，来判断电源电路是否有电压输入。

【图解演示】

使用万用表交流 250V 电压挡检测 220V 输入端是否有电压输入，如图 4-39 所示。

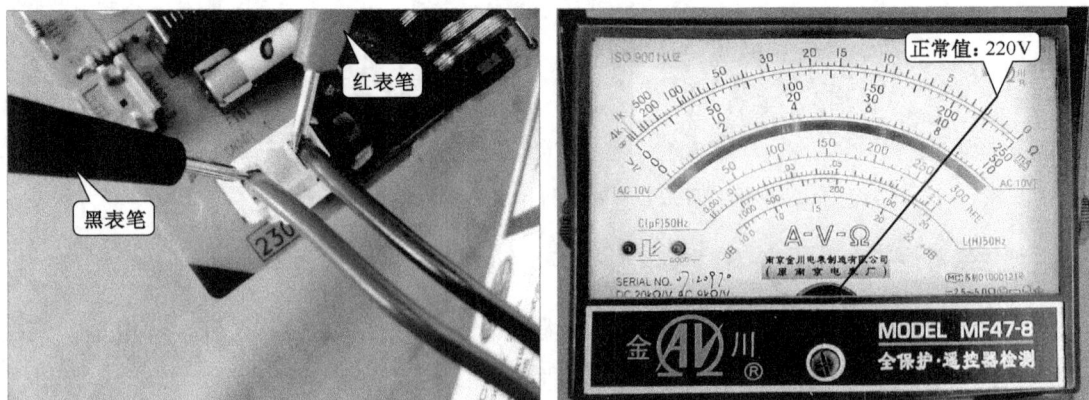

图 4-39　检测 220 V 输入电压

2．互感滤波器的检测

交流 220 V 电压输入到传真机电源电路中会带有一些杂波，通过互感滤波器可将其滤除掉，因此检测电源电路时，也应对其互感滤波器进行检测。

【图解演示】

检测互感滤波器时，主要检测其线圈是否损坏，如图 4-40 所示。

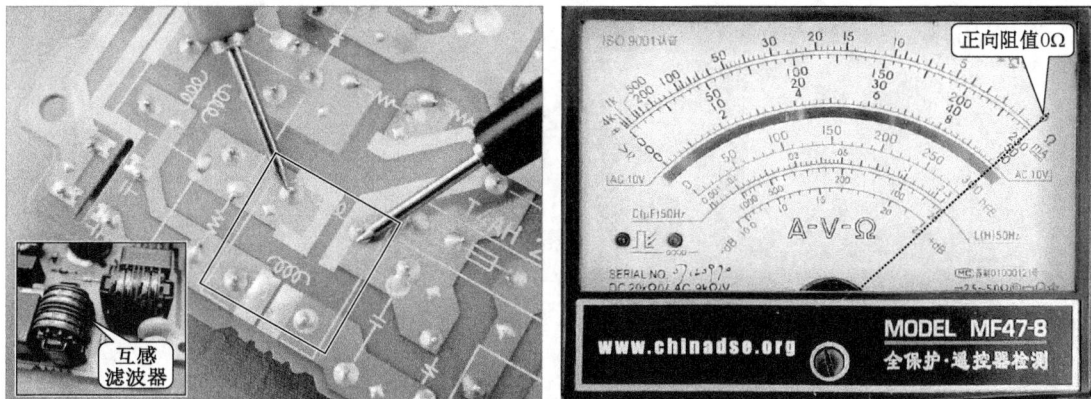

图 4-40 互感滤波器的检测

3．桥式整流电路的检测

交流 220V 电压经桥式整流电路输出＋300V 直流电压，当其损坏会出现传真机不工作的故障，对其检测可通过通电和断电两种方式进行检测，若经检测桥式整流电路损坏，需要对其进行更换。

【图解演示】

桥式整流电路是通过 4 个整流二极管构成的，检测时使用万用表分别检测 4 个整流二极管是否正常即可，如图 4-41 所示。

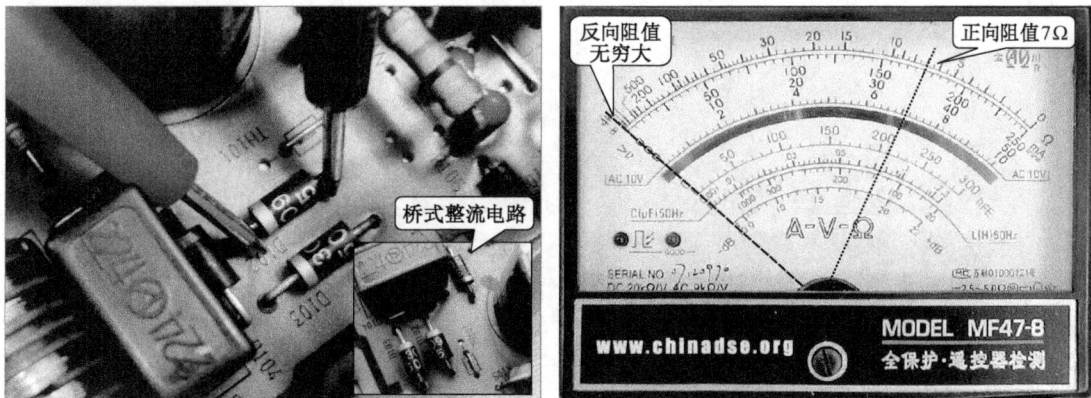

图 4-41 桥式整流电路的检测

4．＋300V 滤波电容器的检测

＋300V 滤波电容器损坏，会影响输出的＋300V 直流电压；因此，检修电源电路时，也应对＋300V 滤波电容器进行检测。

【图解演示】

检测滤波电容器时应交换表笔,观察万用表显示的充放电过程是否正常,如图 4-42 所示。若检测的滤波电容器无充放电过程,则说明该滤波电容器损坏,需要对其进行更换。

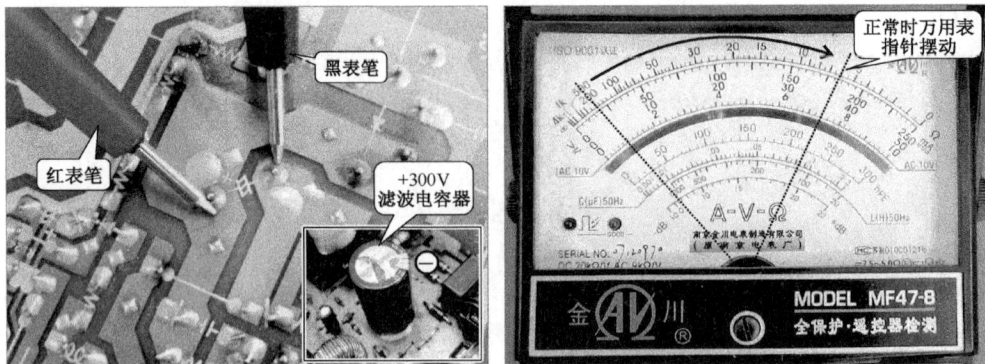

图 4-42　＋300 V 滤波电容器的检测

5.开关管的检测

开关管是开关电源电路中的标志性元器件,也是容易出现故障的元器件,检修电源电路时应对其进行检测,对损坏的故障开关管进行更换。

【图解演示】

对开关管进行检测时,主要检测开关管 G 极与 D 极、S 极之间的正反向阻值,如图 4-43 所示。将万用表的黑表笔接 G 极,红表笔分别搭在其他两个引脚处,检测正向阻值;然后再将红表笔搭在 G 极,用黑表笔分别接其他两个引脚处,检测反向阻值。

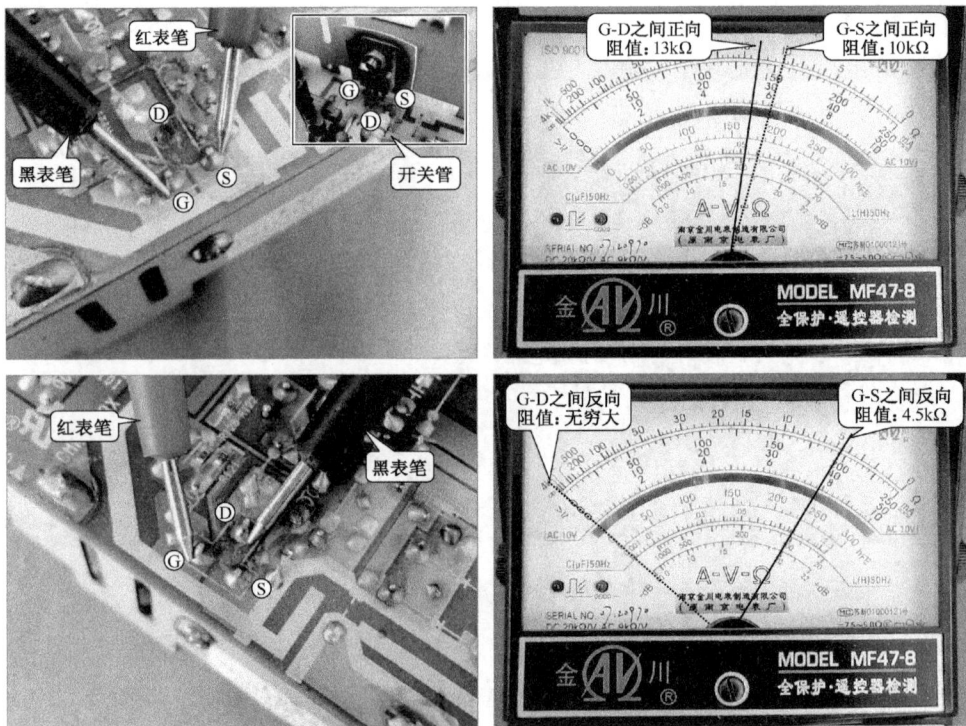

图 4-43　开关管的检测

6．开关变压器的检测

开关变压器是将高频高压开关脉冲转变成大小不同的高频低压脉冲的器件，当其损坏时将无法输出高频低压脉冲，导致传真机无法正常工作。

【图解演示】

检测开关变压器时，首先确定开关变压器的初级绕组和次级绕组。其外形及引脚对应关系如图 4-44 所示。

然后，即可通过检测初级绕组和次级绕组的阻值判断其好坏。将万用表的两只表笔分别搭在开关变压器的初级绕组的线圈两端，检测其初级绕组的阻值是否正常；将万用表的两只表笔分别搭在开关变压器的次级绕组的两端，检测其次级绕组的阻值是否正常。正常情况下，开关变压器初级绕组线圈和次级绕组线圈的阻值均为 0Ω，如图 4-45 所示。

图 4-44　待测的开关变压器及引脚排布

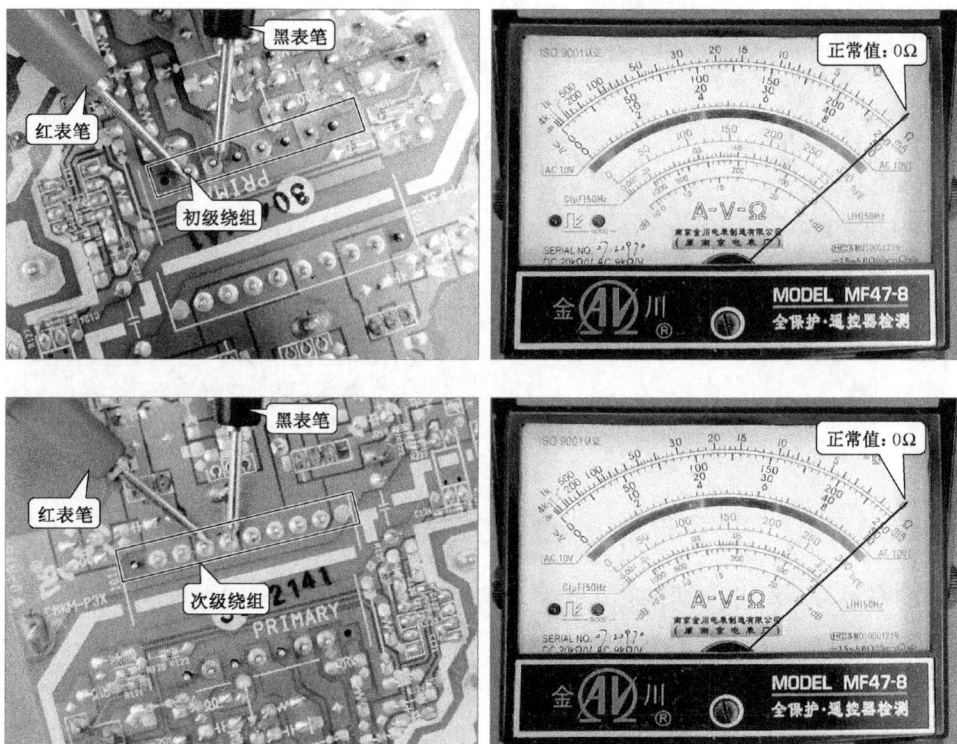

图 4-45　开关变压器的检测

7．光电耦合器的检修

光电耦合器内部由一个发光二极管和一个晶体管构成，通过二极管发光触发晶体管的导通。对其进行检测时，需检测内部的发光二极管和晶体三极管是否均正常。

【图解演示】

对光电耦合器内二极管和三极管的检测方法如图 4-46 和图 4-47 所示。

使用万用表检测光电耦合器内的二极管的正反向阻值，正常时，二极管的正向阻值为一固定值，反向阻值为无穷大。

使用万用表检测光电耦合器内的晶体管的阻值，正常情况下，晶体管集电极与发射极之间的阻值趋于无穷大。

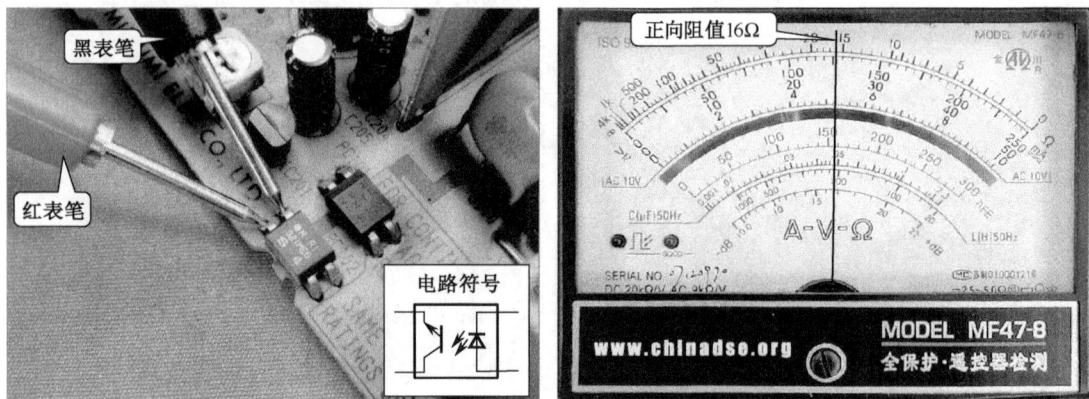

图 4-46　光电耦合器内二极管的检测

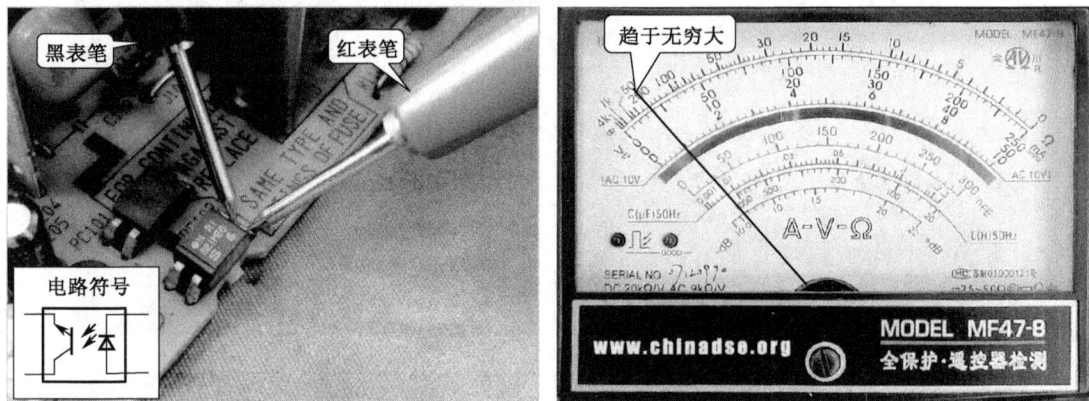

图 4-47　光电耦合器内三极管的检测

技能训练 4.2.4　主控电路的检修方法

主控电路是传真机的控制核心，控制着激光传真机所有部件的协调运转。对其进行检修时，主要检测可能产生故障的接口、微处理器芯片、存储器芯片等是否正常。

1．接口的检测

【图解演示】

主控电路板接口的检测方法如图 4-48 所示。

　　观察主控电路板上接口的各引脚是否有断裂、歪斜的现象，若出现该现象则应对其接口进行更换。

　　同样通过观察法查看并行接口的各引脚端是否出现虚焊、断裂的现象，并对其损坏的接口进行更换。

图 4-48　主控电路板接口的检测方法

2．微处理器芯片的检测

【图解演示】

　　主控电路板上微处理器芯片的检测方法如图 4-49 所示。

　　对于采用压接式封装方法的微处理器芯片，不能对其引脚进行检测。若经判断微处理器芯片损坏，则需更换整个电路板排除故障。

　　对这种集成度较高的电路芯片进行检测时，需在其外围器件上进行检测，以免在检测中损坏芯片。若经检测判断其损坏，也应更换整个主控电路板排除故障。

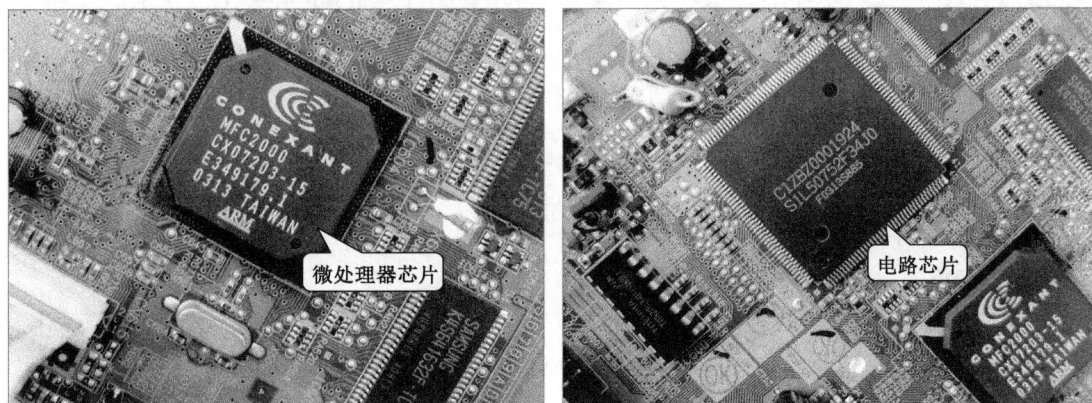

图 4-49　芯片的检测方法

3．存储器芯片的检测

【图解演示】

　　对主控电路板上存储器芯片的检测方法如图 4-50 所示。根据存储器芯片的引脚功能，使用万用表或示波器对供电电压、信号波形进行测量。

通过查找电路图,确定存储器芯片的各引脚功能,并根据图中的标识对存储器芯片的供电端引脚、输出地址信号和数据信号的引脚进行检测,判断其是否损坏

使用万用表检测存储器芯片的供电电压是否正常。

使用示波器检测存储器芯片的地址信号是否正常。

使用示波器检测存储器芯片的数据信号是否正常。

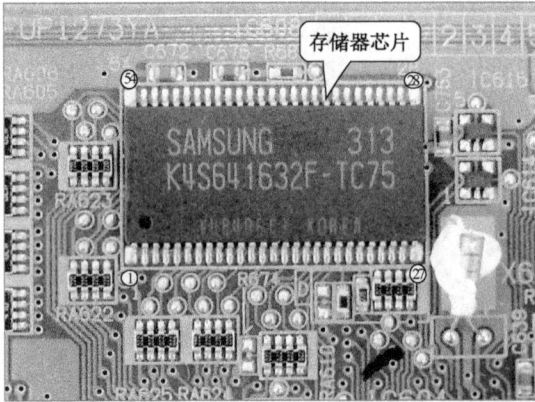

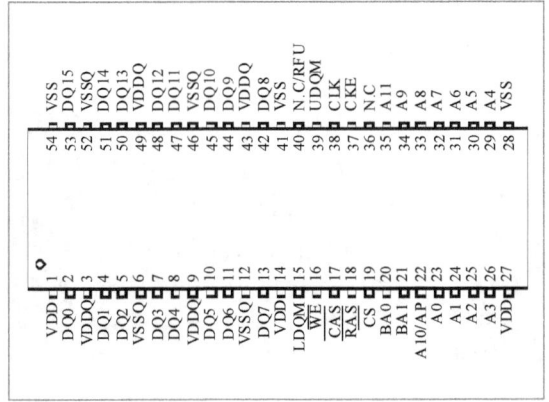

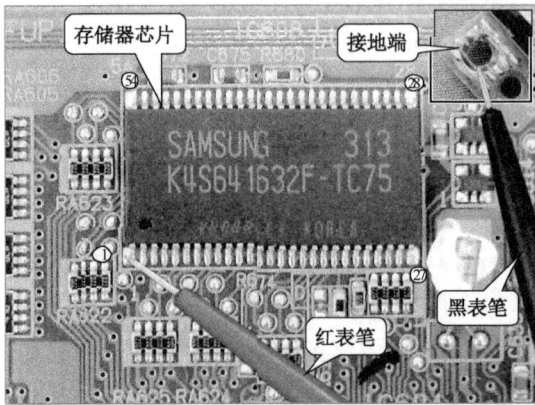

（a）存储器芯片供电电压的检测

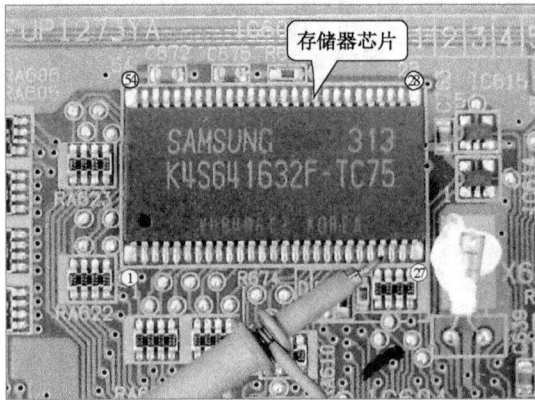

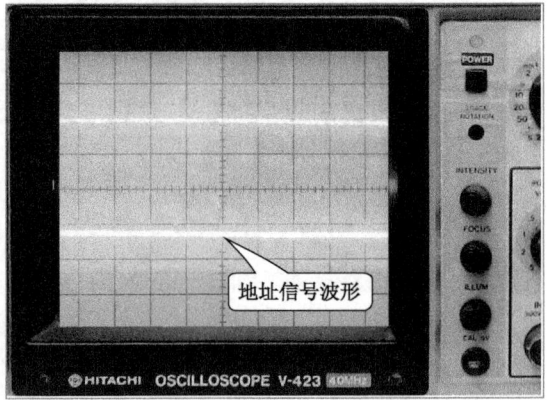

（b）存储器芯片地址信号的检测

图 4-50 存储器芯片的检测方法

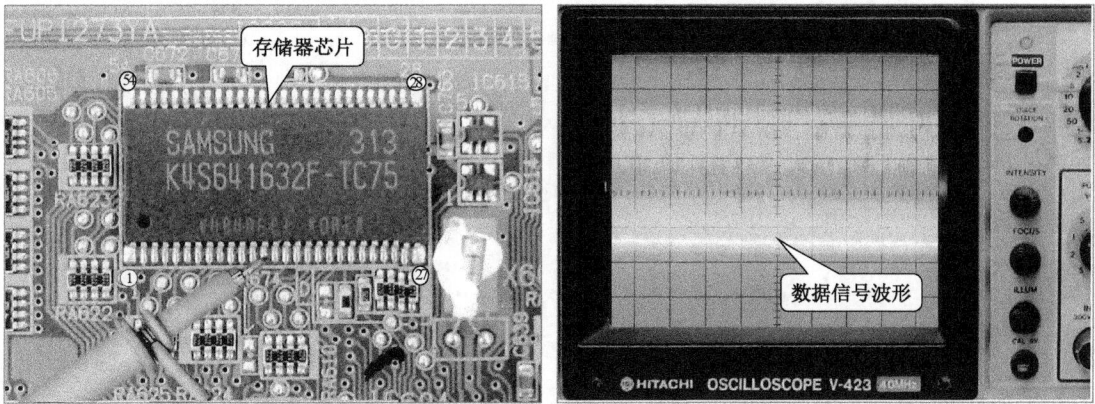

（c）存储器芯片数据信号的检测

图 4-50　存储器芯片的检测方法（续）

项目五

▶▶▶ **认识打印机**

在学习打印机检修技术之前，我们首先要了解一下打印机的整机构成，认识不同类型打印机中的结构特点和主要部件，掌握不同类型打印机的工作过程以及打印机各单元电路之间的关系。

任务模块 5.1 了解打印机的结构特点

知识讲解 5.1.1 了解针式打印机的结构组成

如图 5-1 所示为针式打印机的外部结构图。从外观上看，针式打印机的外部是由外壳、防尘盖板、控制面板、电源开关、卷轴旋钮、进纸方式调整杆、电源接口、与计算机连接的并行接口等构成。

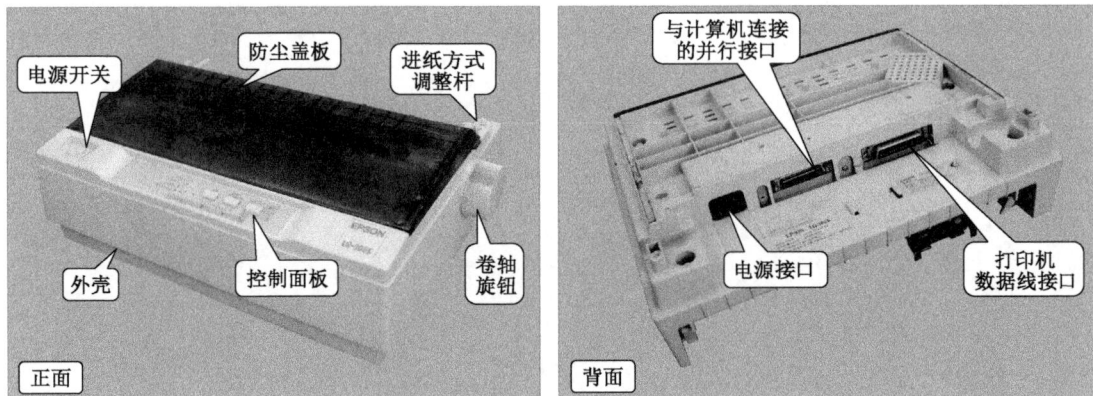

图 5-1 针式打印机的外部结构图（LQ-300k）

卸下针式打印机的外壳，即可看到针式打印机的内部结构。如图 5-2 所示，针式打印机的内部主要是由打印机构和走纸机构、电路部分三部分构成的。

（1）打印机构

【图文讲解】

在针式打印机中，橡皮打印辊和打印头是完成打印工作的主要部件，针式打印机橡皮打印辊和打印头的实物外形如图 5-3 所示。

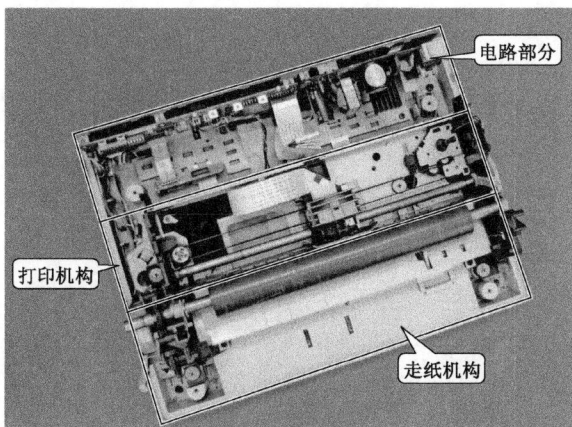

图 5-2　针式打印机的内部结构（LQ-300k）

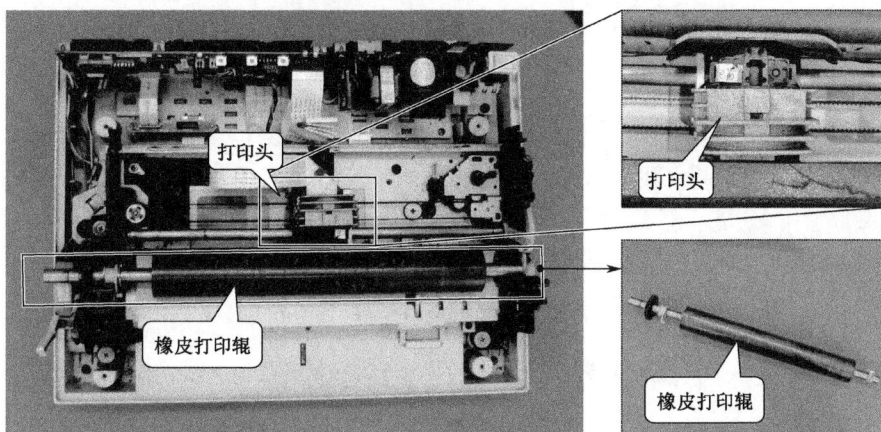

图 5-3　针式打印机橡皮打印辊和打印头的实物外形（LQ-300k）

（2）走纸机构

【图文讲解】

　　针式打印机走纸机构的结构组成如图 5-4 所示，走纸机构主要是由传动齿轮、走纸驱动电机、字车驱动电机、进纸方式调整杆等构成的。

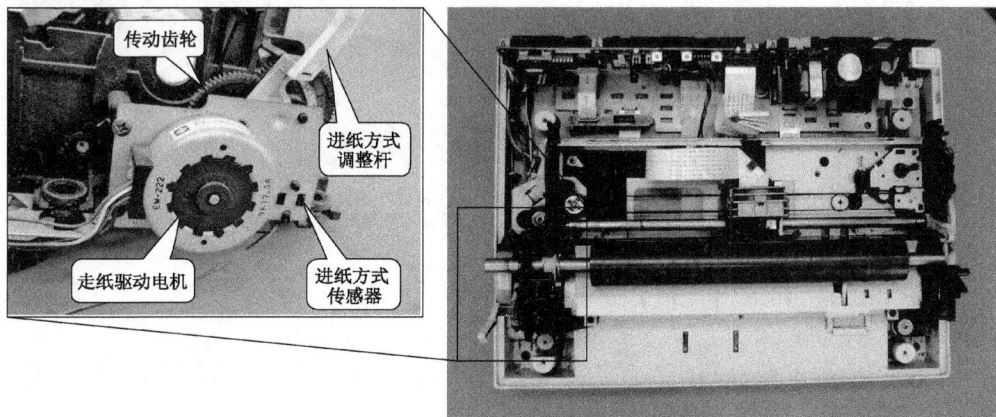

图 5-4　针式打印机走纸机构的结构组成（LQ-300k）

（3）电路部分

【图文讲解】

针式打印机的电路结构主要是由主控电路、操作显示电路、电源电路和接口电路等构成的。图 5-5 所示为针式打印机的电路结构。

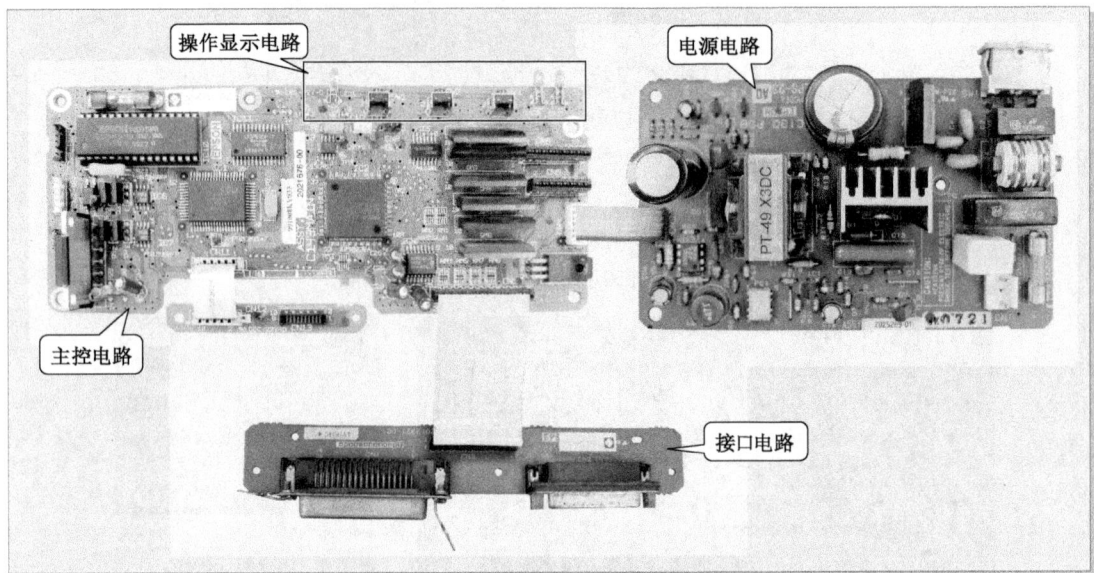

图 5-5　针式打印机的电路结构（LQ-300k）

知识讲解 5.1.2　了解喷墨打印机的结构组成

图 5-6 所示为喷墨打印机的外部结构图。从外观上看，喷墨打印机的外部是由打印机机盖、进纸器、纸张限位器、出纸托盘、操作按键、电源接口、USB 接口等构成的。

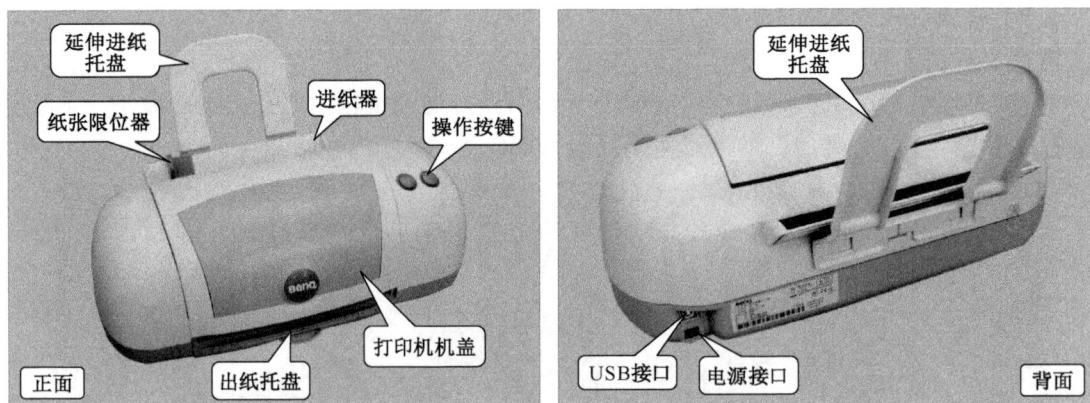

图 5-6　喷墨打印机的外部结构图（BenQ CP-20）

卸下喷墨打印机的外壳，即可看到喷墨打印机的内部结构。如图 5-7 所示，与针式打印机结构相同，喷墨打印机的内部同样是由打印机构、走纸机构和电路部分三部分构成的。

图 5-7　喷墨打印机的内部结构（BenQ CP-20）

（1）打印机构

【图文讲解】

在喷墨打印机中字车装置是完成打印工作的主要部件，喷墨打印机字车装置的实物外形如图 5-8 所示。

图 5-8　喷墨打印机字车装置的实物外形

（2）走纸机构

【图文讲解】

喷墨打印机走纸机构的结构组成如图 5-9 所示。走纸机构主要由走纸驱动电机、搓纸辊联动轴、搓纸辊、出纸辊和出纸轮等构成。

（3）电路部分

【图文讲解】

喷墨打印机的电路结构同针式打印机的电路结构相似，也是由主控电路、电源电路、接口电路和操作显示电路构成的。图 5-10 所示为喷墨打印机的电路结构。

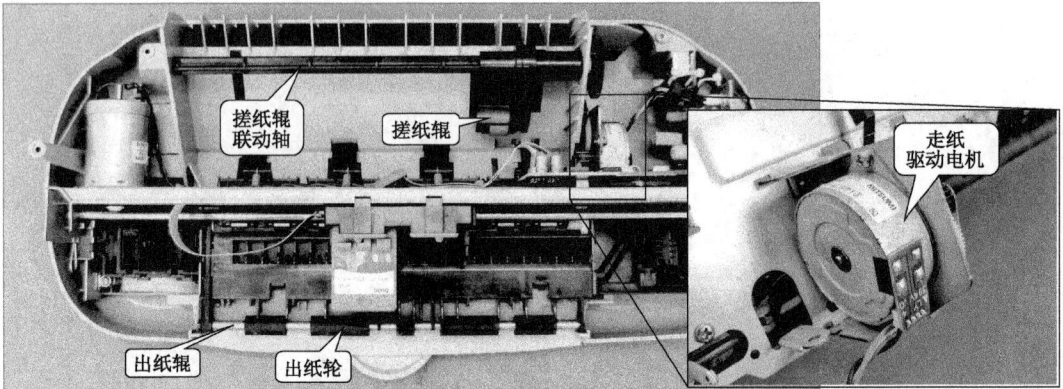

图 5-9　喷墨打印机走纸机构的结构组成

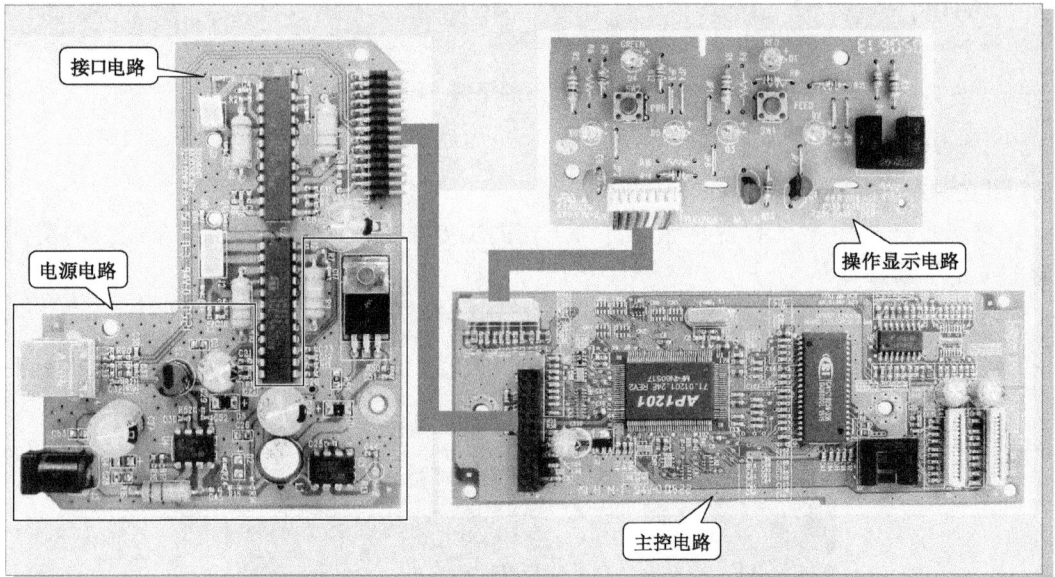

图 5-10　喷墨打印机的电路结构（BenQ CP-20）

知识讲解 5.1.3　了解激光打印机的结构组成

图 5-11 所示为激光打印机的外部结构图。从外观上看，激光打印机的外部是由外壳、自动输纸盒、手动输纸盒、操作面板、电源开关、电源接口、USB 接口、并行数据接口等构成的。

图 5-11　激光打印机的外部结构图

图 5-12 所示为激光打印机的内部结构。激光打印机的内部是由激光成像系统（激光扫描机构、显影机构、定影机构）和走纸机构、电路部分（主控电路板、接口电路板、电源和高压电路板）三部分构成的。

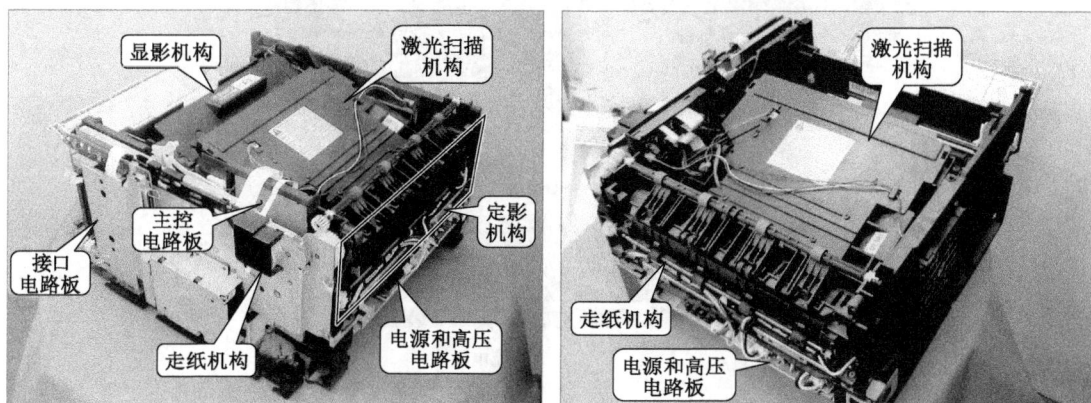

图 5-12　激光打印机的内部结构

（1）激光扫描机构

【图文讲解】

在激光打印机中，激光扫描机构是为显影组件提供图文信息的主要部件，如图 5-13 所示，为激光扫描机构的内部结构。激光扫描机构主要是由扫描器及其驱动电路、激光调制电路、同步器、激光发射器、柱面透镜、球面透镜、扇形透镜、反光镜等构成的。

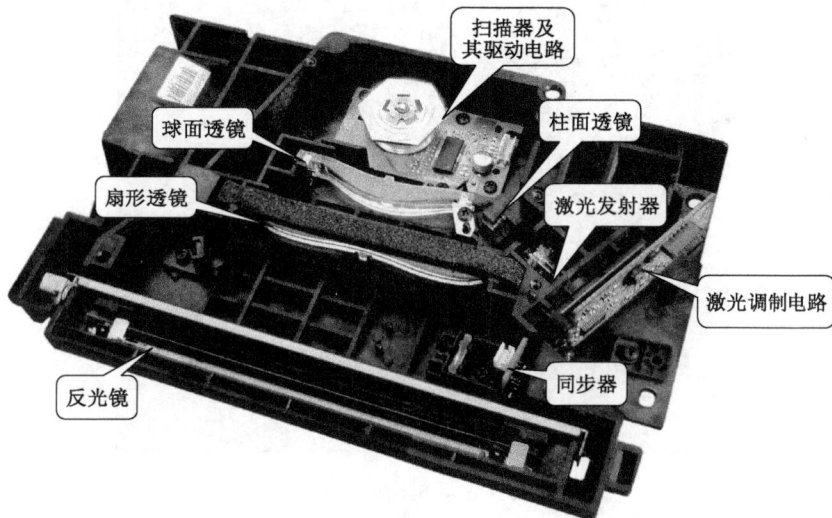

图 5-13　激光扫描机构的结构

（2）显影机构

【图文讲解】

激光打印机中的显影机构是完成打印工作的主要部件，如图 5-14 所示，为显影机构的内部结构。显影机构主要是由墨粉仓、废粉仓、清洁刮板、感光鼓（OPC）、充电辊（MHV）和显影辊等部件构成的。

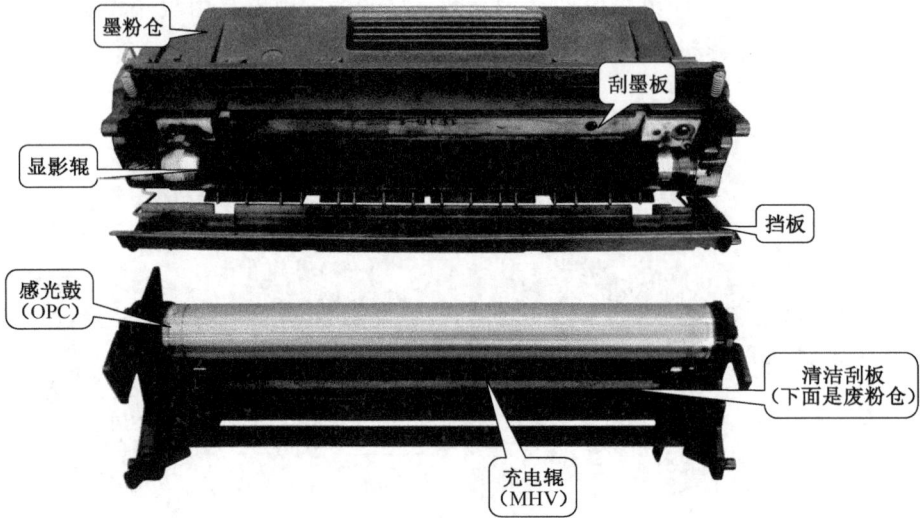

图 5-14　显影机构的内部结构

（3）定影机构

【图文讲解】

激光打印机的定影机构用于将打印纸上的墨粉进行熔固，如图 5-15 所示，为定影机构的内部结构。定影机构主要由定影加热辊、定影压力辊、塑料护盖、传感器、出纸辊以及走纸轮等构成。

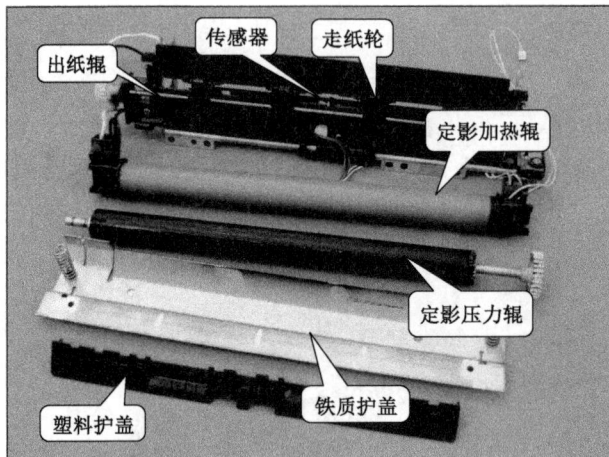

图 5-15　定影机构的内部结构

（4）走纸机构

【图文讲解】

激光打印机的走纸机构的结构如图 5-16 所示。走纸机构主要由走纸驱动电机、齿轮组等构成。

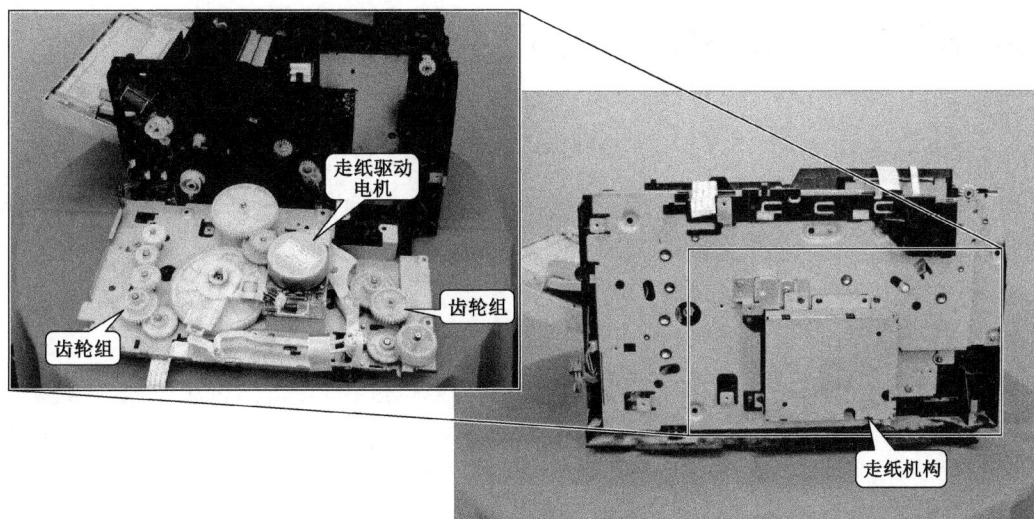

图 5-16　激光打印机的走纸机构的结构

（5）电路部分

【图文讲解】

　　激光打印机的电路结构也是由主控电路、电源电路、接口电路和操作显示电路构成的，但相对于针式打印机和喷墨打印机来说，其各电路的结构都较复杂。图 5-17 所示为激光打印机的电路结构。

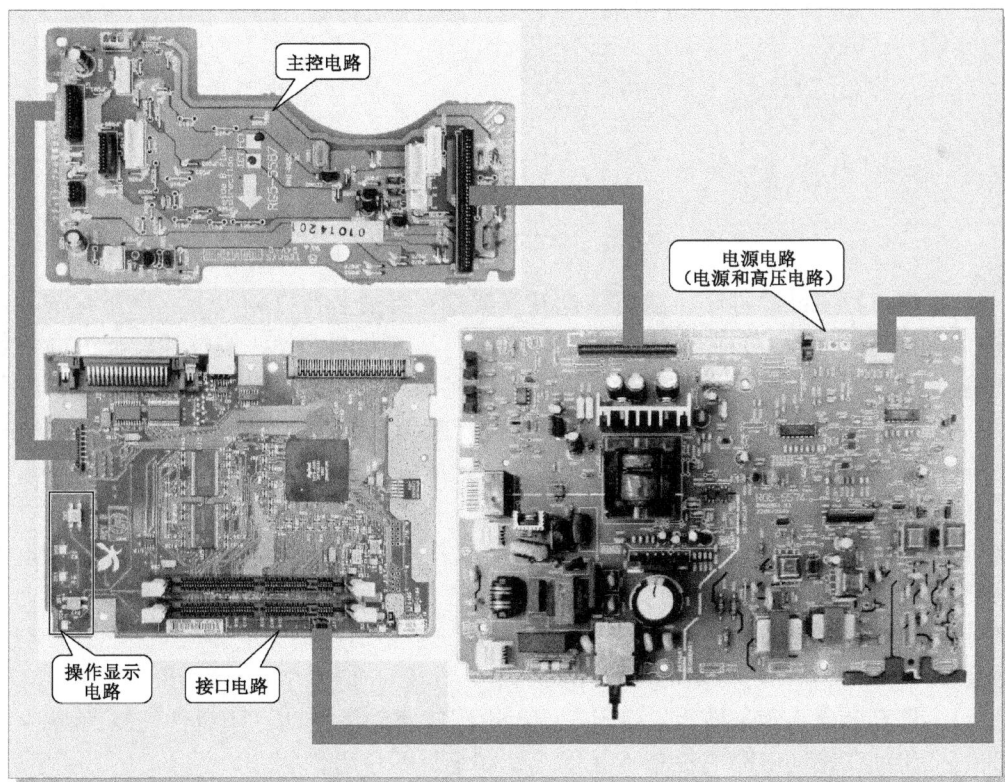

图 5-17　激光打印机的电路结构

任务模块 5.2　掌握打印机的工作原理

知识讲解 5.2.1　针式打印机的工作原理

针式打印机的打印过程主要是通过控制电路控制装有打印组件的字车来回移动，同时由打印头的打印针击打色带在纸张上形成打印图文。

1．打印机构的工作原理

【图文讲解】

图 5-18 所示为字车装置的工作过程。字车驱动电机接收到控制电路中的信号后就会带动传动皮带的齿轮一起转动，此时，字车组件就会沿着字车导轨左右移动，当字车移动到初始位置的时候，初始位置传感器就会收到感应信号并将其传送给微处理器。

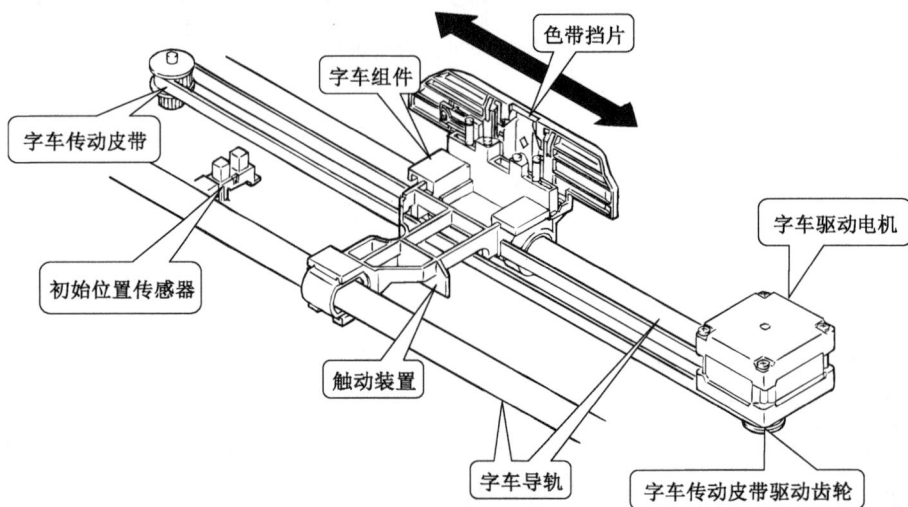

图 5-18　字车装置的工作过程

一般来说，很多针式打印机的色带盒及托架都直接安装在打印机上。色带盒依靠色带卷动辊（色带驱动齿轮）和色带压辊固定。当字车从右向左移动，或按照相反方向沿着字车导轨轴移动，同步皮带就会带动齿轮转动。同时，该转动还可以通过齿轮链传送给色带驱动齿轮。而且，由于齿轮是通过一个活动齿轮连接的，不管字车移动的方向是左还是右，色带齿轮的转动方向总是恒定地按逆时针方向旋转。

【图文讲解】

图 5-19 所示是色带驱动的示意图。如果字车从左移动到右（黑色箭头），驱动皮带齿轮会将动力传递给齿轮 1，再由齿轮 1 带动齿轮 2 来驱动色带驱动齿轮，使色带移动；如果字车是从右移动到左（白色箭头），驱动皮带齿轮会将动力传递给齿轮 1，然后带动齿轮 3，再经过齿轮 4 来驱动色带驱动齿轮移动色带。

打印组件安装于字车装置上，字车在控制电路的驱动下带动打印组件往复运动；同时，打印头的打印针在驱动电路的控制下呈现出针和缩针两种工作状态。

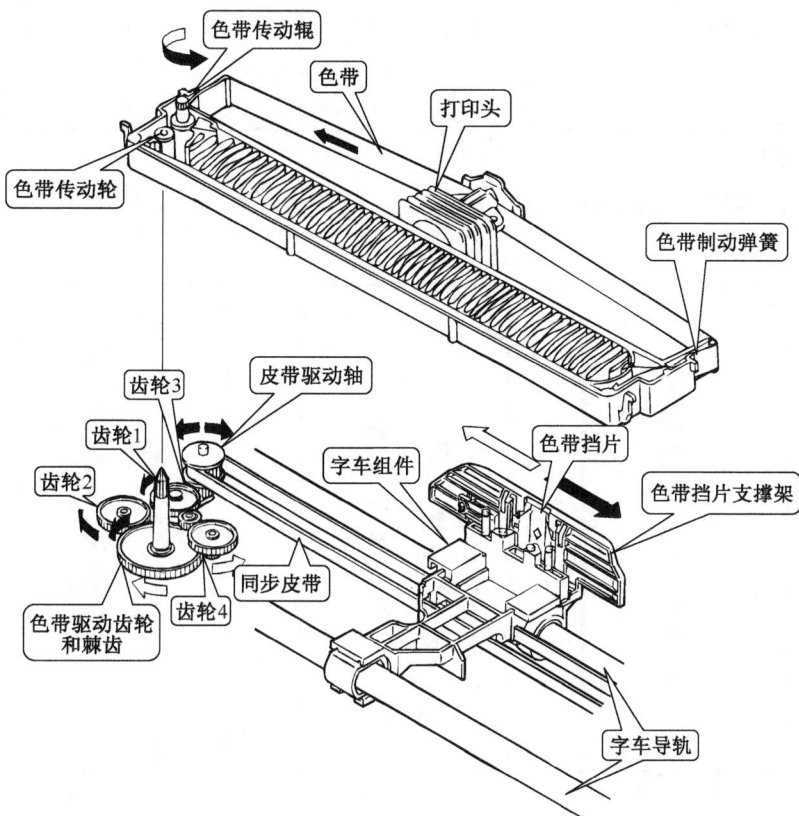

图 5-19　色带驱动的示意图

【图文讲解】

如图 5-20 所示为打印头的工作流程示意图。

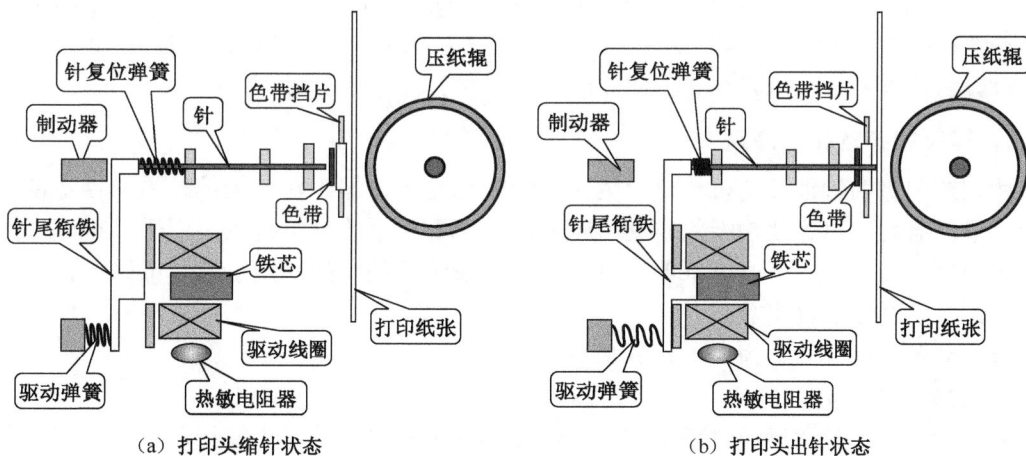

（a）打印头缩针状态　　　　　　　（b）打印头出针状态

图 5-20　打印头的工作流程

　　当驱动电路向打印头组件发送驱动信号后，信号经打印头驱动电路放大，使驱动线圈通电，根据电磁感应原理，将铁芯磁化。此时，磁化力迅速对针尾衔铁产生吸引，针尾衔铁立即向铁芯方向靠近，从而推动打印针，使打印针击向打印胶辊。当线圈断电后，铁芯对制动器的吸引力马上消失，制动器即在复位弹簧的作用下恢复初始状态，打印针即返回原位。由于打印针与打印胶辊之间隔有色带和纸张，因此，在打印针击向打印胶辊的同时，打印纸上就留下了一个打印点。与此同时，色带机构适时转动色带，输纸机构适时进纸，随着纸张的移动，打印针不停地打印，即实现图文再现过程，完成了一系列打印操作。

【资料链接】

打印头的打印针是由金属针制成的，根据针数的不同有 9 针、12 针和 24 针之分；9 针打印头具有一排垂直针，12 针和 24 针打印头则是由 2 排交错的针组成，如图 5-21 所示。

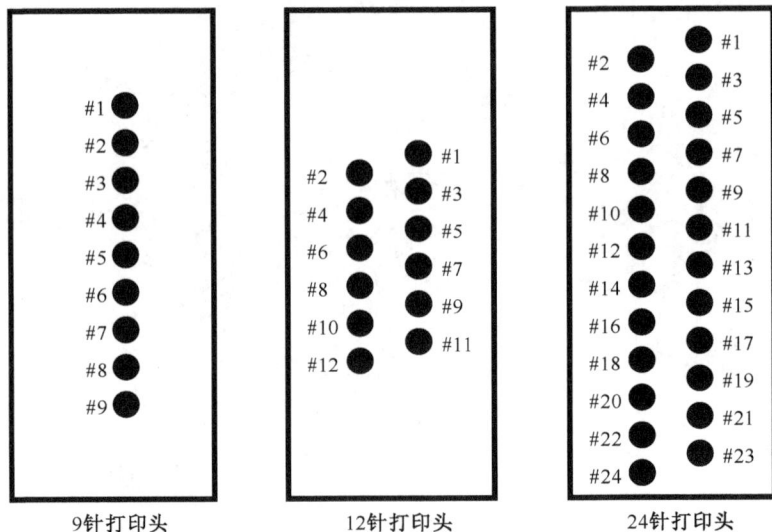

图 5-21 打印头的打印针结构排列

9 针打印机不配有汉字库，其基本功能是打印字母和数字符号，若要用它打印 16 点阵×16 点阵组成的简易汉字，只能在图形方式下打印，而且必须分两次进行。第一次打印一行汉字的上半部分的 8 个点，第二次打印该行汉字的下半部分 8 个点，上下两部分拼成一行完整的汉字，如此一来 9 针打印机打印汉字的速度很低。若是用它打印 24 点阵×24 点阵组成的汉字，至少需要 3 次打印才能完成，打印速度就更慢了。

2．输纸机构的工作原理

针式打印机的输纸传动机构可分为两种：一种是摩擦输纸传动机构，另一种是使用拖纸器（牵引器）可以连续输纸的传动机构。其中摩擦输纸传动机构主要用于单页纸张的打印，例如复印纸的打印；而拖纸器（牵引器）的输纸传动机构则用于连续纸张的打印，例如票据、有孔纸张的打印等。

（1）摩擦输纸传动机构的工作流程

【图文讲解】

摩擦输纸是指打印纸通过搓纸辊在压纸辊与压纸轮之间传送，输纸驱动电机驱动所有连接在一起的齿轮，通过搓纸轮齿轮、组合齿轮、压纸辊齿轮等将打印纸传送出打印机，如图 5-22 所示。

【资料链接】

不同型号的针式打印机的摩擦输纸机构各有不同，使得其纸路也有所区别，如图 5-23 所示为典型针式打印机摩擦输纸机构的输纸路径。打印纸张进入打印机后，通过输纸辊的带动进入打印辊，打印完成后再通过导纸辊和出纸牵引辊输出，完成输纸过程。

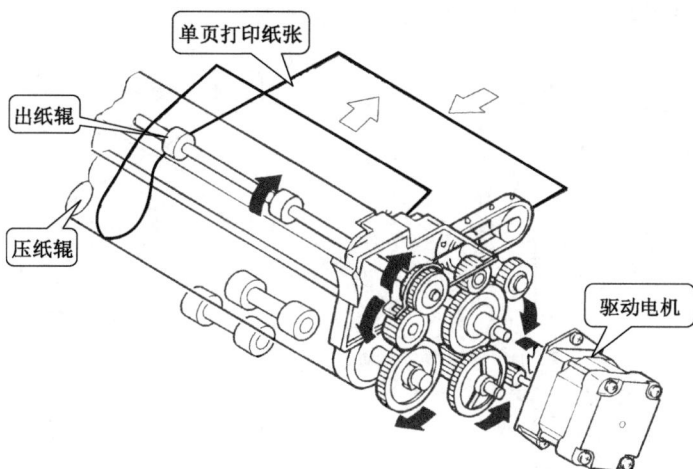

图 5-22 摩擦输纸传动机构的工作原理

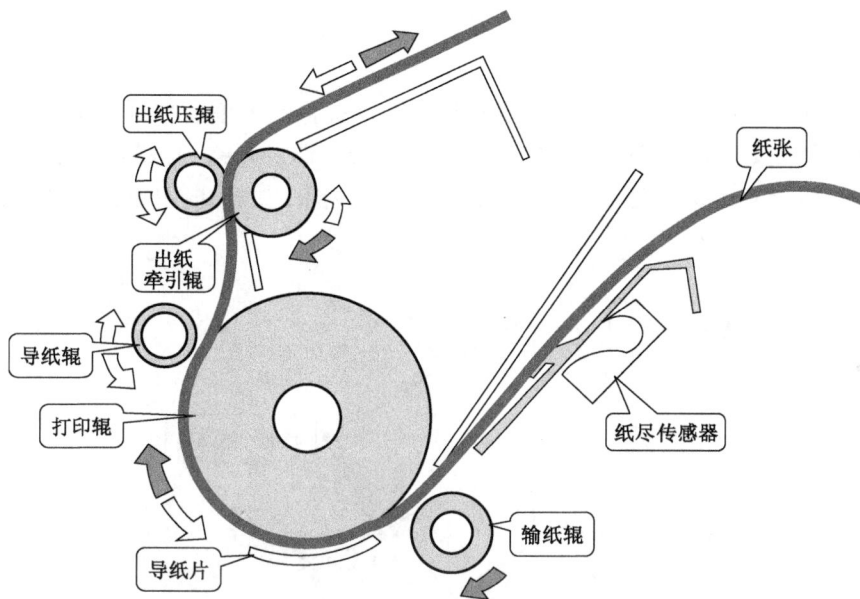

图 5-23 摩擦进纸传动机构的输纸路径

（2）拖纸器传动机构

拖纸器是针式打印机中特有的装置，对于有输纸孔或连续的打印纸，一般都会使用拖纸器进行打印。常见的拖纸器有三种：推进式拖纸器、拉动式推纸器和推拉式拖纸器。

① 推进式拖纸器传动机构

推进式拖纸器安装在打印机的进纸端口处，用以牵引纸的运动。

【图文讲解】

如图 5-24 所示为推进式拖纸器传动机构的工作原理。前端推进式拖纸器传动机构在打印时，纸张由拖纸器送入打印机，沿着纸路方向移动。输纸驱动电机带动组合齿轮、压纸辊齿轮以及推纸器传递齿轮，实现连续打印的输纸运动。而后端推进式拖纸器传动机构在打印时，纸张同样由拖纸器送入打印机，沿着纸路方向移动。输纸驱动电机带动组合齿轮、压纸辊齿轮以及推纸器传递齿轮，实现连续打印。

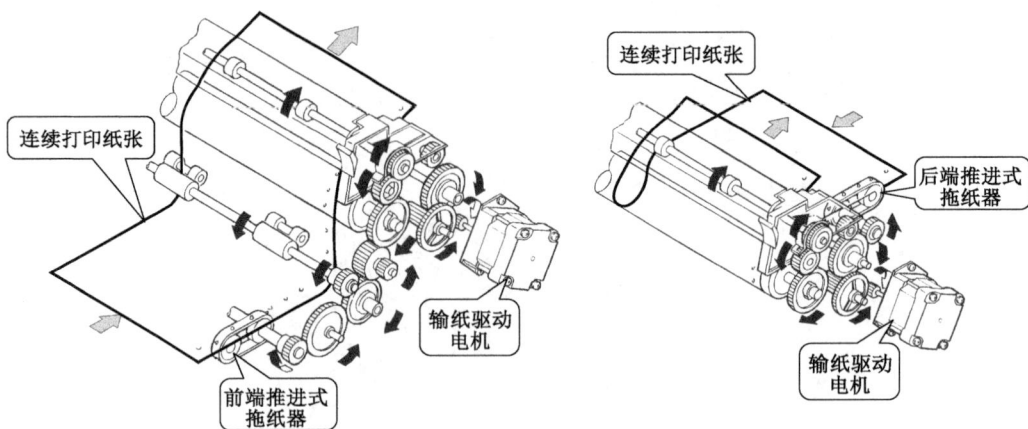

图 5-24　推进式拖纸器传动机构的工作原理

② 拉动式拖纸器传动机构

【图文讲解】

如图 5-25 所示为拉动式拖纸器的工作原理。拉动式拖纸器安装在打印机的出纸端口处，与推进式拖纸器正好相反，因此，打印纸必须从进纸口通过纸路到拉动式拖纸器上。另外，采用拉动式拖纸器对于送入打印纸张的进纸口没有严格的要求，既可以由打印机前端进纸，也可以由打印机后端进纸。

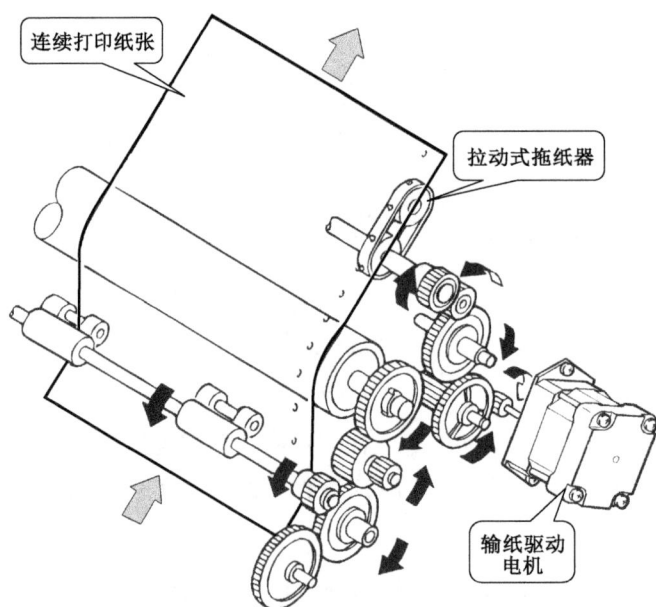

图 5-25　拉动式拖纸器的工作原理

③ 推拉式拖纸器传动机构

推拉式拖纸器的传动机构结合了推进式和拉动式两种拖纸器的特点，在打印机的进纸处和出纸处同时安装了拖纸器，采用推拉一体方式连续输纸，对打印纸的传送精度要求比较高。

【图文讲解】

如图 5-26 所示分别为推拉式拖纸器传动机构的结构和原理图。

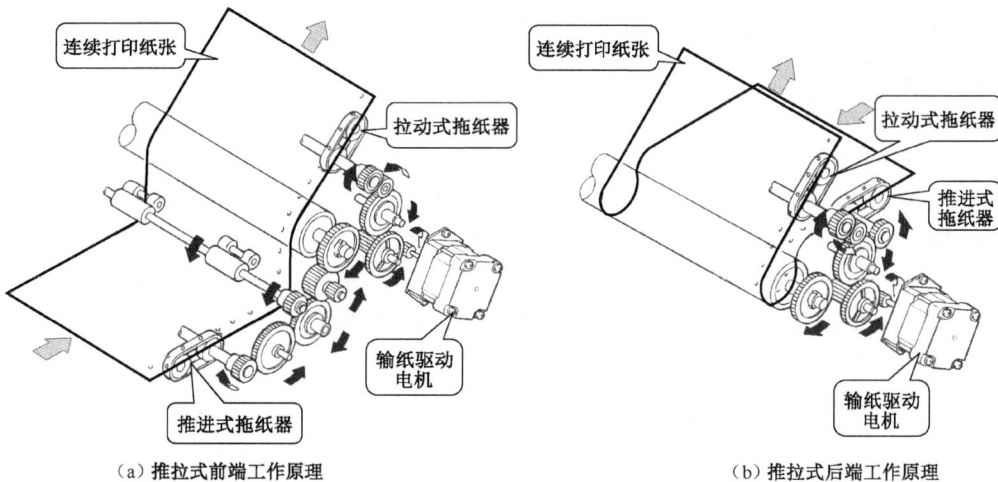

（a）推拉式前端工作原理　　　　　（b）推拉式后端工作原理

图 5-26　推拉式拖纸器传动机构的结构和原理图

3．电路部分的工作原理

针式打印机的电路部分主要包括主控电路、电源电路、接口电路等。

（1）主控电路的工作原理

【图文讲解】

针式打印机的主控电路通常集合了存储器、控制电路、驱动电路以及各种状态检测电路（传感器及接口电路），如图 5-27 所示为针式打印机主控电路方框图。

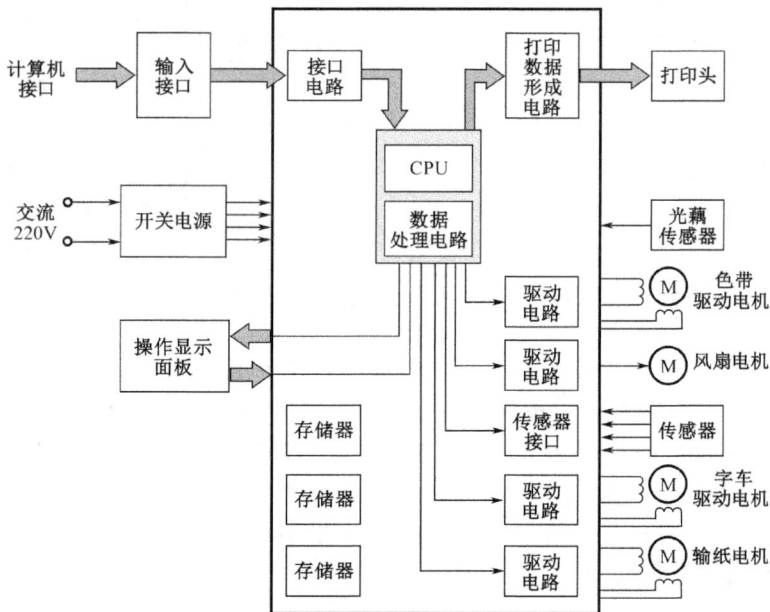

图 5-27　针式打印机主控电路方框图

计算机的数据信息和打印指令经接口电路，送给主控电路板上的数据处理电路和 CPU 电路，打印数据形成电路对计算机数据信号处理后变成驱动打印头的信号，如 24 针打印机则变成驱动 24 个打印电磁铁的信号。

图 5-27 中所示的针式打印机中共有 4 个电机，即字车驱动电机、输纸电机、色带驱动电机和风扇电机，这些电机都受主控电路的统一控制。

此外，在打印机中还设有多个传感器，有机械传感器和光电传感器，它们分别为控制电路提供打印机构的各种状态信息。

【资料链接】

针式打印机打印头的驱动控制电路如图 5-28 所示，来自计算机的打印数据和控制指令送到打印机的数据接口电路，经数据接口电路分别将数据送到数据处理和逻辑控制电路，将指令信号送给 CPU。经处理后再分别将控制信号和数据信号送到打印数据处理芯片中。该芯片共有 24 个输出引脚（根据打印头针数而定）分别控制 24 个打印针的驱动电磁铁，通过电磁铁去驱动打印针进行打印。

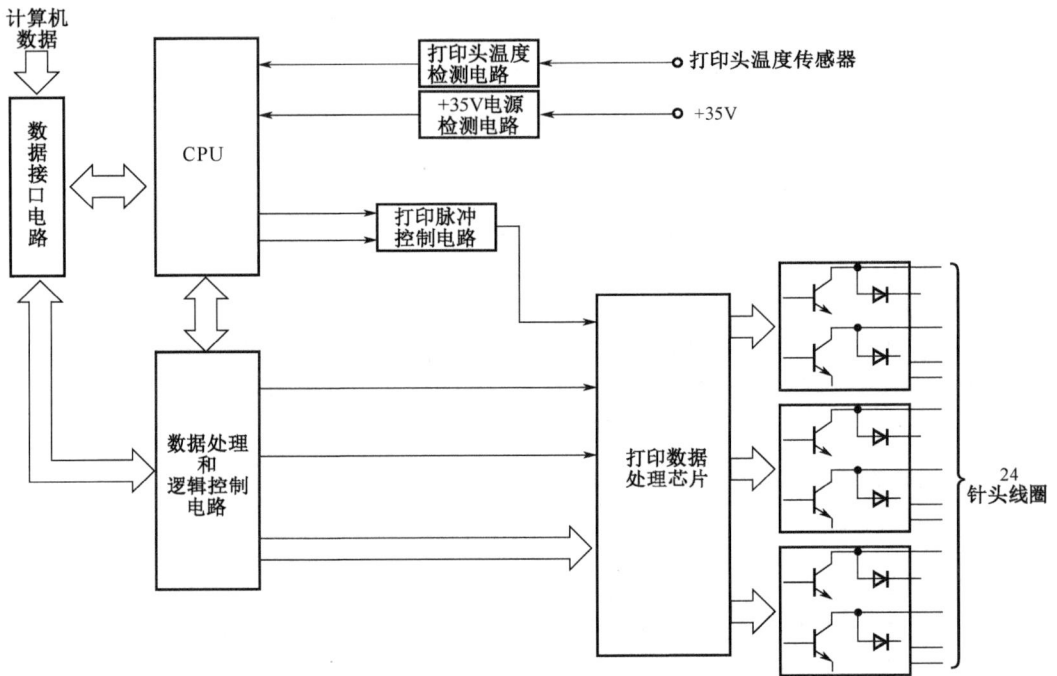

图 5-28　打印头的驱动控制电路

打印针的驱动电路工作原理如图 5-29 所示，24 个打印针配有 24 个相同的驱动电路。当某针需要动作时，打印数据处理芯片（门阵列）HCMN 端输出高电平，驱动打印头公共驱动晶体管 VT1 导通，而打印数据处理芯片 HD1～HD24 端（需要驱动的打印针的驱动端）输出高电平，经限流电阻器 R1 和 R2 加到驱动晶体管 VT3 的基极；晶体管 VT3 导通，从而驱动晶体管 VT4 也导通，进而会有电流流过打印头驱动电磁铁的线圈，电磁铁产生吸合的动作，驱动针头做击打动作。

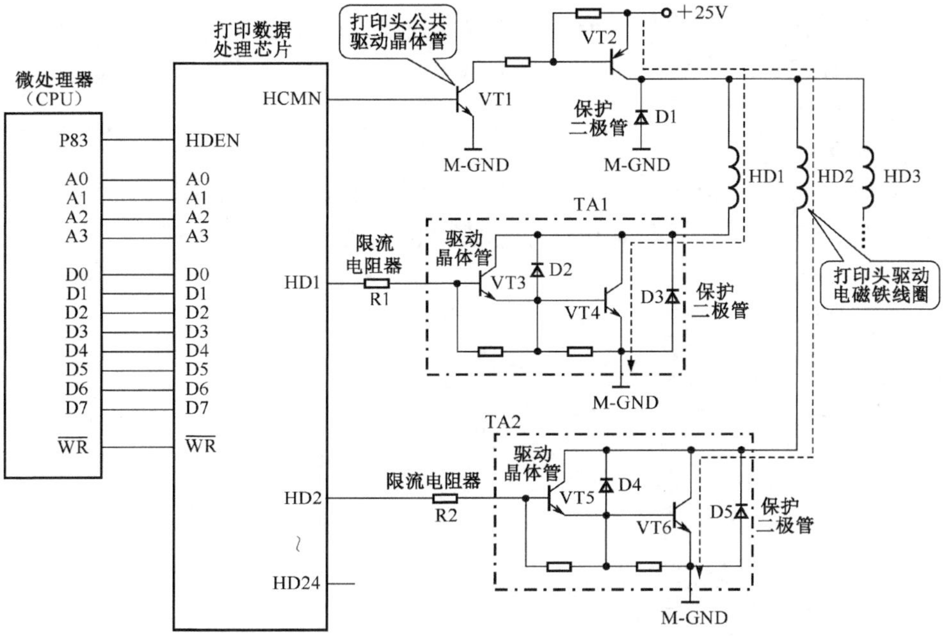

图 5-29　打印针的驱动电路工作原理

（2）接口电路的工作原理

【图文讲解】

如图 5-30 所示为针式打印机并行接口数据输入电路。当 BUSY 信号为低电平时，表示打印机就绪，计算机输出 8 位数到接口 CN1 上，同时选通脉冲信号 STROBE（高电平）送入打印机内。当选通脉冲信号 STROBE（高电平）下降时，打印数据处理芯片（门阵列）读入 8 位数据，此时 BSYB 信号被转换为低电平，从而使接口 CN1 的 BUSY 信号转换为高电平，提示计算机不要发送数据。

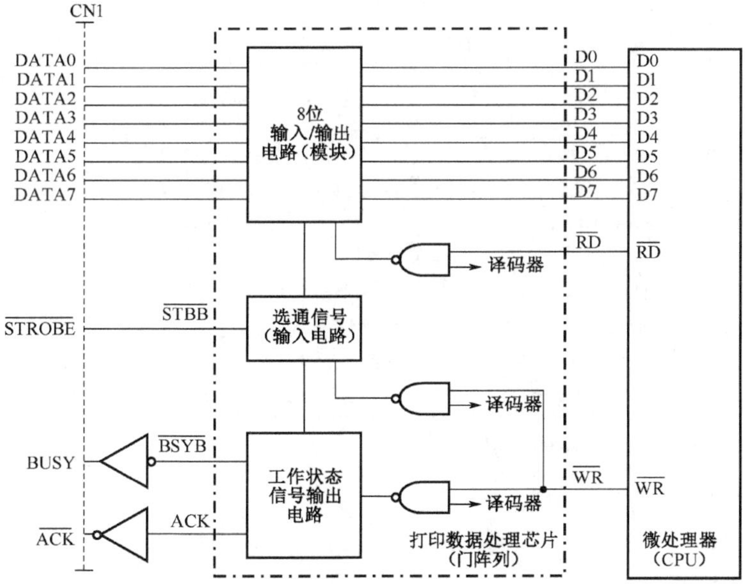

图 5-30　并行接口数据输入电路

微处理器（CPU）接收到 BSYB 信号处于低电平时，CPU 会将 RD 信号设为低电平，并进行数据的读取；读取数据后，通过打印数据处理芯片设置 BSYB 信号和 ACK 信号，使接口 CN1 的 BUSY 信号和 ACK 信号变为低电平，提示计算机可以发送数据。

（3）电源电路的工作原理

【图文讲解】

如图 5-31 所示为 EPSON LQ-1600K 针式打印机电源电路原理图。该电路主要由交流输入电路、开关振荡电路、次级输出电路、稳压电路和过压保护电路等部分构成。

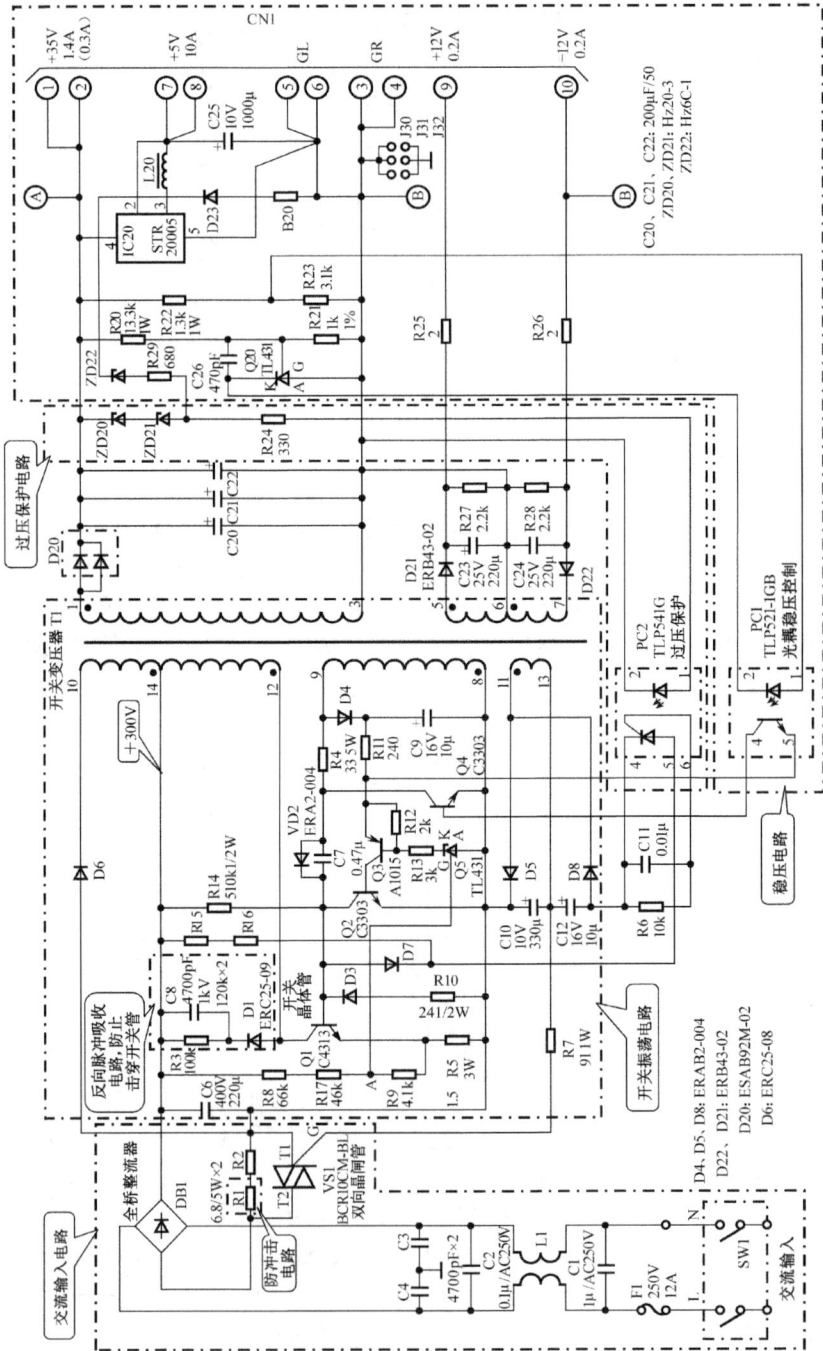

图 5-31　EPSON LQ-1600K 针式打印机电源电路原理图

① 交流输入电路

交流输入电路是由电源开关 SW1、熔断器 F1、互感滤波器 L1 和滤波电容器 C1、C2、C3 和 C4 以及桥式整流电路等部分构成的，它的主要功能是滤除交流电源中的干扰，并将交流 220V 整流为＋300 V 的直流电压，为开关电路供电。

② 开关振荡电路

开关振荡电路主要是由开关管 Q1、开关变压器 T1 以及开关振荡和控制电路等部分构成的。

来自桥式整流电路的＋300V 直流电压加到开关变压器 T1 初级绕组的⑭脚，经初级绕组⑭～⑫为开关管 Q1 的集电极供电，Q1 的发射极经限流电阻器 R5 到地；与此同时，＋300V 直流电压经启动电阻器 R14 为开关晶体管 Q1 的基极提供启动电压，启动电压的作用使 Q1 导通，变压器 T1 初级绕组中便会有电流产生，于是次级绕组⑧、⑨中也会感应出电压；⑨脚的感应电压经整流（VD2）后的直流电压也会叠加到 Q1 的基极上，这样便形成正反馈，由于线圈和电容器充放电的谐振作用会使电路振荡起来，并使开关晶体管工作在开关状态。开关变压器 T1 的次级均会有振荡脉冲输出，经二极管整流和电容器滤波变成多组电压输出。

③ 稳压电路

稳压电路是由误差检测、误差放大、光电耦合器和负反馈电路等部分构成的。在＋35V 电压的输出电路中，接有分压电阻器 R20、R21，其分压点作为误差取样点并输入到误差放大器 Q20 的输入端 G；Q20 的输出端 K 接到光电耦合器 PC1 的②脚，Q20 的 G 端电压上升，K 端则电压下降，会使 PC1 发光二极管的发光强度增强，从而限制开关管 Q1 的导通周期，使开关电源的输出自动下降，达到自动稳压的目的。相反如果开关电源的输出电压下降，其作用过程相反，使输出自动增加。

④ 过压保护电路

过压保护电路是由过压检测、光耦和反馈控制电路构成的。＋35 V 电压经 ZD20、ZD21、R24 接到光耦 PC2 的①脚。如果 35 V 电压输出突然升高，则经光耦会使光耦中的可控硅导通，使开关管 Q1 的基极电压下降，从而使 Q1 停止工作，起到保护作用。

知识讲解 5.2.2 喷墨打印机的工作原理

喷墨打印机是采用喷墨打印方式的打印机，该打印方式是通过控制电路控制打印机构中的打印组件、字车组件及清洁组件的运作来实现的。

1. 打印机构的工作原理

字车驱动电机接收到主控电路送来的驱动信号后，就会通过传动皮带带动字车一起沿着导轨往复移动，在移动的同时带动喷墨头实现打印。

【图文讲解】

喷墨打印机字车装置的工作原理如图 5-32 所示，在字车的移动过程中，初始位置传感器和光电感应杆会随时监测字车的位置。喷墨打印机的初始位置传感器是通过感应杆感应的；这是因为应用于喷墨打印机中的初始位置传感器为光电传感器，当字车移动到初始位置的时候，字车上的检测部位就会触动感应杆，将信号传送给初始位置传感器。

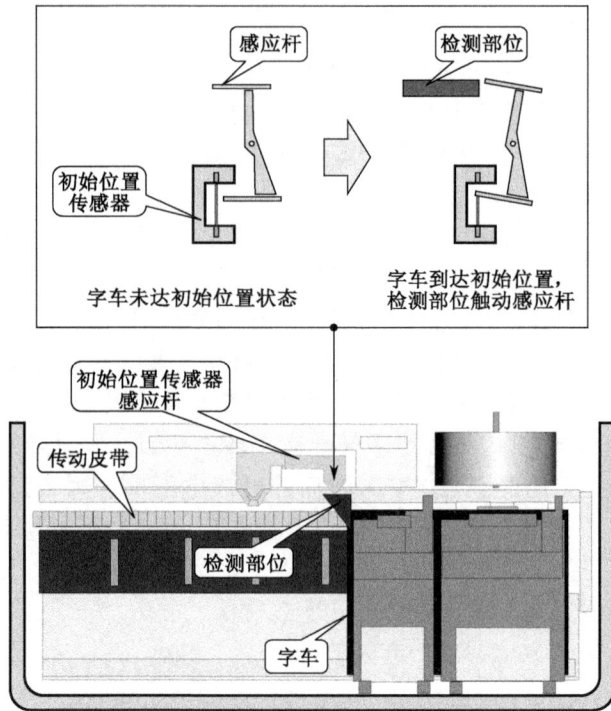

图 5-32　喷墨打印机字车装置的工作原理

字车运动带动墨盒移动，喷墨打印机的墨水以液体形式存放于墨盒中。打印时，墨水通过喷嘴从喷墨头中均匀地喷出，并极其规则地附着在打印纸上，形成高质量的打印效果。这一打印过程，要求喷墨头按需进行喷墨，其喷墨过程可分为等待和喷墨两种状态。

【图文讲解】

如图 5-33 所示为喷墨打印机喷墨的工作原理。当喷墨头处于等待状态时，压电器件上没有电压，振动板也就不会变形，墨腔上没有施加的压力，内部的墨水保持平衡，处于稳定状态。当进行打印时，在电压的作用下，压电器件根据电压的不同，使振动板的形状有相应的改变，从而墨腔内的容量也会发生改变，使墨水受到挤压从喷嘴中喷出；当墨水喷出后，墨腔中再次存储墨水，为下一次喷墨做准备。

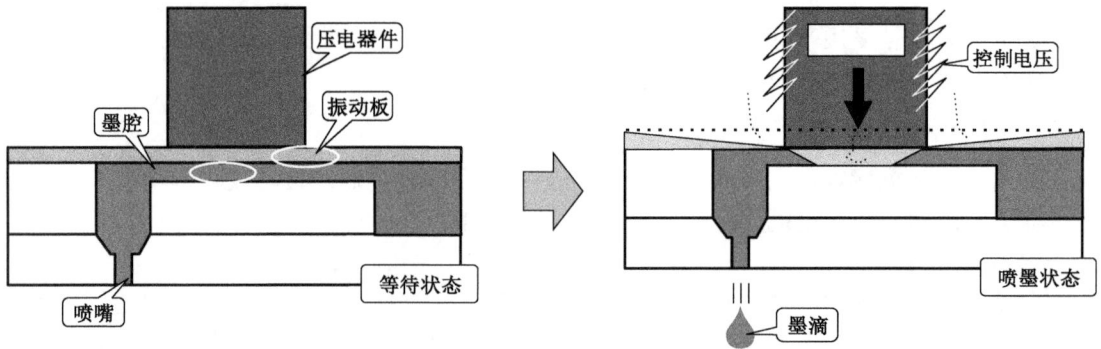

图 5-33　喷墨打印机喷墨的工作原理

喷墨打印机采用清洁组件对打印组件中的墨盒进行控制，使其完成初始充墨以及清洗等操作，以确保喷墨打印机始终处于高质量打印的工作状态。

【图文讲解】

喷墨打印机清洁组件如图 5-34 所示。在喷墨打印机中的清洁组件主要用于对墨盒和喷墨头进行吸墨，其中主要包括泵附件（包括空气阀）、泵组件、泵墨电机和废墨垫等。

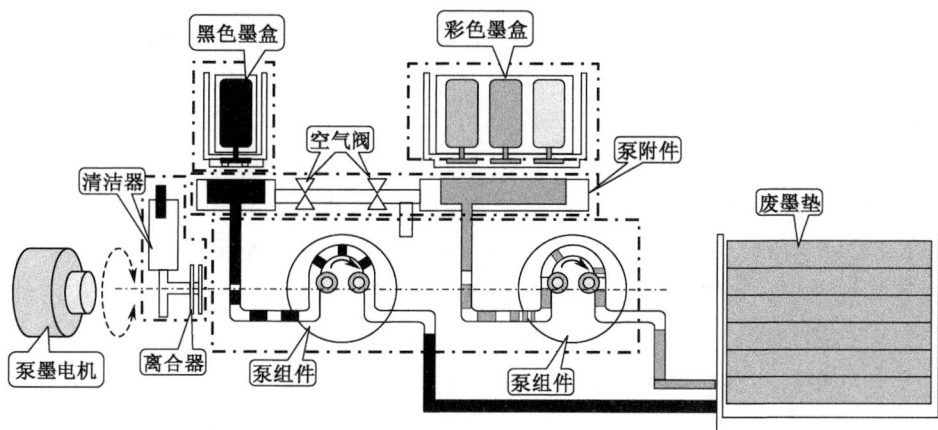

图 5-34　喷墨打印机清洁组件

泵组件在泵墨电机的驱动力下，完成吸墨。吸墨操作可以在彩色喷墨泵附件和黑色喷墨头泵附件之间切换。

喷墨头清洁器安装在泵附件上，根据泵墨电机的旋转方向，可以设置或释放喷墨头清洁器，从而实现对喷墨头的清洁。

2．输纸机构的工作原理

喷墨打印机的输纸机构通过齿轮组实现打印纸张的传输。

【图文讲解】

如图 5-35 所示为喷墨打印机输纸系统的工作原理图。由输纸电机的组合齿轮分别带动出纸辊齿轮和输纸辊齿轮工作，再由输纸辊齿轮将动力传递给泵组件齿轮以及切换齿轮组和搓纸辊齿轮，使打印纸张能通过搓纸辊进入打印机纸路，经过喷墨头打印后送出打印机。

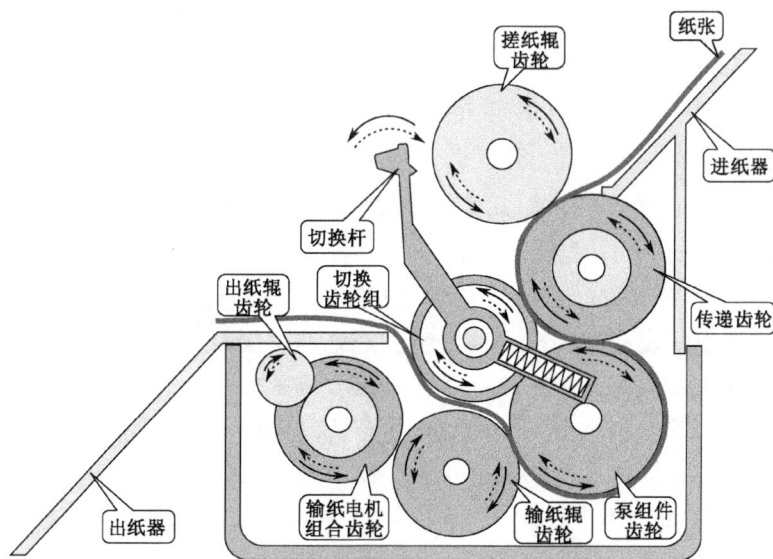

图 5-35　喷墨打印机输纸系统的工作原理图

3. 电路部分的工作原理

喷墨打印机的电路部分主要包括主控电路、电源电路、接口电路等。

（1）主控电路的工作原理

喷墨打印机的主控电路通常集合了控制电路、驱动电路以及各种状态检测电路（传感器及其接口电路）。

【图文讲解】

喷墨打印机的主控电路方框图如图 5-36 所示。只读存储器中存储了打印机监控程序和打印字库，随机存储器主要用来暂存主机传输来的打印数据。打印机通过接口电路与主机相连，当打印机接通电源开机并接收到打印指令后，传感器电路便会对打印机进行检测以确定当前打印机是否具备打印条件；然后主控电路根据输入的人工指令发出相应的控制指令，控制打印机驱动电路开始工作，进而驱动喷墨打印机的打印机构、输纸机构、清洁组件等进行工作，最终实现打印过程。

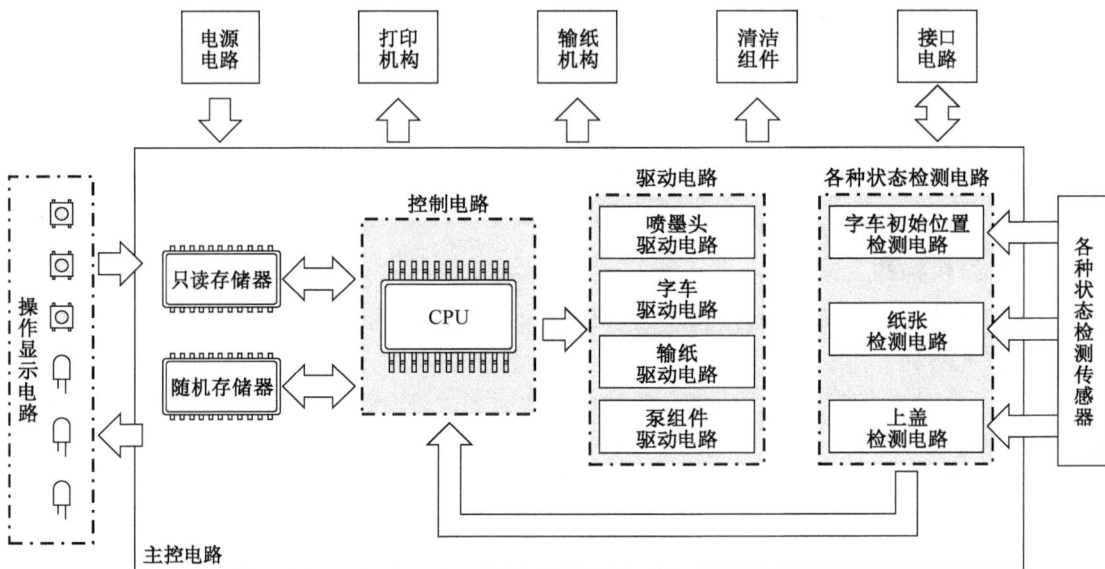

图 5-36　喷墨打印机的主控电路方框图

（2）接口电路的工作原理

喷墨打印机接口电路主要用于实现打印机与计算机之间的信息传输。

【图文讲解】

如图 5-37 所示为喷墨打印机接口电路的工作流程方框图，从图中可看出，USB 接口与计算机连接，将计算机发送来的指令传送给主控电路，同时传感器对打印机进行检测；将检测到的信号送入主控电路，由主控电路根据接收到的信号，确定当前打印机是否具备打印条件，并发出相应的控制指令，分别送入字车驱动电路和输纸驱动电路中；由各驱动电路输出相应的电机驱动信号，驱动电机开始工作，从而完成打印工作。

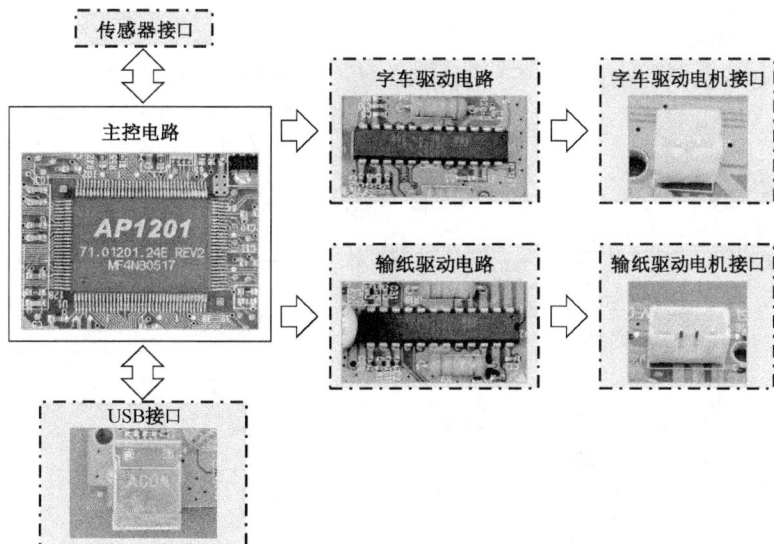

图 5-37　喷墨打印机接口电路的工作流程方框图

4．电源电路的工作流程

喷墨打印机的电源电路主要是由交流输入电路、开关振荡电路、次级输出电路、稳压控制电路、过载保护电路等构成。

【图文讲解】

如图 5-38 所示为典型（Stylus C40UX/C20UX）喷墨打印机的电源电路原理图。

① 交流输入电路

交流输入电路是由熔断器 FU1、热敏电阻器（8Ω）、电容器 C1、互感滤波器 L1 以及桥式整流电路（VD11～VD14）等构成的。该电路主要用于滤除交流 220V 电源输入的干扰，然后将其整流成＋300V 的直流，为开关电路供电。

② 开关振荡电路

开关振荡电路是由开关场效应晶体管 VT1、开关变压器 T1 和开关振荡电路等部分构成的。＋300 V 直流电压经开关变压器 T1 的初级绕组②～③脚为开关场效应晶体管 VT1 的漏极供电。与此同时，交流输入电路经启动电阻器 R18、R28 为 VT1 的栅极提供启动电压。开关场效应晶体管 VT1 导通后，开关变压器 T1 的初级绕组中便有电流产生，于是开关变压器 T1 的正反馈绕组④～⑥脚也会感应出电压；⑤脚经电阻器 R11、电容器 C13 为开关场效应晶体管 VT1 提供正反馈驱动信号，使开关电路谐振。

③ 次级输出电路

开关电源振荡后，开关变压器 T1 次级绕组输出脉冲电压，经整流滤波后输出＋42 V 电压，再经稳压控制电路 IC51 输出＋5 V 电压。

④ 稳压控制电路

稳压控制电路是由误差检测放大器 IC1 和负反馈电路构成。误差取样电路设在＋42V 输出电路中，电阻器 R92、R93 的分压点接到误差放大器 VT91 的基极；＋42 V 如不稳，则 VT91 的基极电压不稳，经 VT91 放大后去控制光耦 PC1 中的发光二极管。光耦 PC1 的输出经电阻器 R20 加到误差检测放大器 IC1 的输入端；IC1 的输出端经 VT3、VT32 去控制开关场效应晶体管 VT1 的栅极，从而控制场效应晶体管 VT1 的导通周期，达到稳压的目的。

⑤ 过载保护电路

过载保护电路主要是由光耦 PC1 和 VT31 等部分构成。当输出电路有过载的情况时，经光耦 PC1 使 VT31 导通，从而关断开关场效应晶体管 VT1，实现保护目的。

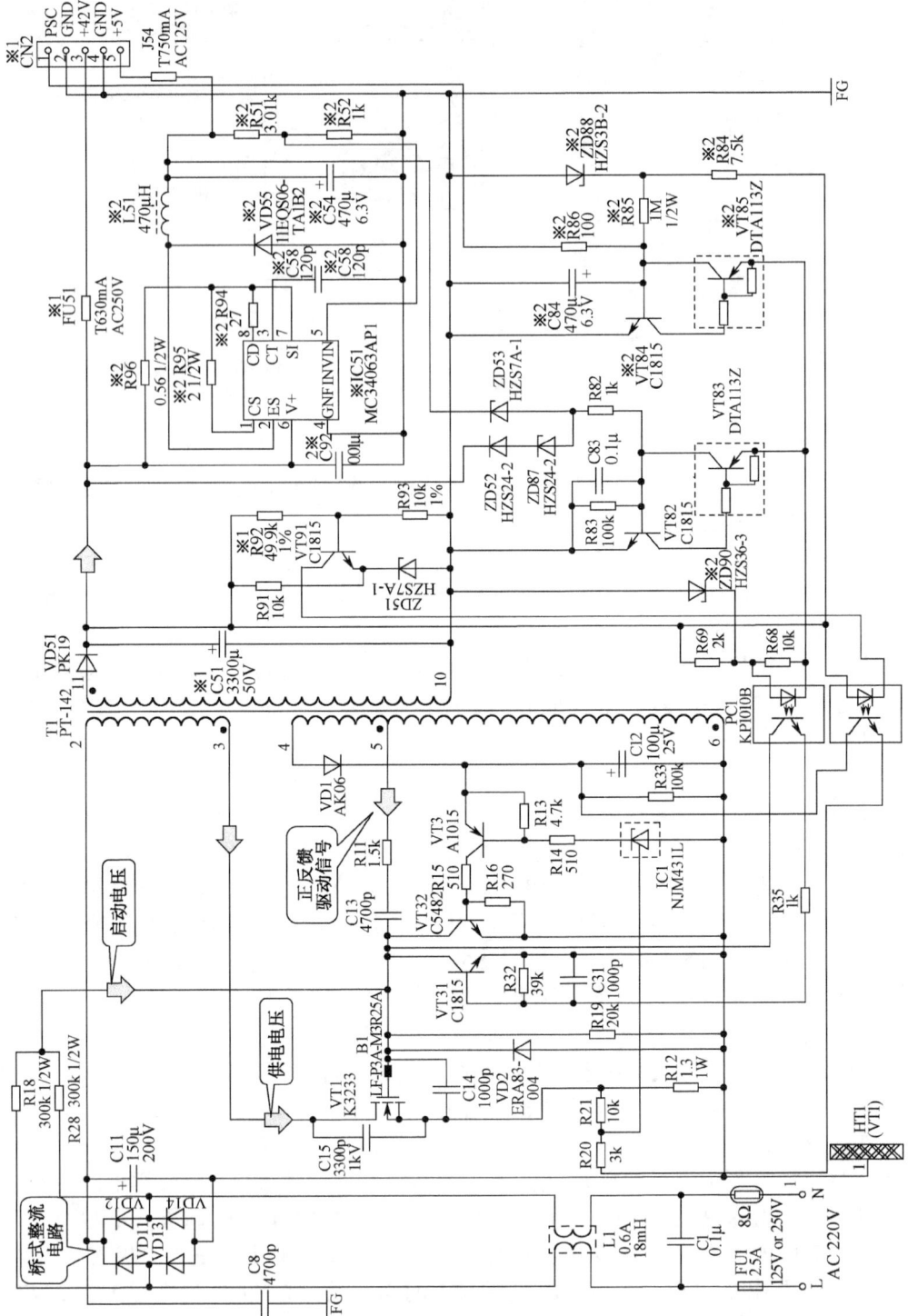

图 5-38　Stylus C40UX/C20UX 喷墨打印机的电源电路原理图

知识讲解 5.2.3　激光打印机的工作原理

激光打印机打印时，首先通过数据转换将数据信息转换成打印机的打印信息，然后再将打印信息进一步调制到激光器，由激光器发射激光束，经扫描器在感光鼓上生成静电潜像；然后经过显影机构进行预曝光、主充电、图像曝光在打印纸上进行显影并转印分离；最后通过定影机构将打印纸张上的墨粉进行热熔，加压使其固化在纸张上，成为最终的打印品。

1．成像系统的工作原理

激光打印机的成像系统主要是指激光组件、显影组件和定影组件 3 部分。

（1）激光组件的工作原理

【图文讲解】

如图 5-39 所示为激光组件的工作原理图。激光组件接收到打印数据转换信号，由激光调制电路进行调制后，控制激光发射器发射出激光束，并通过柱面透镜送入扫描器（多棱镜）上；在扫描器驱动电机的带动下，将激光束转射到光学部分的球面校正透镜和扇形聚焦透镜上，经透镜校正、聚焦后由反光镜反射到感光鼓表面。

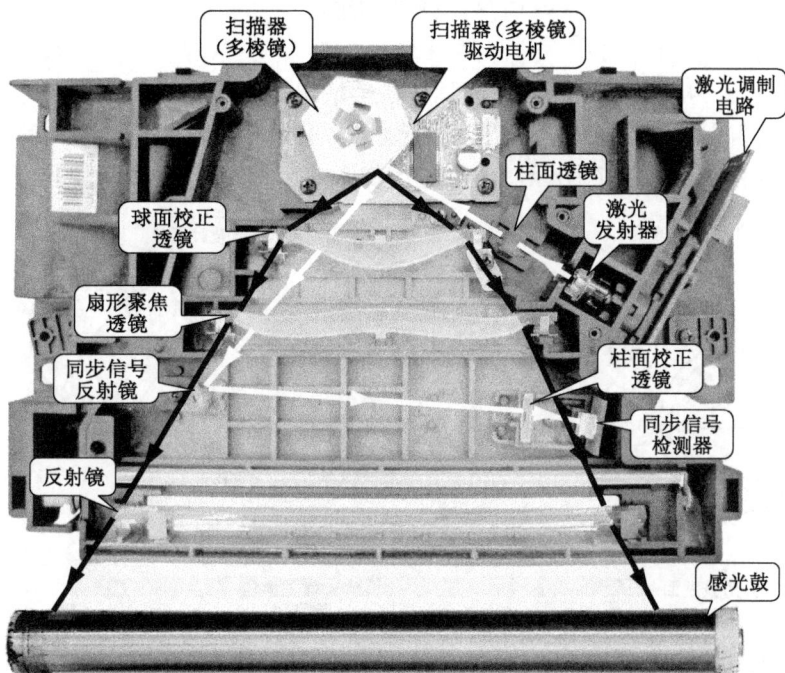

图 5-39　激光组件的工作原理

（2）显影组件的工作原理

激光打印机在进行打印之前需要进行预曝光，用来清除感光鼓上残留的静电图像。由于大多数的激光打印机都使用充电辊对感光鼓进行主充电，因此清除感光鼓上残留的静电图像，可通过主充电进行去除。

【图文讲解】

如图 5-40 所示为感光鼓接触式充电的工作流程示意图。充电辊与感光鼓相互接触，并随着感光鼓一起旋转，由于充电辊是一个传导性的导电部件，因此对其施加的负高压（大约 700 V）就会传递到感光鼓，使感光鼓表面聚集负电荷。

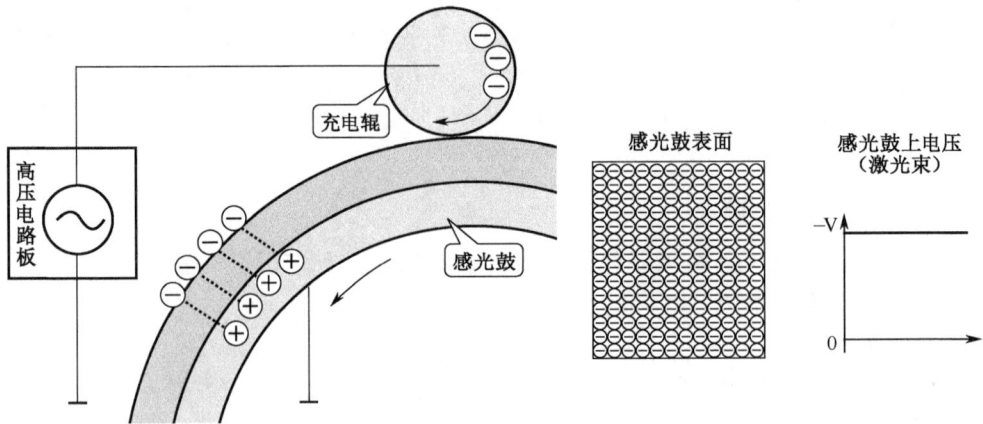

图 5-40　感光鼓接触式充电的工作流程示意图

充电完成后，进入图像曝光阶段。图像曝光是根据接收的打印数据，控制激光组件发出的激光束在感光鼓上形成一张静电潜伏图像的过程。

【图文讲解】

如图 5-41 所示为图像曝光的工作流程。通常情况下，感光鼓表面是一个绝缘体，所以可以储存静电；但是通过曝光，被激光束照射的电阻区就会被击穿，因此就会形成肉眼无法看见，以静电存在或丢失的图像，即静电潜像。

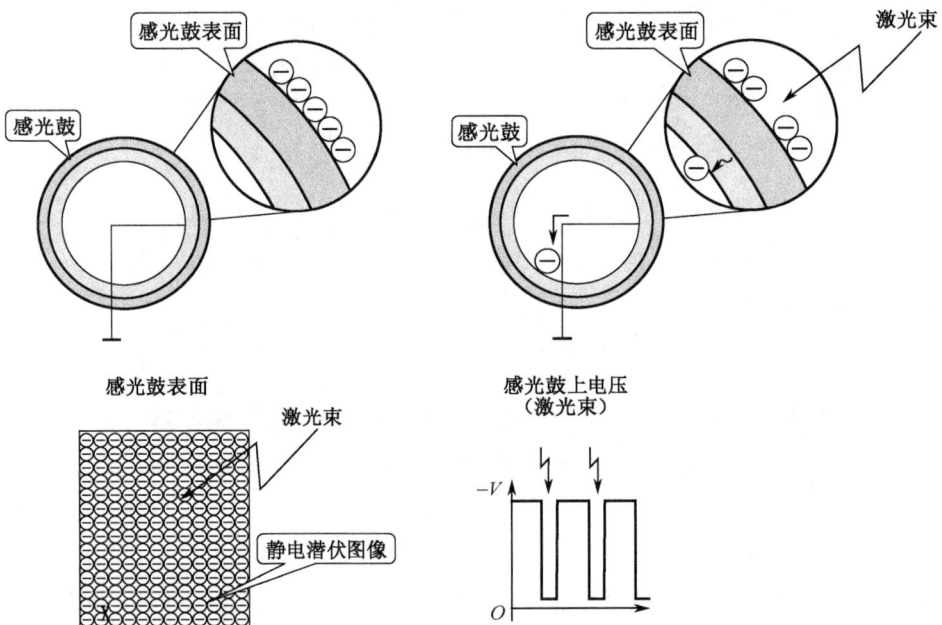

图 5-41　图像曝光的工作流程

感光鼓表面形成静电潜像后，通过磁效应原理吸附墨粉（碳粉）形成碳粉图像的过程就是显影。

【图文讲解】

如图 5-42 所示为 2 步显影的原理。这种显影方法需要一个搅拌装置用来使碳粉和载体混合均匀，同时还需要一个控制装置用来控制碳粉浓度，使其搅拌均匀。

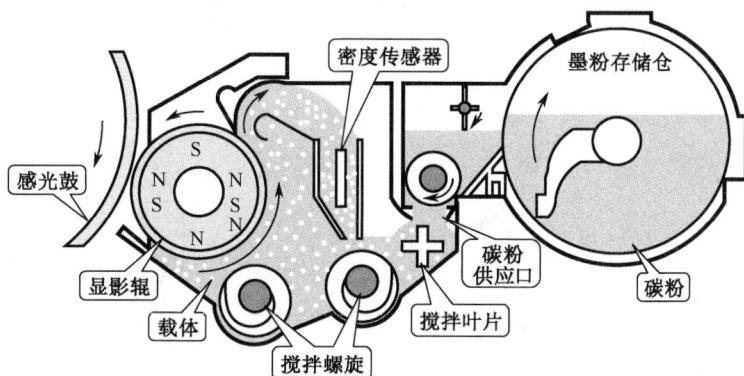

图 5-42 2 步显影的原理

【资料链接】

除 2 步显影外，还有 1 步显影方式。这种显影方式有两种系统：磁性显影系统和非磁性显影系统。磁性显影系统中必须要有磁性颗粒混合在碳粉中，这种磁性颗粒会阻碍碳粉的着色，因此使用起来并不方便。而非磁性显影系统由于其小巧、简洁的特点得到了广泛的应用，如图 5-43 所示为 1 步非磁性显影工作流程示意图。

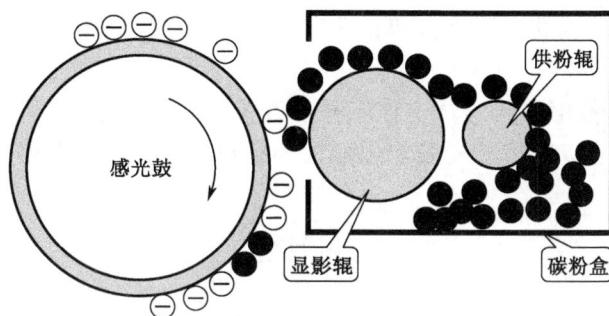

图 5-43 1 步非磁性显影工作流程示意图

接下来，进入转印分离阶段。转印分离是指将在显影过程中形成在感光鼓上的碳粉图像转印到打印纸张上。也就是说如果打印纸张与感光鼓紧密接触并且被充满正电荷，那么带有负电荷的碳粉就会被吸附到打印纸张上。

显影组件中的转印分离方法主要有静电转印法、压力转印法、黏性转印法，其中静电转印法又可分为电晕转印法、辊转印法和带转印法。在这些方法中，激光打印机中最常用的为电晕转印法和辊转印法。

【图文讲解】

电晕转印法工作流程示意图如图 5-44 所示，通过电晕静电充电器在打印纸的背面产生一次电晕放电，使打印纸产生与碳粉电荷极性相反的电荷；利用静电作用，将碳粉吸附到打印纸上。但在转印之后，必须有一个可以从感光鼓上消除静电电荷的装置，以便打印纸可以从感光鼓上分离。

【图文讲解】

辊转印法工作流程示意图如图 5-45 所示,使用转印辊代替电晕放电,转印辊直接将电压加到打印纸背面,使碳粉转印到打印纸张上。由于在打印过程中,打印纸始终被夹在感光鼓和转印辊之间,因此几乎没有传输偏差,是目前激光传真机打印装置中最常使用的转印分离方法。

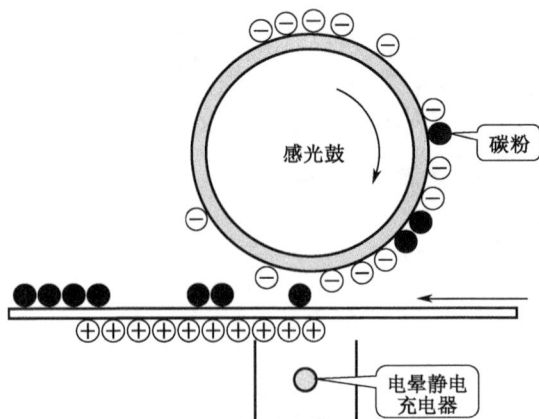

图 5-44　电晕转印法工作流程示意图　　　　图 5-45　辊转印法工作流程示意图

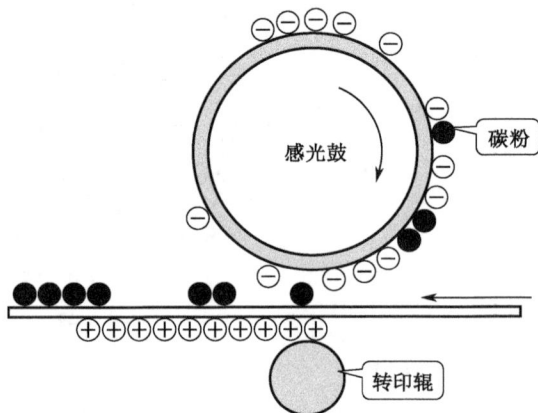

感光鼓上的碳粉转印到打印纸上后,感光鼓会残留一些碳粉,如果在这种条件下继续使用感光鼓,那么当下一次执行主充电过程时,上一页图像上的残迹就会传递到新的打印纸上,降低打印品质。因此,激光打印机还需要对感光鼓表面的残留碳粉进行清洁。

【图文讲解】

如图 5-46 所示为显影机构清洁工作流程示意图,通过使用与感光鼓接触不会伤害感光鼓的聚酯树脂叶片,可以刮掉感光鼓表面残留的碳粉,并将废粉保存在废粉仓中。

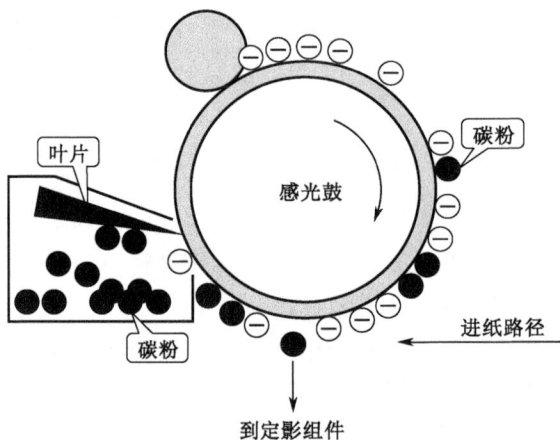

图 5-46　显影机构清洁工作流程示意图

(3)定影组件的工作原理

定影组件主要用于对打印纸张上的碳粉进行定影操作,该过程为激光打印的最后一个步骤,它是利用压力、溶剂或其他操作将转印到打印纸张上的碳粉进行定影。目前激光打印机中使用最为广泛的定影方法是采用卤素灯加热器和定影压力辊来实现的。

【图文讲解】

如图 5-47 所示为定影的工作流程示意图。吸附有碳粉的打印纸穿过定影组件，使碳粉定影并牢牢地附着在打印纸上；定影组件中的定影加热辊是一个内置加热丝（150～200℃）的装置，可以通过温度检测装置进行温度检测，并自定调节温度。而定影压力辊则是用来支撑打印纸的，与定影加热辊之间形成一个辊隙，使打印纸经过。

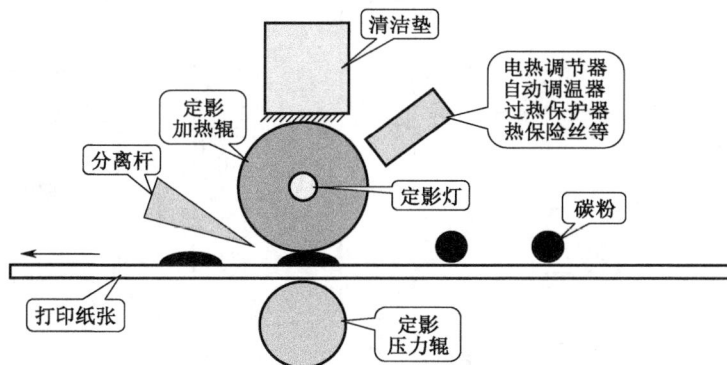

图 5-47 定影的工作流程示意图

2．输纸机构的工作原理

激光打印机的输纸传动机构的传动方式主要有吸引式传动和摩擦式传动两种。

（1）吸引式传动的工作原理

吸引式传动方式主要是指采用吸引式电磁铁来控制输纸的传动方式。吸引式电磁铁由进纸凸轮、吸引磁芯、电磁线圈、搓纸轮、复位弹簧和回位弹簧等部件构成。在正常情况下，进纸凸轮被一铁制挡板限制，当发出输纸信号后，电磁线圈中流过电流。由于电磁感应，线圈所产生的感应磁场吸引铁制挡板，进纸凸轮即被释放，带动搓纸轮旋转，即将一张打印纸送入打印轨道。然后，电磁线圈电流消失，铁制挡板失去吸引力，在回位弹簧的作用下恢复原先状态，挡住凸轮转动，这样即完成了一个进纸过程。

（2）摩擦式传动的工作原理

摩擦式传动系统采用摩擦式电磁铁，电磁铁的线圈通电后产生电磁场，将位于电磁铁中间的联动叉向连轴器一侧推动，从而推动摩擦弹簧，使摩擦弹簧的一端正好插入连轴器的对位孔中，进而带动搓纸轮旋转以完成一个进纸过程。

3．电路部分的工作原理

（1）主控电路的工作原理

主控电路主要对整机中的输纸电机、电源电路、驱动控制电路、激光组件、高压供电电路、操作显示电路以及接口电路等进行协调控制。

【图文讲解】

如图 5-48 所示为典型激光打印机的主控电路原理方框图。

激光打印机主控电路的核心部件为 CPU（S3C46C0X01），主要功能是对打印数据的处理和整机各部分的控制。

激光打印机在工作时，首先将交流 220 V 电源接入，将电脑主机的电缆接入。与电脑连接的有 2 种信号接口，一种是 USB 信号接口，还有一种是 IEEE1284 接口。这两种信号通过电缆送到打印机的数据信号接口电路（USB 驱动器 USBN9602-28M），USB 驱动器再将来自电脑主机的打印文件的数据信号和打印控制指令送到主板的 CPU 电路。在接口信号中，还有打印机的工作状态信号，该信号将反送回电脑主机。

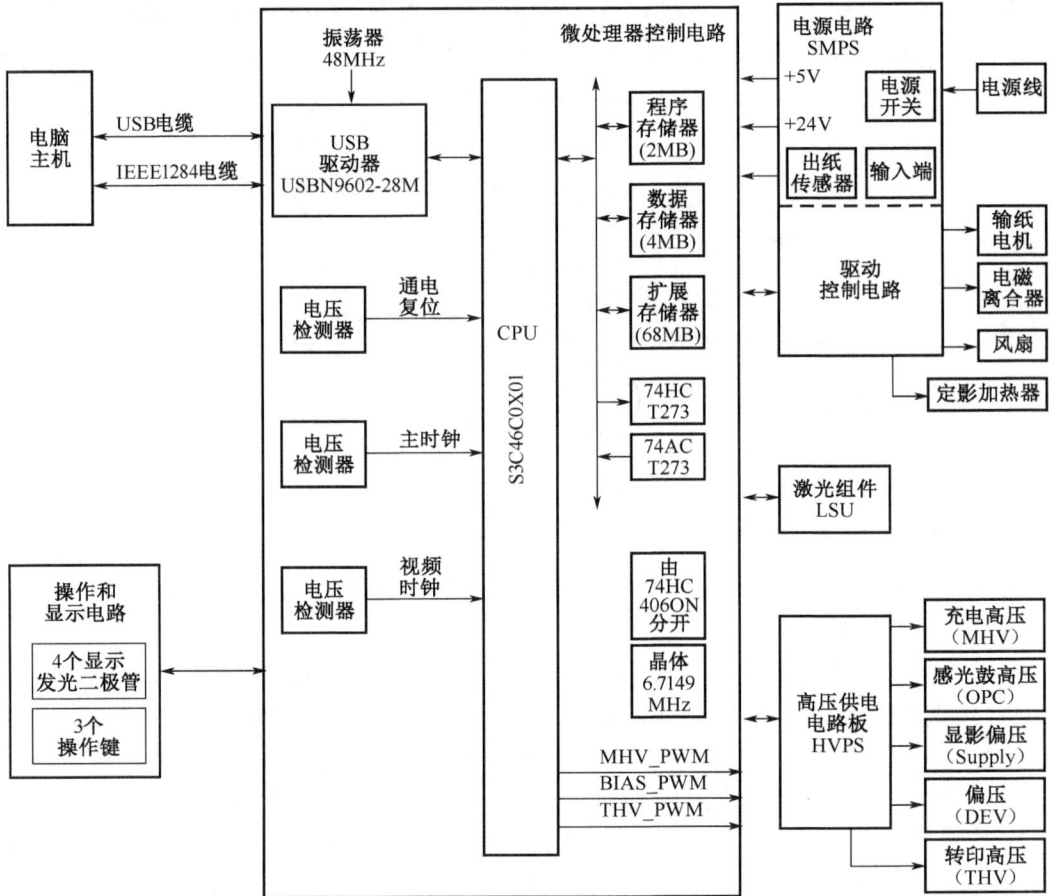

图 5-48　典型激光打印机的主控电路原理方框图

打印机的 CPU 收到来自电脑主机的打印文件数据和控制指令后，在外围电路的控制下，对打印机的各部分进行控制，然后完成打印任务。

（2）电源电路的工作原理

【图文讲解】

如图 5-49 所示为典型激光打印机电源电路中的开关电源电路部分。该电路主要由开关振荡集成电路、开关变压器、直流低压输出电路、稳压控制电路和过载保护电路等构成。

来自交流输入电路的＋310 V 电压加到 IC501 的①脚。IC501 的⑭脚输出开关脉冲，并加到开关变压器 T501 的③脚。开关变压器①脚的输出电压经 R505、VD502 整流后输出，再经 C503 滤波形成直流电压并为 IC501 的⑧脚供电，维持 IC501 中的振荡。

开关变压器的⑥、⑨脚输出经二极管全波整流和 LC 滤波后输出＋24 V 电压。

T501 的⑤、⑩脚输出经二极管全波整流和 LC 滤波后输出＋5V 电压。

开关电源的＋5V 输出电压经 R516、R529、R530 分压，为误差检测电路 IC504 提供误差取样电压；误差信号经光耦反馈到 IC501 的⑤脚，从而实现负反馈稳压控制。

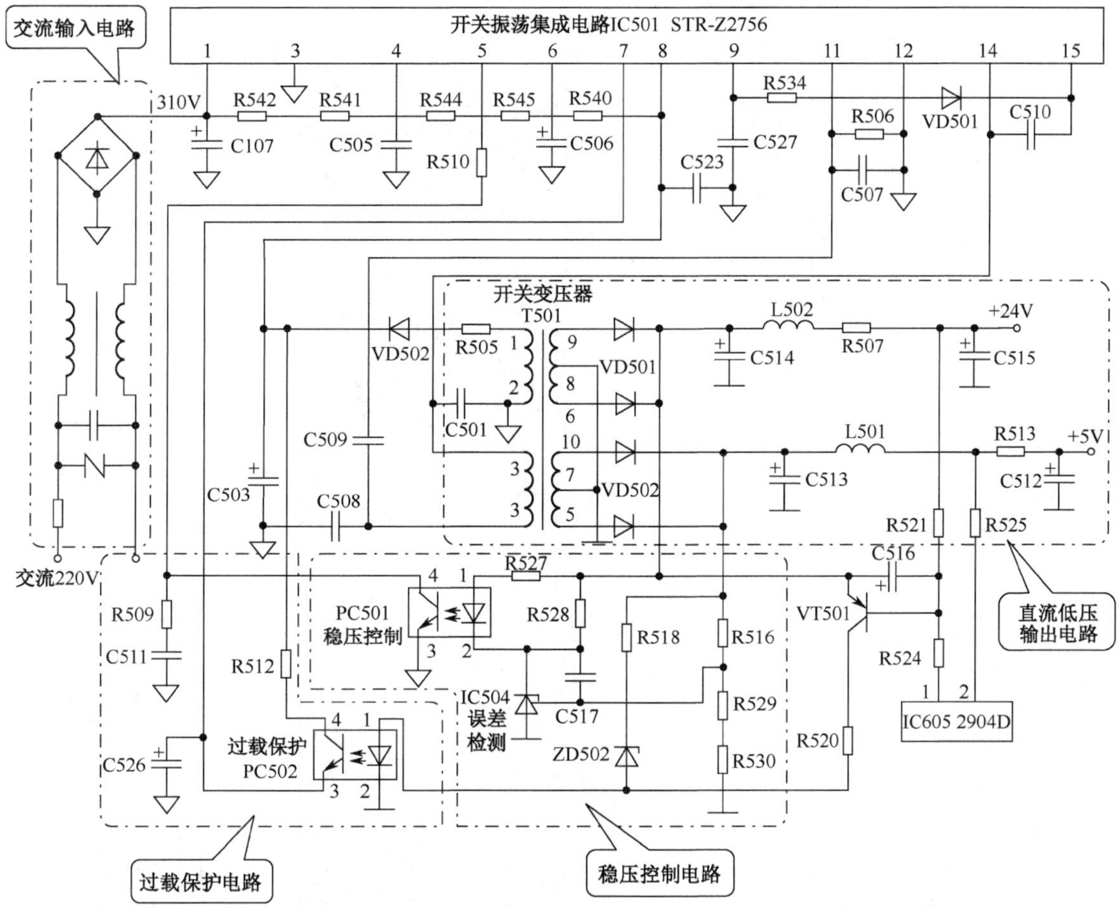

图 5-49　典型机光打印机电源电路中的开关电源电路部分

在＋24V 电压的输出电路中设有过载检测电路（R521、R524），VT501 为检测晶体管。当＋24V 电压负载电路中有过载的情况时，＋24V 电压会降低，从而使 VT501 导通，经光电耦合器送给 IC501 的⑧脚的电压下降，使振荡电路停振进行保护。

（3）接口电路的工作原理

【图文讲解】

如图 5-50 所示，为典型激光打印机接口电路的工作原理方框图。该接口电路主要包括并行接口 J1、USB 接口、故障诊断控制装置接口 CN9、传感器电路板接口 CN6、传感器接口 CN1、上盖开关接口 CN8、高压供电电路板接口 CN2、电机驱动和开关电源电路板接口 CN3、操作显示电路板接口 CN5、激光组件接口 CN12、PTL LED 阵列接口 CN4 等构成，这些接口均集成在主控电路板上。

激光打印机通过 USB 接口 CN7 或并行接口 J1 与打印机进行信号传输，将计算机发送来的指令传送到主控电路中，然后高压供电电路和开关电源电路通过接口 CN2 和 CN3 为主控电路板输送所需的工作电压；同时传感器对打印机进行检测，通过接口 CN6 将检测到的信号送入主控电路中；由主控电路根据接收到的信号，确定当前打印机是否具备打印条件，并发出相应的控制指令，通过接口 CN3、CN12、CN5 分别送入驱动控制电路、激光组件、操作显示电路中；各电路接收到控制信号后，开始工作，从而完成打印任务。

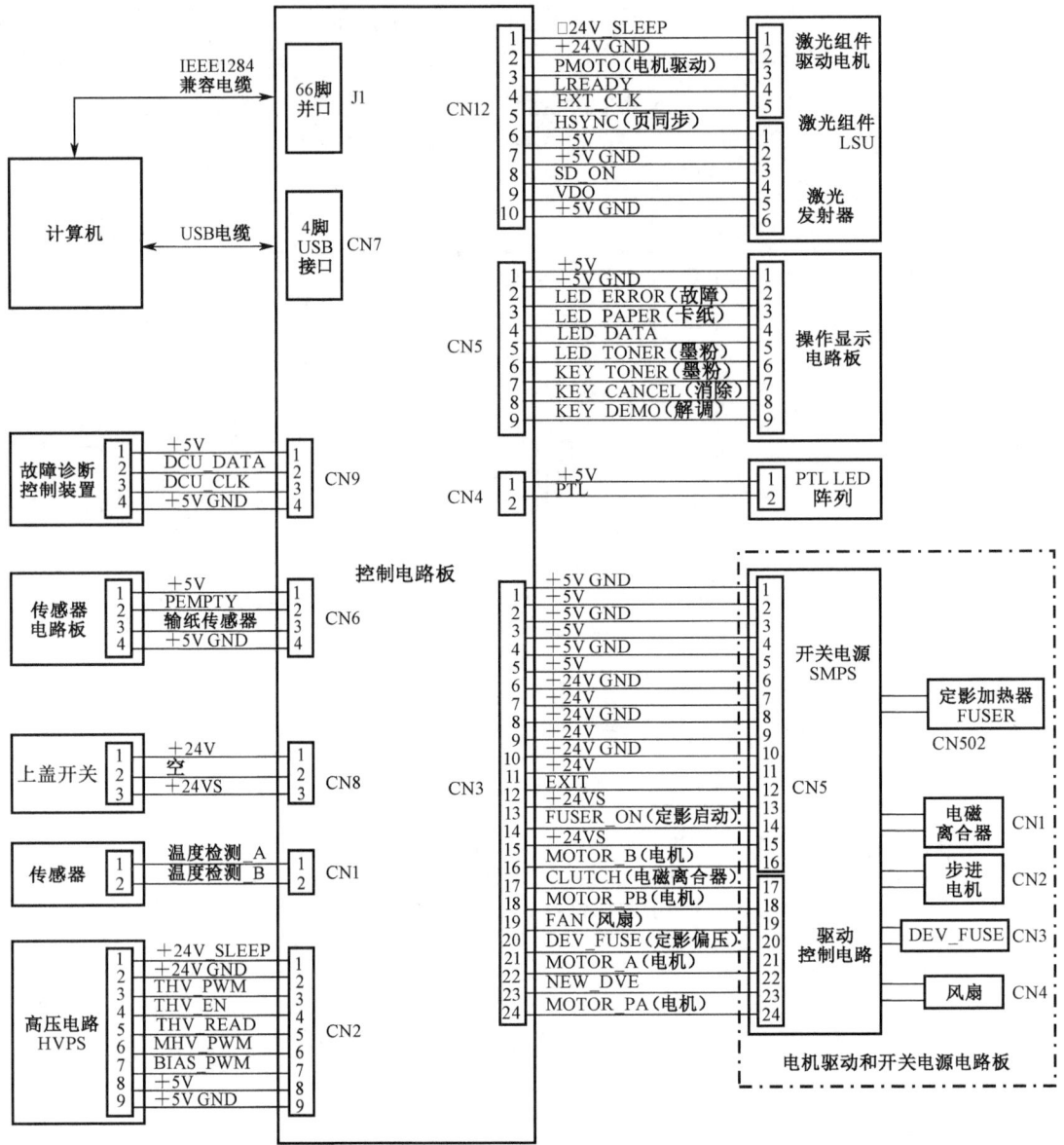

图 5-50　ML-1200 激光打印机接口电路的工作原理图

项目六

掌握针式打印机维修与维护技能

在该项目中，我们要熟悉针式打印机的故障特点，了解针式打印机的故障检修基本流程。然后结合对实际样机的检测操作演示，着重训练针式打印机故障检修的基本方法。

任务模块 6.1　了解针式打印机的故障特点和检修流程

知识讲解 6.1.1　了解针式打印机的故障特点

针式打印机在使用过程中，经常会出现各种各样的故障现象，如打印不动作、输纸不良、卡纸、褶折等。

（1）打印系统故障特点

针式打印机打印系统的故障特点主要表现为打印质量下降。例如，打印字符浅、打印字符深、打印字符有缝隙、打印字符有污迹、所有打印机字符都打印在同一行、打印字符在随机位置丢点、打印字符丢失一行一行的点、打印文本的两行之间有额外的空白、打印出奇怪的字符、垂直打印线不对齐等。打印品质下降的故障特点如图 6-1 所示。

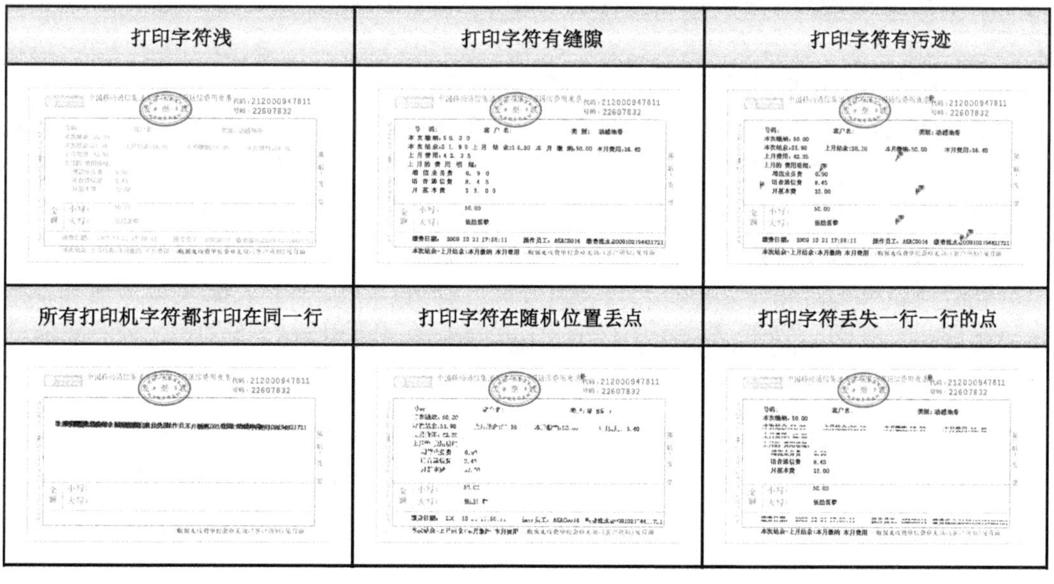

图 6-1　打印品质下降的故障特点

打印文本的两行之间有额外的空白	打印出奇怪的字符	垂直打印线不对齐

图 6-1　打印品质下降的故障特点（续）

（2）输纸系统故障特点

针式打印机输纸系统的故障特点主要表现为打印机输纸不畅、输纸歪斜、只打印不进纸或只进纸不打印、提示无纸、打印机不能装入单页纸或不能正确进纸、不能输送整张单页纸、单页进纸器不能正确进单页纸、打印机无法装入连续纸、打印机连续进纸无法输送到等待位置、在页面上开始打印的位置太高或太低、连续纸打印到裂缝上（或距页缝太远）等。

（3）电路系统故障特点

针式打印机的电路系统包括：控制电路、电源电路和接口电路等。

控制电路作为整机的核心部件，其故障特点主要表现为开机不打印或打印机整机运行不协调，从而出现卡纸、发出提示报警声等。

电源电路比较容易出现故障，其故障特点主要表现为打印机无法开机工作。

接口电路主要用于连接外部设备，其故障特点主要表现为计算机主机与打印机之间的数据传输出现阻碍、打印机电源指示灯不亮、联机指示灯不亮或闪烁，计算机下达打印指令后打印机不打印。

知识讲解 6.1.2　了解针式打印机的基本检修流程

当针式打印机出现故障时，应根据其故障特点判断引发故障的原因，根据故障原因进行检修。

（1）打印系统的故障检修流程

针式打印机打印系统主要包括打印装置和字车装置两大部分，其中打印装置主要由打印头、色带盒、色带盒托架等构成，字车装置主要由字车、各种检测传感器、纸厚调整杆及字车驱动装置等构成。如图 6-2 所示为针式打印机打印系统检修流程图。

（2）输纸系统的故障检修流程

针式打印机的输纸系统主要包括橡皮打印辊、压纸轮、齿轮组、纸尽传感器和走纸驱动电机等部分，如图 6-3 所示为针式打印机输纸系统检修流程图。

（3）电路系统的故障检修流程

针式打印机的电路系统出现故障时，应分别对三块电路板进行检测，即控制电路板、电源电路板、接口电路板。如图 6-4 所示为针式打印机电路系统的故障检修流程图。

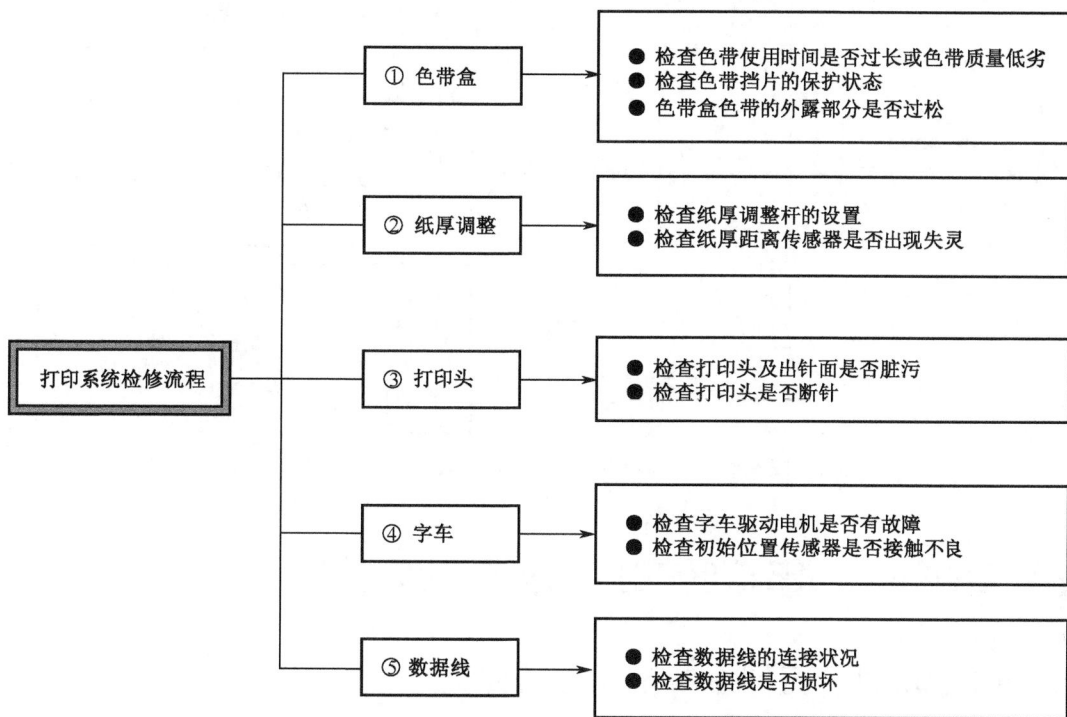

图 6-2 针式打印机打印系统检修流程图

打印系统检修流程

① 色带盒
- 检查色带使用时间是否过长或色带质量低劣
- 检查色带挡片的保护状态
- 色带盒色带的外露部分是否过松

② 纸厚调整
- 检查纸厚调整杆的设置
- 检查纸厚距离传感器是否出现失灵

③ 打印头
- 检查打印头及出针面是否脏污
- 检查打印头是否断针

④ 字车
- 检查字车驱动电机是否有故障
- 检查初始位置传感器是否接触不良

⑤ 数据线
- 检查数据线的连接状况
- 检查数据线是否损坏

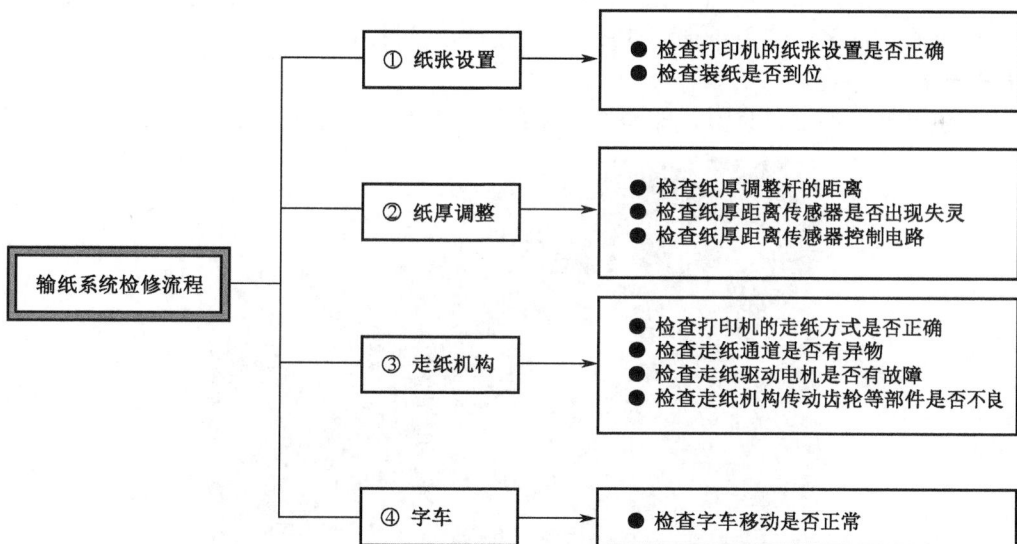

图 6-3 针式打印机输纸系统检修流程图

输纸系统检修流程

① 纸张设置
- 检查打印机的纸张设置是否正确
- 检查装纸是否到位

② 纸厚调整
- 检查纸厚调整杆的距离
- 检查纸厚距离传感器是否出现失灵
- 检查纸厚距离传感器控制电路

③ 走纸机构
- 检查打印机的走纸方式是否正确
- 检查走纸通道是否有异物
- 检查走纸驱动电机是否有故障
- 检查走纸机构传动齿轮等部件是否不良

④ 字车
- 检查字车移动是否正常

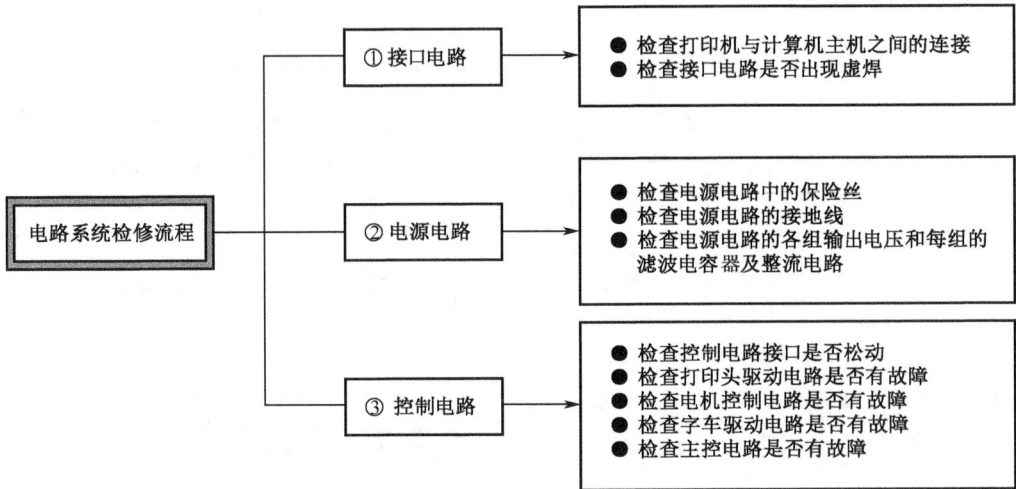

图 6-4　针式打印机电路系统的故障检修流程图

任务模块 6.2　掌握针式打印机的检修技能

技能训练 6.2.1　打印系统的检修方法

（1）色带盒的检修

打印字迹不清，可能是由于色带的问题，应将色带盒取出后，检查色带是否使用时间过长或色带质量低劣。若色带损坏或质量低劣应对其进行更换。

【练一练】

检查色带挡片的保护状态，即是否卡住色带，使色带无法正常转动，如图 6-5 所示。

图 6-5　检查色带挡片的保护状态

检查色带盒色带的外露部分是否过松，可通过调节色带传动辊进行调节，如图 6-6 所示。

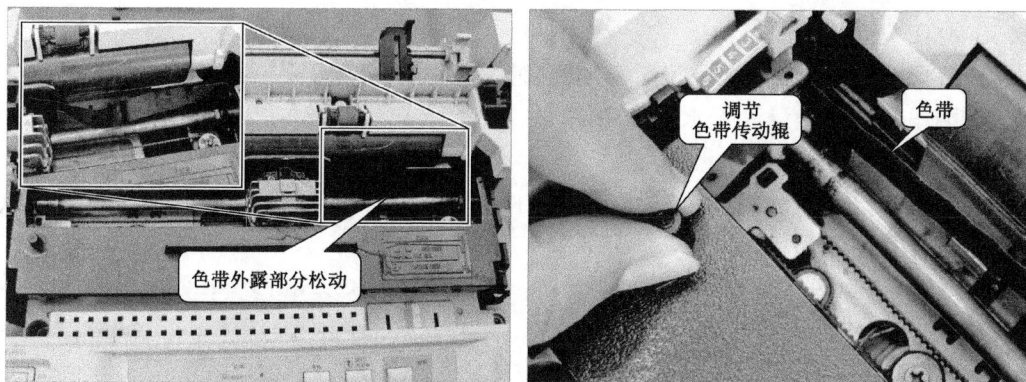

图 6-6　调节色带

（2）纸厚调整杆的检修

检查纸厚调整杆的设置是否正常，是否符合打印的纸张厚度。

【练一练】

检测纸厚距离传感器是否出现失灵，若出现失灵应对其进行更换。如图 6-7 所示，将万用表的表笔分别放在纸厚传感器的两个引脚端，测得的阻值为∞，纸厚传感器为断开状态；此时拨动纸厚传感器，万用表的指针马上摆动到 0 处，纸厚传感器为导通状态。

图 6-7　检测纸厚距离传感器

（3）打印头的检修

检查打印头及出针面是否脏污，若出现脏污，可使用蘸有酒精的棉棒进行清洁，或把打印头前端出针处完全浸入无水酒精中清洁。

【练一练】

若打印头未采用封闭结构，在浸泡过程中可以人为驱动打印针来回活动几次，彻底清除导针板及针孔内的污物，如图 6-8 所示。

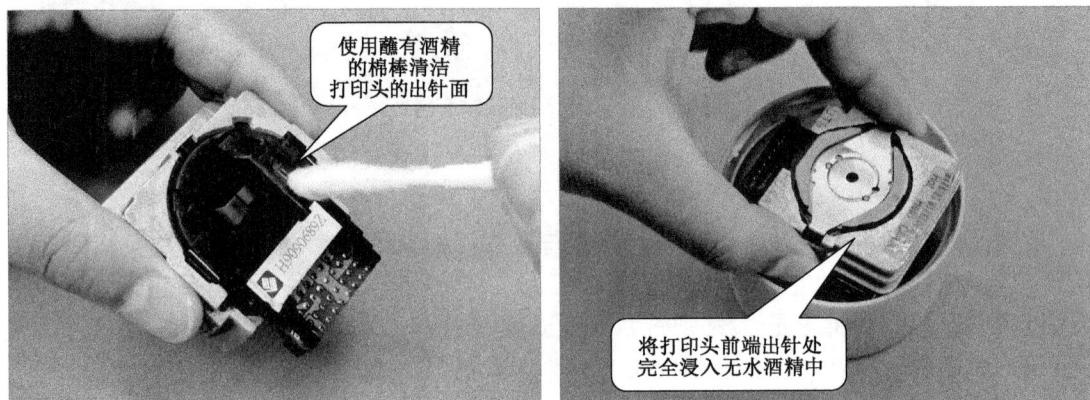

图 6-8　清洁打印头（一）

对于浸泡后不能溶解的顽固污物，可以用注射针管吸取无水酒精进行冲洗，对准出针口喷射多次，将夹缝中的污物冲出。千万不能使用针或摄子强行剔除打印头内的污物。待清洁晾干后就可以安装回打印机中了，如图 6-9 所示。

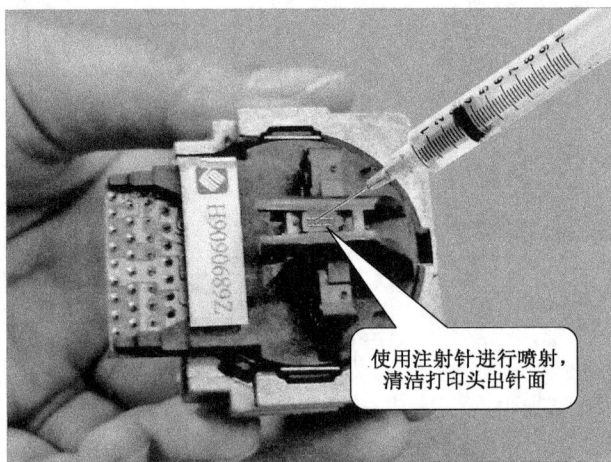

图 6-9　清洁打印头（二）

经清理后打印头仍有故障，应对打印头进行进一步的检查，检查打印头是否出现断针情况，使用放大镜观察打印针，断针往往短一些，缩进出针板内一些，这时对其断针进行更换即可。

（4）字车的检修

字车驱动电机主要用于驱动字车的来回移动，对其进行检测时主要是对其线圈绕组进行检测。

【练一练】

将万用表的表笔分别接在字车驱动电机的接口端，检测其字车驱动电机线圈绕组的电阻值，如图 6-10 所示。测得的阻值如表 6-1 所示。若阻值偏差很大，说明字车驱动电机线圈已损坏，需要对损坏的线圈进行更换。

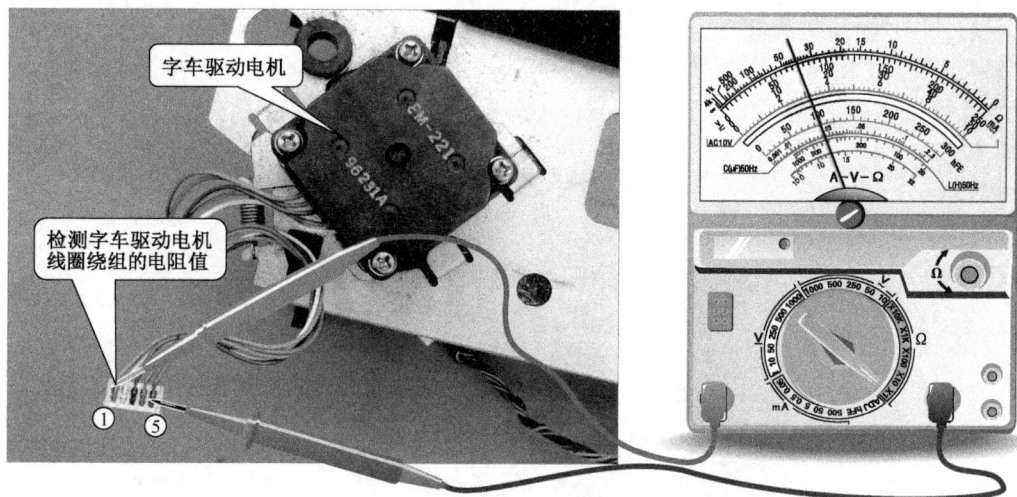

图 6-10　字车驱动电机线圈绕组电阻值的测量

表 6-1　字车驱动电机线圈绕组阻值

引　脚	阻　值	引　脚	阻　值	引　脚	阻　值	引　脚	阻　值
1-2	40×1kΩ	1-5	40×1kΩ	2-5	40×1kΩ	4-5	40×1kΩ
1-3	18×1kΩ	2-3	19×1kΩ	3-4	19×1kΩ		
1-4	40×1kΩ	2-4	40×1kΩ	3-5	19×1kΩ		

检测触动字车初始位置传感器的检测部件与字车初始位置检测传感器是否接触不良，转动皮带是否损坏。

字车初始位置传感器用来检测字车的初始位置，若出现失灵现象就无法检测到字车的位置。

【练一练】

对字车初始位置传感器的检测如图 6-11 所示。将万用表的表笔分别置于字车初始位置传感器的两个引脚端，测得的阻值为∞，字车初始位置传感器为断开状态；此时拨动字车初始位置传感器，万用表的指针马上摆动到 0 处，字车初始位置传感器为导通状态。

（5）数据线的检修

打印头随字车在打印机中来回地左右移动，连接数据线与打印头的连接很容易松动，这时将松动的数据线重新进行插接即可。

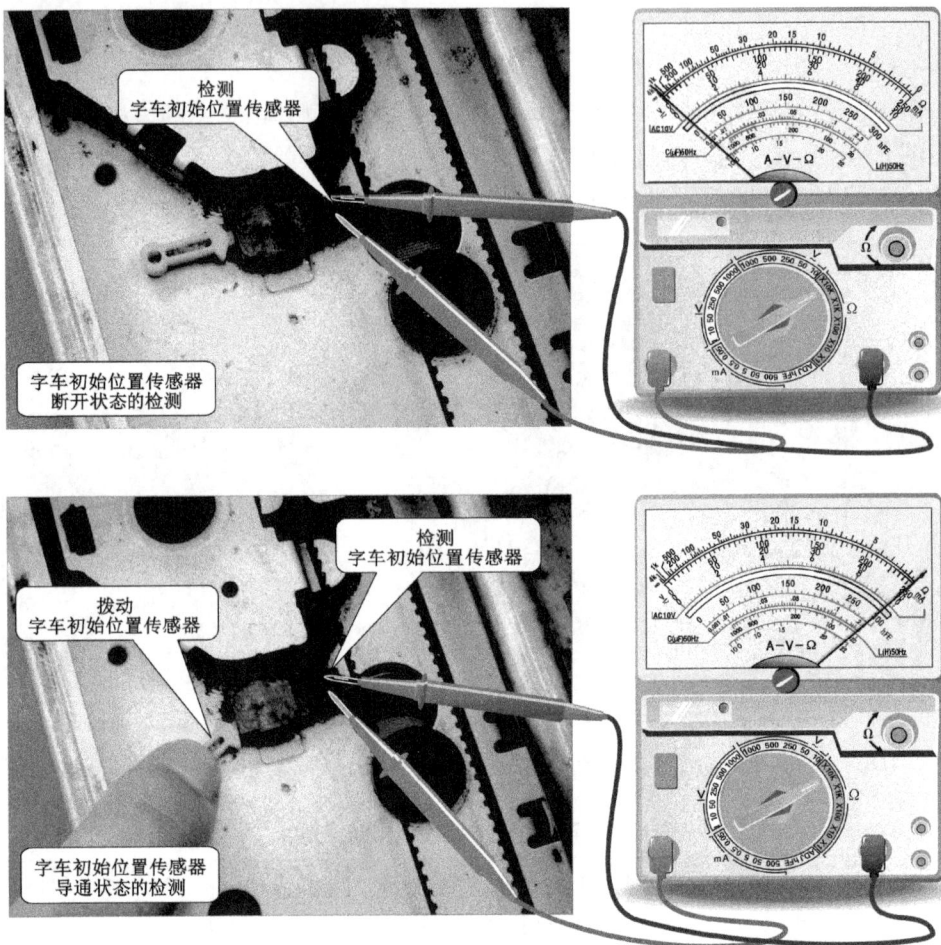

图 6-11　字车初始位置传感器的检测

【练一练】

对数据线的检测操作如图 6-12 所示。由于字车的来回移动，很容易磨损连接的数据线，拐角处也较容易损坏。检查时应先拔下数据线，检查是否有明显的断裂情况；若从表面无法判断，可使用万用表检测数据线的导通状态。

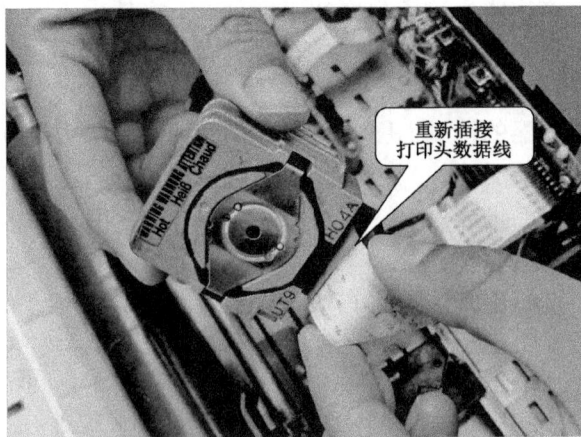

图 6-12　重新插接打印头连接数据线

技能训练 6.2.2　输纸系统的检修方法

当针式打印机的输纸系统出现故障时，也应根据其检修流程对其进行检修。

（1）纸张设置的检修

针式打印机的打印纸张有连续纸张和单页纸张两种，因此需要检查打印机的设置是否正确。有些打印机可以通过调节杆，选择使用打印纸张的方式，同时要保证纸张安放到位，如图 6-13 所示。

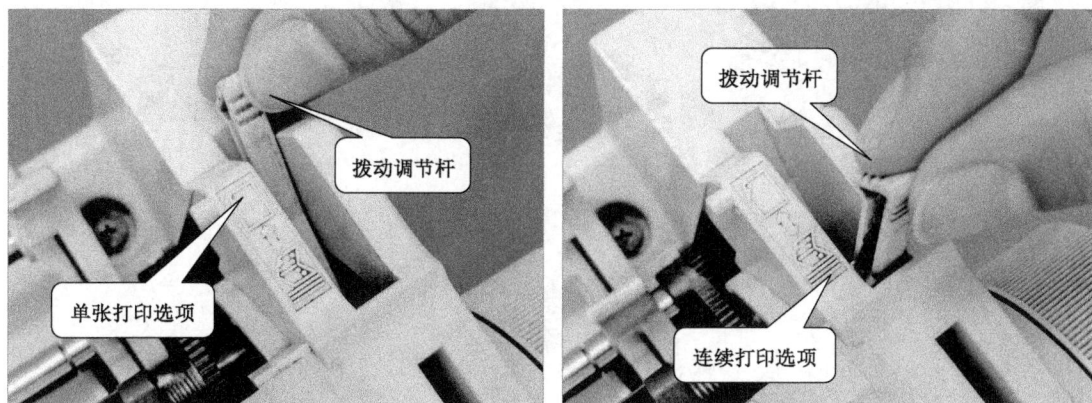

图 6-13　调节纸张设置

（2）纸厚调整的检修

针式打印机可以进行多层打印，纸张层数过多，加上不平整很容易在打印头下方堆积卡纸；这时可以通过适当地调节纸厚调整杆将打印头与压纸辊之间的距离调大，使打印纸张可以无阻碍地输送，如图 6-14 所示。

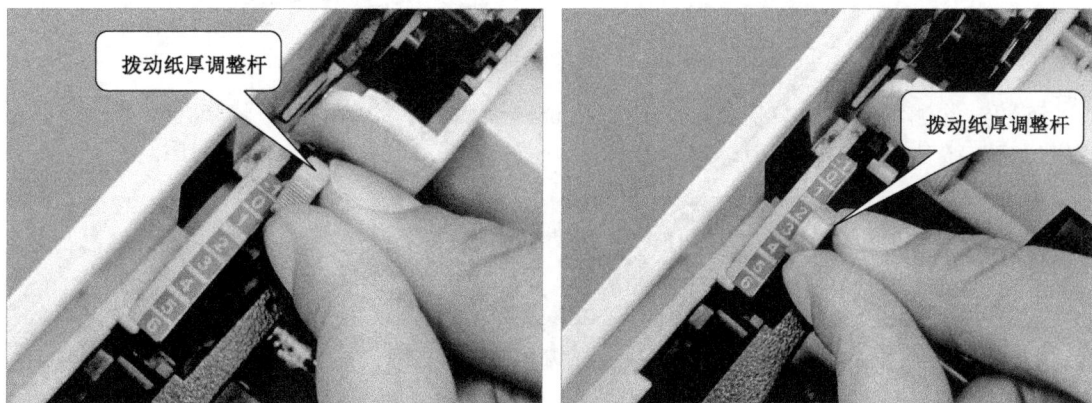

图 6-14　调节纸厚调整杆

纸尽传感器如果出现故障，就无法将检测信号送给控制电路，打印纸就不能送入打印机中了。

【练一练】

对纸尽传感器的具体检测操作如图 6-15 所示。将万用表的表笔分别放在纸尽传感器的两个引脚端处，测得的阻值为∞，纸尽传感器为断开状态；此时拨动纸尽传感器，万用表的指针马上摆动到 0 处，纸尽传感器为导通状态。

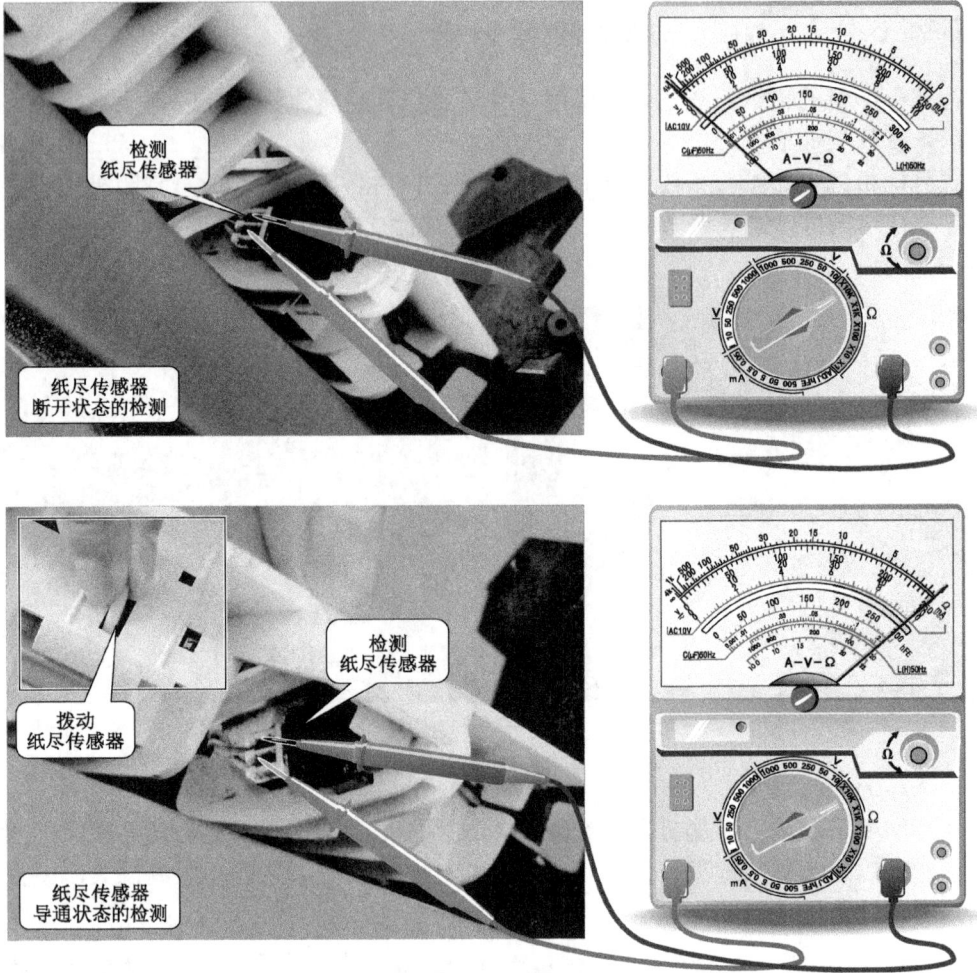

图 6-15　纸尽传感器的检测

　　若通过检测，纸尽传感器良好，还应检查接线插头与控制电路板的插接是否良好，能否将信号正确地传送给控制电路板，如图 6-16 所示。

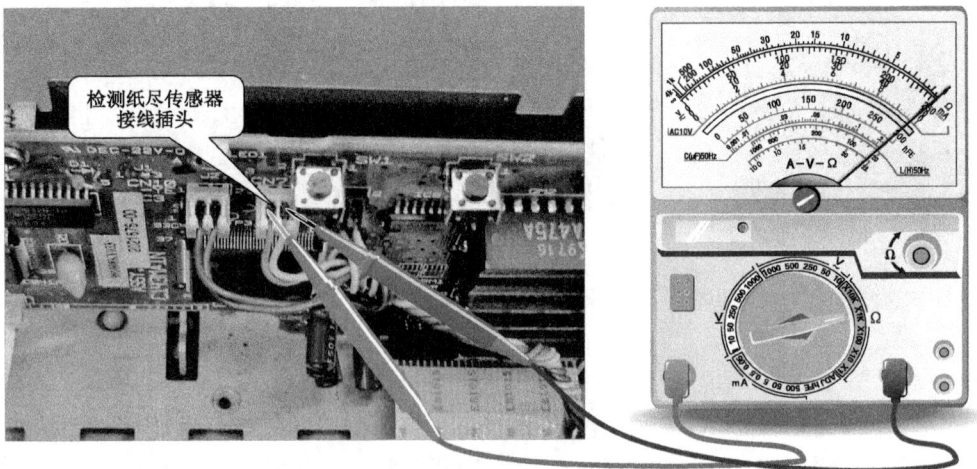

图 6-16　纸尽传感器接线插头的检测

（3）走纸机构的检修

针式打印机的走纸方式有摩擦式和拖纸器两种，可根据需要选择正确的走纸方式。使用拖纸器打印连续纸张时，需要将打印纸上的定位孔与拖纸器上的定位柱安装到位；而使用摩擦式打印单页纸张时，也需要将打印纸安放到位。

检查走纸通道中是否有异物，若发现异物需将其取出。卡在橡皮打印辊下的异物，可通过转动卷轴旋钮将其取出，如图 6-17 所示。

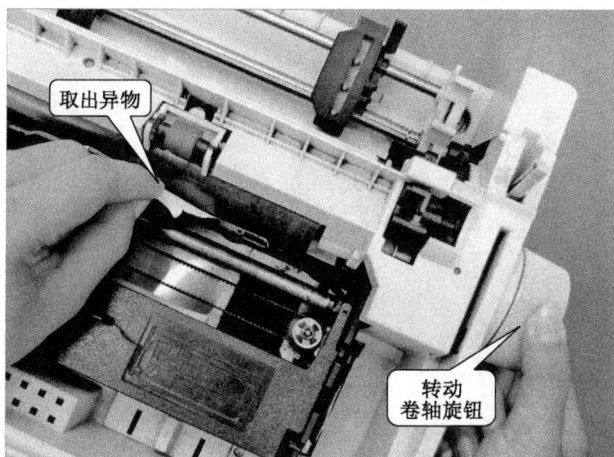

图 6-17　取出异物

走纸驱动电机是走纸机构的核心器件，是控制输纸机构执行各类输纸操作的动力来源。对其进行检测时主要是对其线圈绕组进行检测。

【练一练】

将万用表的表笔分别接在走纸驱动电机的接口端，检测其走纸驱动电机线圈绕组的电阻值，如图 6-18 所示。测得的阻值如表 6-2 所示。若阻值偏差很大，说明走纸驱动电机线圈已损坏，需要对其进行更换。

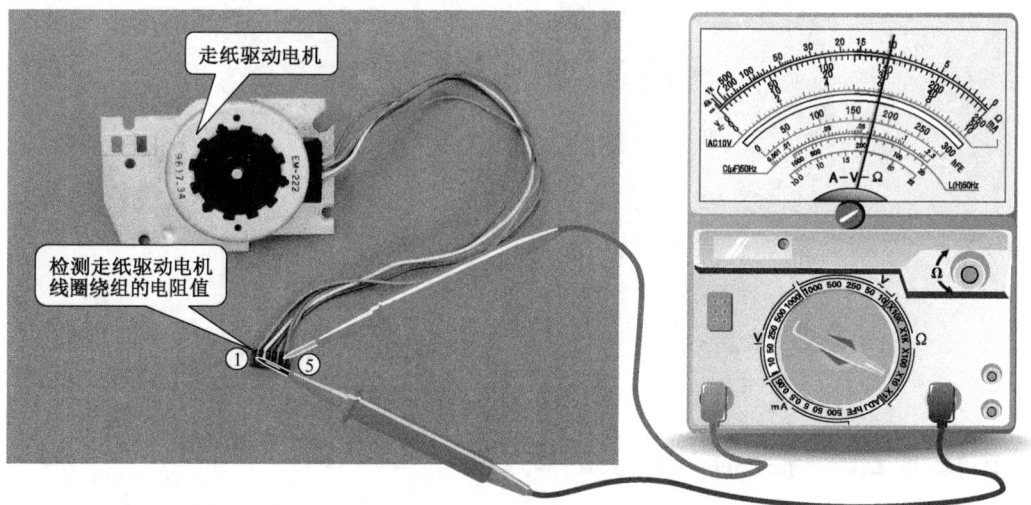

图 6-18　走纸驱动电机的检测

表 6-2　走纸驱动电机线圈绕组阻值

引　　脚	阻　　值	引　　脚	阻　　值	引　　脚	阻　　值	引　　脚	阻　　值
1-2	$10\times10\text{k}\Omega$	1-5	$10\times10\text{k}\Omega$	2-5	$10\times10\text{k}\Omega$	4-5	$10\times10\text{k}\Omega$
1-3	$4.5\times10\text{k}\Omega$	2-3	$4.5\times10\text{k}\Omega$	3-4	$4.5\times10\text{k}\Omega$		
1-4	$10\times10\text{k}\Omega$	2-4	$10\times10\text{k}\Omega$	3-5	$4.5\times10\text{k}\Omega$		

　　检查传动齿轮组件是否有接触不良和因齿轮长时间工作出现磨损等现象，如图 6-19 所示。

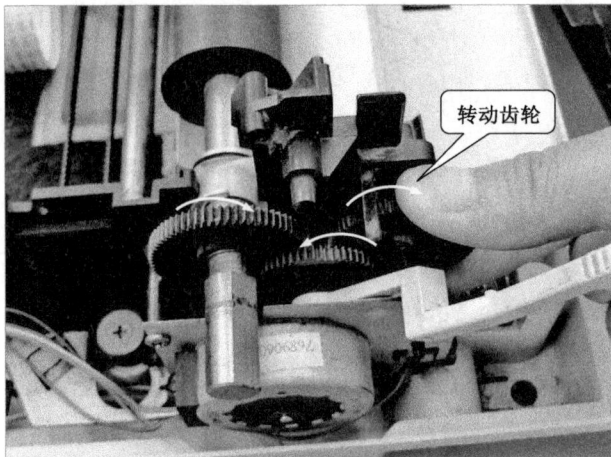

图 6-19　检查传动齿轮组件

（4）字车的检测

检查字车来回移动是否正常，如图 6-20 所示。

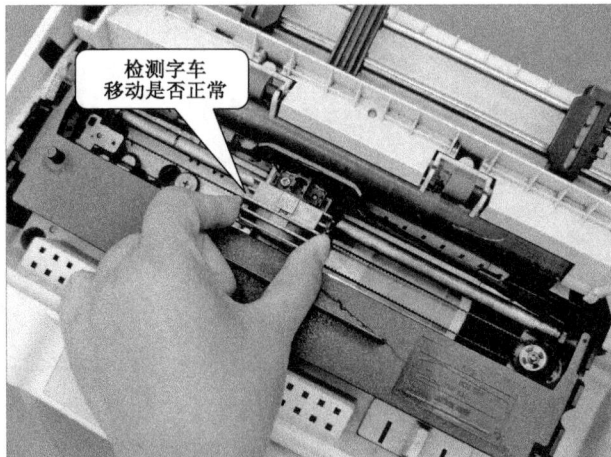

图 6-20　检查字车移动是否正常

技能训练 6.2.3　控制电路的检修方法

　　检修控制电路系统时，主要检查其各组成部分是否出现故障，以排除控制电路系统的故障点。

（1）微动开关的故障检修

控制电路板上采用的是有 2 个引脚的微动开关，对其进行检测时，应对其引脚进行检测，如图 6-21 所示为微动开关的实物及其引脚。

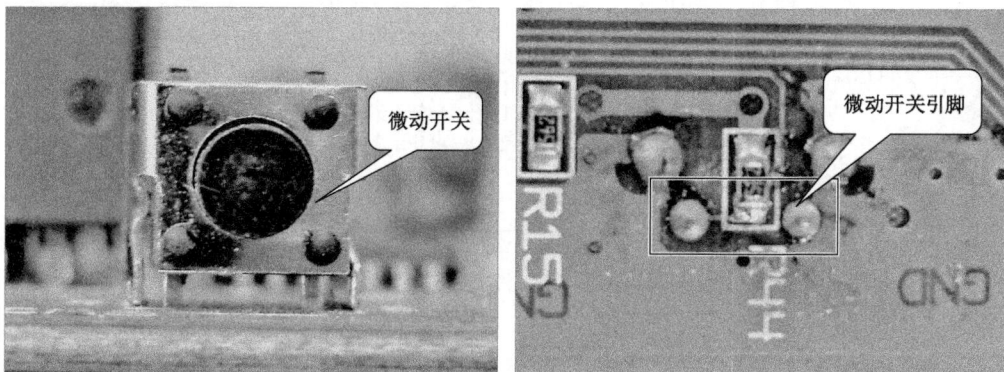

图 6-21　微动开关实物及其引脚

【练一练】

将万用表的两只表笔分别接在微动开关的两个引脚端，测得的阻值为∞，微动开关为断开状态；此时按动微动开关的按钮，万用表的指针马上摆动到 0 处，微动开关为导通状态，如图 6-22 所示。

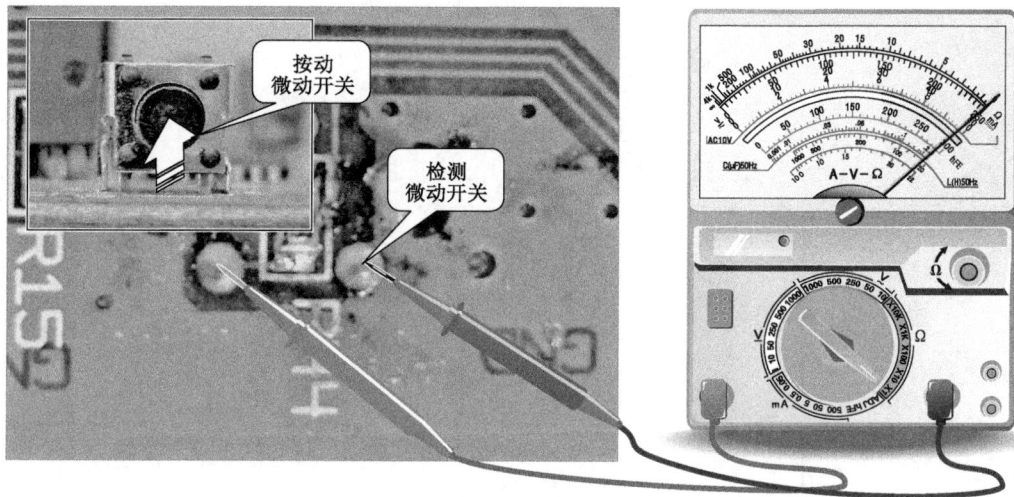

图 6-22　微动开关的检测

（2）控制电路板芯片的故障检修

对控制电路板芯片的检测，主要是利用万用表检测接口端各引脚的对地阻值。

【练一练】

以主控微处理器芯片（IC1）为例，该芯片型号为 TMP90C041AF，共有 64 个引脚，采用贴装方式。如图 6-23、6-24 所示分别为该芯片的内部功能和引脚排列。具体检测如图 6-25 所示，各引脚对地检测值如表 6-3 所示。

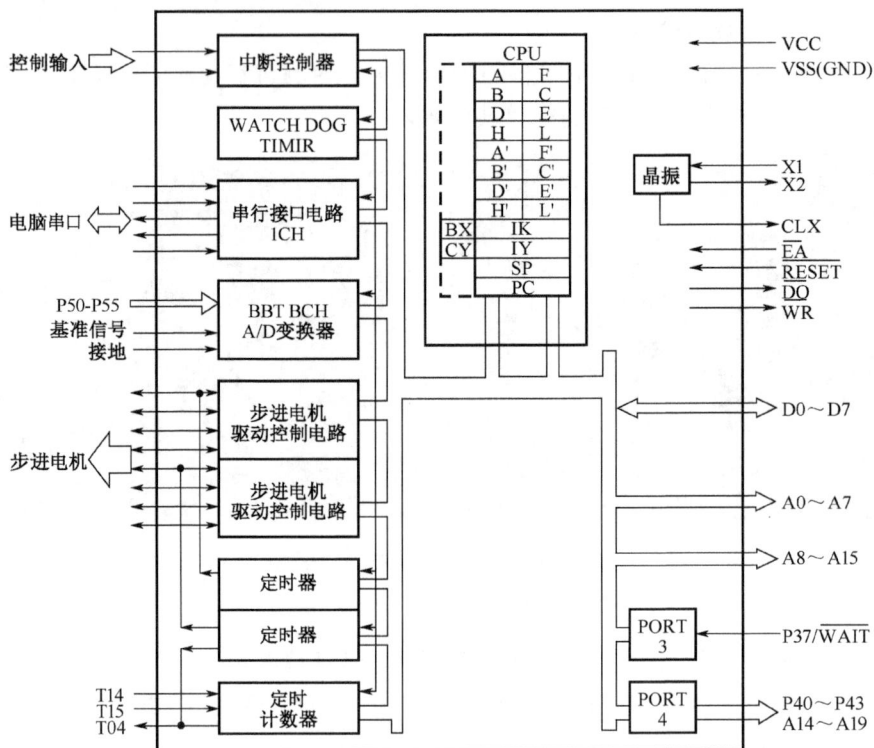

图 6-23　针式打印机的内部功能

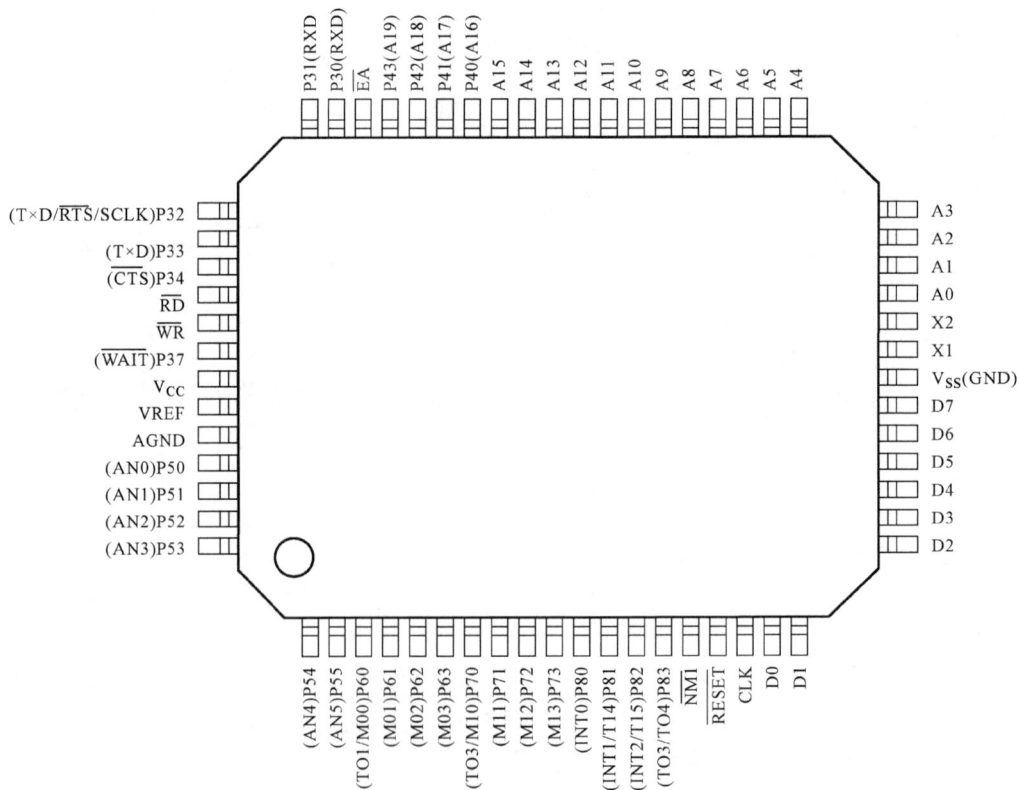

图 6-24　针式打印机的引脚排列

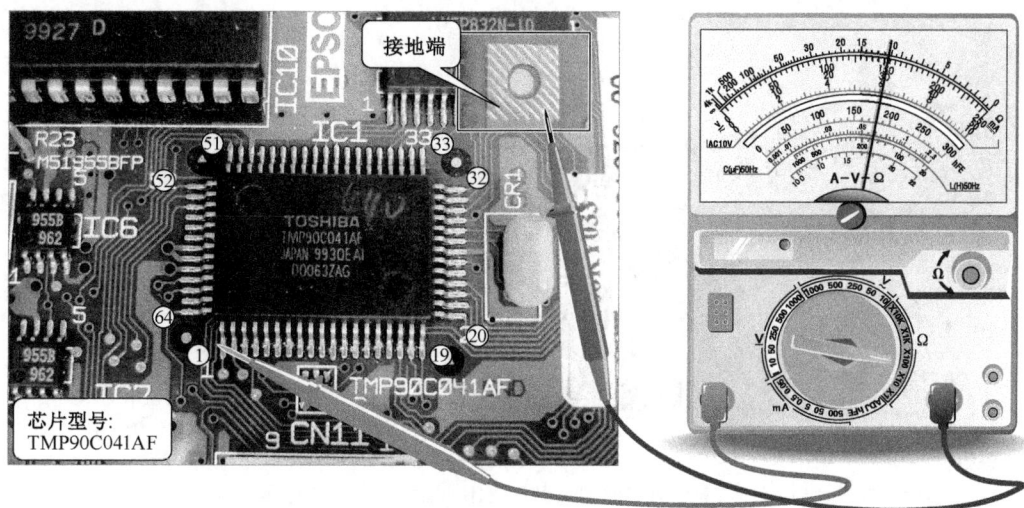

图 6-25　主控制芯片（IC1）对地阻值的检测

表 6-3　主控制芯片（IC1）对地阻值

引　脚	对 地 阻 值	引　脚	对 地 阻 值	引　脚	对 地 阻 值	引　脚	对 地 阻 值
1	$10.4 \times 100\Omega$	17	$10 \times 100\Omega$	33	$7.5 \times 100\Omega$	49	$0 \times 100\Omega$
2	$10.5 \times 100\Omega$	18	$4 \times 100\Omega$	34	$7.5 \times 100\Omega$	50	$10 \times 100\Omega$
3	$7.6 \times 100\Omega$	19	$4 \times 100\Omega$	35	$7.5 \times 100\Omega$	51	$10.4 \times 100\Omega$
4	$7.6 \times 100\Omega$	20	$4 \times 100\Omega$	36	$7.5 \times 100\Omega$	52	$10 \times 100\Omega$
5	$7.6 \times 100\Omega$	21	$4 \times 100\Omega$	37	$7.5 \times 100\Omega$	53	$10 \times 100\Omega$
6	$7.6 \times 100\Omega$	22	$4 \times 100\Omega$	38	$7.5 \times 100\Omega$	54	$10 \times 100\Omega$
7	$11 \times 100\Omega$	23	$4 \times 100\Omega$	39	$7.5 \times 100\Omega$	55	$7.5 \times 100\Omega$
8	$11 \times 100\Omega$	24	$4 \times 100\Omega$	40	$7.5 \times 100\Omega$	56	$7.5 \times 100\Omega$
9	$11 \times 100\Omega$	25	$4 \times 100\Omega$	41	$7.5 \times 100\Omega$	57	$7.5 \times 100\Omega$
10	$10.6 \times 100\Omega$	26	$0 \times 100\Omega$	42	$7.5 \times 100\Omega$	58	$3.5 \times 100\Omega$
11	$7.6 \times 100\Omega$	27	$10.4 \times 100\Omega$	43	$7.5 \times 100\Omega$	59	$3.5 \times 100\Omega$
12	$7.6 \times 100\Omega$	28	$10.4 \times 100\Omega$	44	$7.5 \times 100\Omega$	60	$0 \times 100\Omega$
13	$7.6 \times 100\Omega$	29	$7.5 \times 100\Omega$	45	$7.5 \times 100\Omega$	61	$10 \times 100\Omega$
14	$7.6 \times 100\Omega$	30	$7.5 \times 100\Omega$	46	$7.5 \times 100\Omega$	62	$9 \times 100\Omega$
15	$10 \times 100\Omega$	31	$7.5 \times 100\Omega$	47	$7.5 \times 100\Omega$	63	$10.4 \times 100\Omega$
16	$7.4 \times 100\Omega$	32	$9.4 \times 100\Omega$	48	$7.5 \times 100\Omega$	64	$10.4 \times 100\Omega$

【练一练】

如图 6-26 所示为打印存储器芯片（IC10）对地阻值的检测方法，该芯片型号为 M80B13PA，共有 32 个引脚，引脚对地阻值如表 6-4 所示。

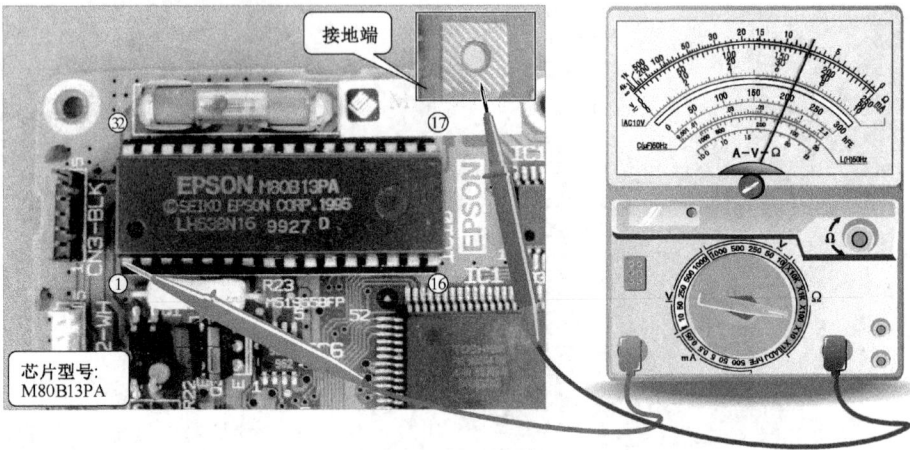

图 6-26　打印存储器芯片（IC10）对地阻值的检测

表 6-4　打印存储器芯片（IC10）对地阻值

引　脚	对 地 阻 值	引　脚	对 地 阻 值	引　脚	对 地 阻 值	引　脚	对 地 阻 值
1	$7.5×100Ω$	9	$9.5×100Ω$	17	$4×100Ω$	25	$7.5×100Ω$
2	$7.5×100Ω$	10	$7.5×100Ω$	18	$4×100Ω$	26	$7.5×100Ω$
3	$7.5×100Ω$	11	$7.5×100Ω$	19	$4×100Ω$	27	$7.5×100Ω$
4	$7.5×100Ω$	12	$7.5×100Ω$	20	$4×100Ω$	28	$7.5×100Ω$
5	$7.5×100Ω$	13	$4×100Ω$	21	$4×100Ω$	29	$7.5×100Ω$
6	$7.5×100Ω$	14	$4×100Ω$	22	$7.6×100Ω$	30	$7.5×100Ω$
7	$7.5×100Ω$	15	$4×100Ω$	23	$7.5×100Ω$	31	$7.5×100Ω$
8	$7.5×100Ω$	16	$0×100Ω$	24	$7.5×100Ω$	32	$3.5×100Ω$

（3）接口的故障检修

对接口部位的检测，主要可以通过万用表检测接口端各引脚的对地阻值。

【练一练】

以接口电路数据线接口端 CN1 为例，具体检测操作如图 6-27 所示。各引脚对地检测值如表 6-5 所示。

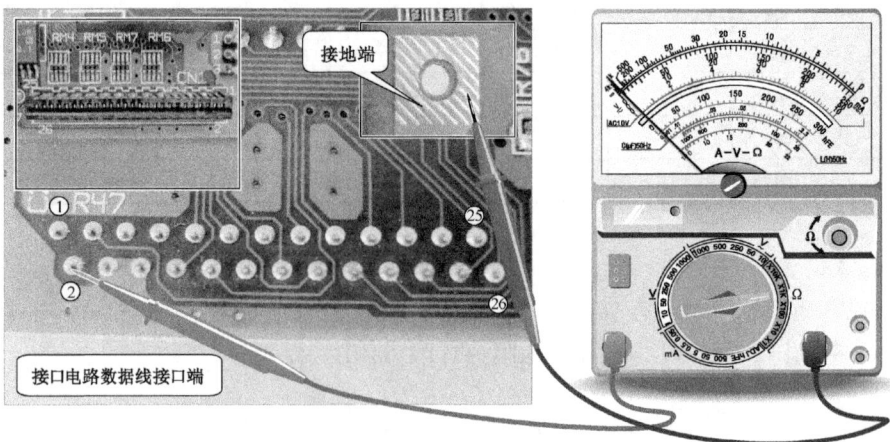

图 6-27　接口电路数据线接口端（CN1）的检测

表 6-5　接口电路数据线接口端（CN1）对地阻值

引脚	对地阻值	引脚	对地阻值	引脚	对地阻值	引脚	对地阻值
1	3.7×1kΩ	8	4×1kΩ	15	2.5×1kΩ	22	4×1kΩ
2	∞	9	4.5×1kΩ	16	4×1kΩ	23	4×1kΩ
3	8.9×1kΩ	10	2.5×1kΩ	17	2.5×1kΩ	24	4×1kΩ
4	0×1kΩ	11	4×1kΩ	18	4×1kΩ	25	4×1kΩ
5	4×1kΩ	12	4×1kΩ	19	2.5×1kΩ	26	4×1kΩ
6	0×1kΩ	13	2.5×1kΩ	20	4×1kΩ		
7	∞	14	4×1kΩ	21	4×1kΩ		

【练一练】

如图 6-28 所示为电源电路供电接口（CN4）的检测方法，主要检测其对地阻值是否正常，检测值如表 6-6 所示。

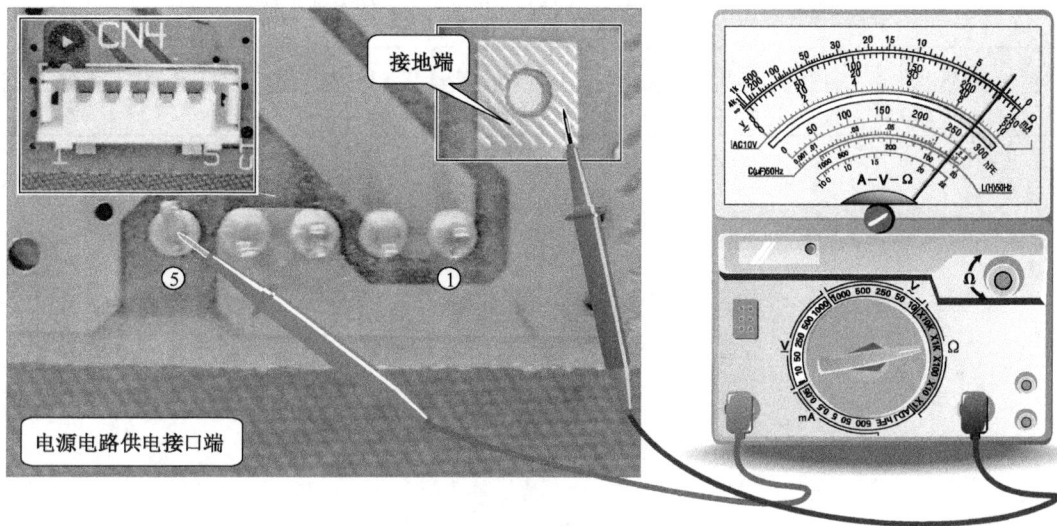

图 6-28　电源电路供电接口（CN4）的检测

表 6-6　电源电路供电接口（CN4）的对地阻值

引　脚	对地阻值	引　脚	对地阻值	引　脚	对地阻值	引　脚	对地阻值	引　脚	对地阻值
1	6.1×1kΩ	2	6.1×1kΩ	3	0×1kΩ	4	0×1kΩ	5	2.4×1kΩ

【练一练】

如图 6-29 所示为字车驱动电机连接线接口（CN2）的检测方法，主要检测其对地阻值是否正常，检测值如表 6-7 所示。

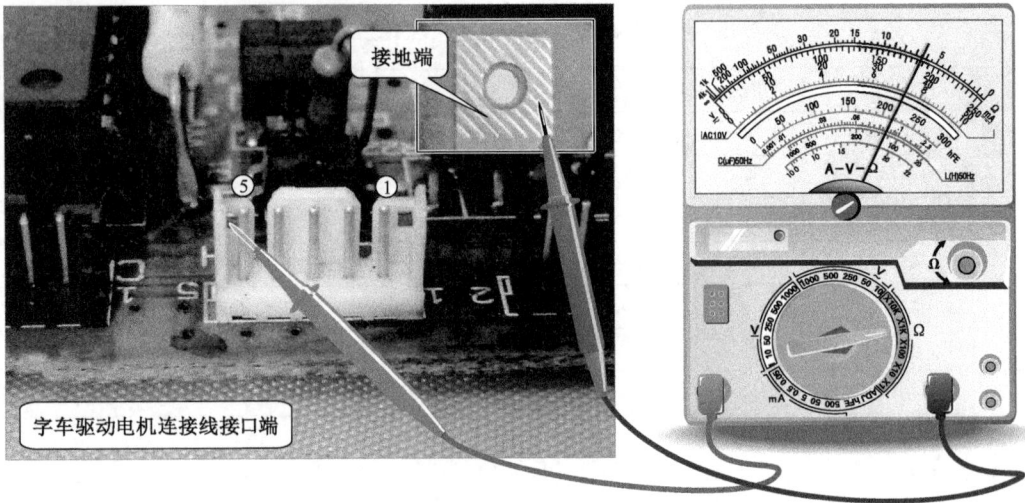

图 6-29　字车驱动电机连接线接口（CN2）的检测

表 6-7　走纸驱动电机连接线接口（CN2）的对地阻值

引　脚	对地阻值	引　脚	对地阻值	引　脚	对地阻值	引　脚	对地阻值	引　脚	对地阻值
1	$6.5×1kΩ$	2	$6.5×1kΩ$	3	$6×1kΩ$	4	$6.5×1kΩ$	5	$6.5×1kΩ$

项目七

掌握喷墨打印机维修与维护技能

在该项目中，我们要熟悉喷墨打印机的故障特点，了解喷墨打印机的故障检修基本流程。然后结合对实际样机的检测操作演示，着重训练喷墨打印机故障检修的基本方法。

任务模块 7.1 了解喷墨打印机的故障特点和检修流程

知识讲解 7.1.1 了解喷墨打印机的故障特点

喷墨打印机在使用过程中，经常会出现各种各样的故障现象，如打印系统故障、输纸系统故障、电路系统故障等。

（1）打印系统故障特点

喷墨打印机打印系统的故障特点主要表现为打印质量下降，如不喷墨或喷墨不顺畅、计算机提示用户墨水用尽、图文模糊发虚、墨色淡、缺少笔画或断线、小面积图文丢失、出现细小的横向条纹、出现脏污或拖尾现象、喷墨头堵塞、字车运行异常、发出提示报警声等。如图 7-1 所示为打印品质下降的故障特点。

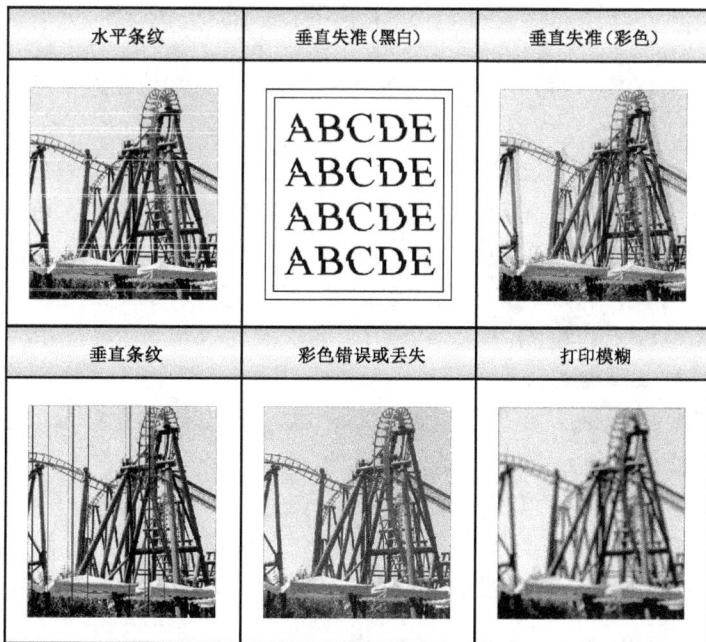

图 7-1 打印品质下降的故障特点

打印涂污	小面积图文丢失（彩色）	小面积图文丢失（黑白）
		ABCDE ABCDE ABCDE ABCDE

图 7-1　打印品质下降的故障特点（续）

（2）输纸系统故障特点

喷墨打印机输纸系统的故障特点主要表现为谎报缺纸、输纸不畅、不输纸、卡纸、走纸不正等。

（3）电路系统故障特点

喷墨打印机的电路系统包括：操作显示电路、微处理器控制电路和接口电路。

操作显示电路包括控制电路、操作键钮和显示发光二极管，其故障特点主要表现为开机不打印、操作显示失常等。

微处理器控制电路板是整机的核心部件，其故障特点主要表现为开机不打印、打印机整机运行不协调导致卡纸、出现报警声等，严重时还会出现打印乱码。

接口电路主要用于连接外部设备，其故障特点主要表现为打印机无法开机工作、打印机电源指示灯不亮、计算机主机与打印机之间的数据传输出现阻碍、计算机下达打印指令后打印机不打印等。

知识讲解 7.1.2　了解喷墨打印机的基本检修流程

当喷墨打印机出现故障时，应根据其故障特点判断引发故障的原因，根据故障原因进行检修。

（1）打印系统的故障检修流程

喷墨打印机打印系统主要包括打印装置、字车装置和供墨装置；其中打印装置主要由喷墨头和墨盒两部分构成，字车装置主要由字车、字车初始位置传感器、字车驱动电机、传动皮带、导轨等构成，供墨装置主要由泵组件、打印头清洁器等构成。如图 7-2 所示为喷墨打印机打印系统检修流程图。

（2）输纸系统的故障检修流程

喷墨打印机的输纸系统主要包括走纸驱动电机、搓纸辊、出纸辊、出纸轮等部分。如图 7-3 所示为喷墨打印机输纸系统的检修流程图。

（3）电路系统的故障检修流程

喷墨打印机的电路系统出现故障时，应分别对三块电路板进行检测，即操作显示电路板、微处理器控制电路板、接口电路板。如图 7-4 所示为喷墨打印机电路系统的故障检修流程图。

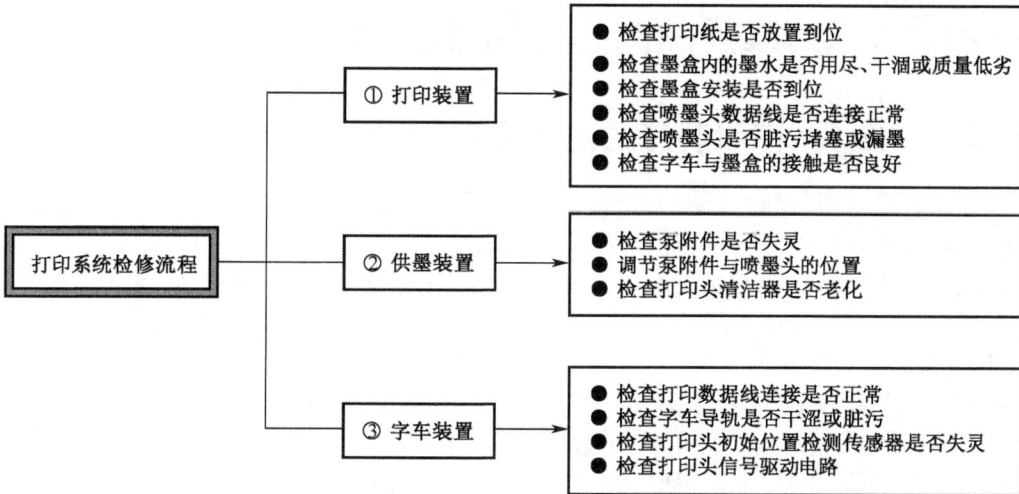

图 7-2 喷墨打印机打印系统检修流程图

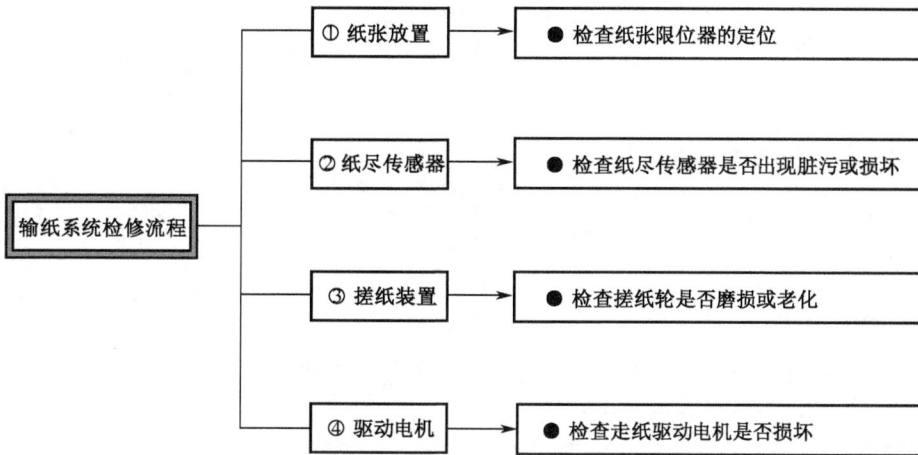

打印系统检修流程
- ① 打印装置
  - 检查打印纸是否放置到位
  - 检查墨盒内的墨水是否用尽、干涸或质量低劣
  - 检查墨盒安装是否到位
  - 检查喷墨头数据线是否连接正常
  - 检查喷墨头是否脏污堵塞或漏墨
  - 检查字车与墨盒的接触是否良好
- ② 供墨装置
  - 检查泵附件是否失灵
  - 调节泵附件与喷墨头的位置
  - 检查打印头清洁器是否老化
- ③ 字车装置
  - 检查打印数据线连接是否正常
  - 检查字车导轨是否干涩或脏污
  - 检查打印头初始位置检测传感器是否失灵
  - 检查打印头信号驱动电路

图 7-3 喷墨打印机输纸系统的检修流程图

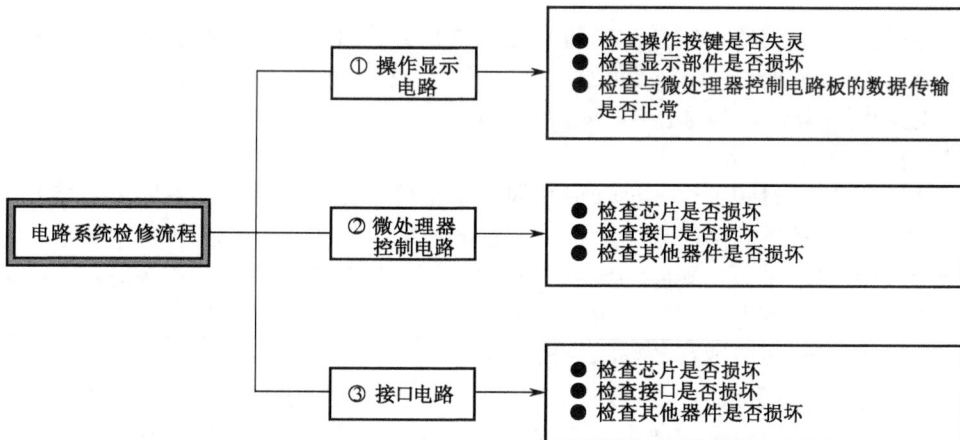

输纸系统检修流程
- ① 纸张放置
  - 检查纸张限位器的定位
- ② 纸尽传感器
  - 检查纸尽传感器是否出现脏污或损坏
- ③ 搓纸装置
  - 检查搓纸轮是否磨损或老化
- ④ 驱动电机
  - 检查走纸驱动电机是否损坏

图 7-4 喷墨打印机电路系统的故障检修流程图

电路系统检修流程
- ① 操作显示电路
  - 检查操作按键是否失灵
  - 检查显示部件是否损坏
  - 检查与微处理器控制电路板的数据传输是否正常
- ② 微处理器控制电路
  - 检查芯片是否损坏
  - 检查接口是否损坏
  - 检查其他器件是否损坏
- ③ 接口电路
  - 检查芯片是否损坏
  - 检查接口是否损坏
  - 检查其他器件是否损坏

任务模块 7.2 掌握喷墨打印机的检修技能

技能训练 7.2.1 打印装置的检修方法

当打印装置出现故障时，应首先检查打印纸张是否放置到位，由于喷墨打印机对打印纸张的要求较高，所以打印时应检查打印纸张是否有问题，而造成打印图文发虚。

纸张检查完毕后，若打印过程中，打印机出现不喷墨或喷墨不畅，应检查墨盒内的油墨是否用尽。

【练一练】

此时可以通过计算机界面打印机属性界面中的设置情况进行检查，单击"打印首选项(I)..."按钮进入"打印机首选项"界面，查看墨盒内的墨水的剩余量。这里"墨水余量"栏显示墨水用完了，需要更换新的墨水盒，如图 7-5 所示。

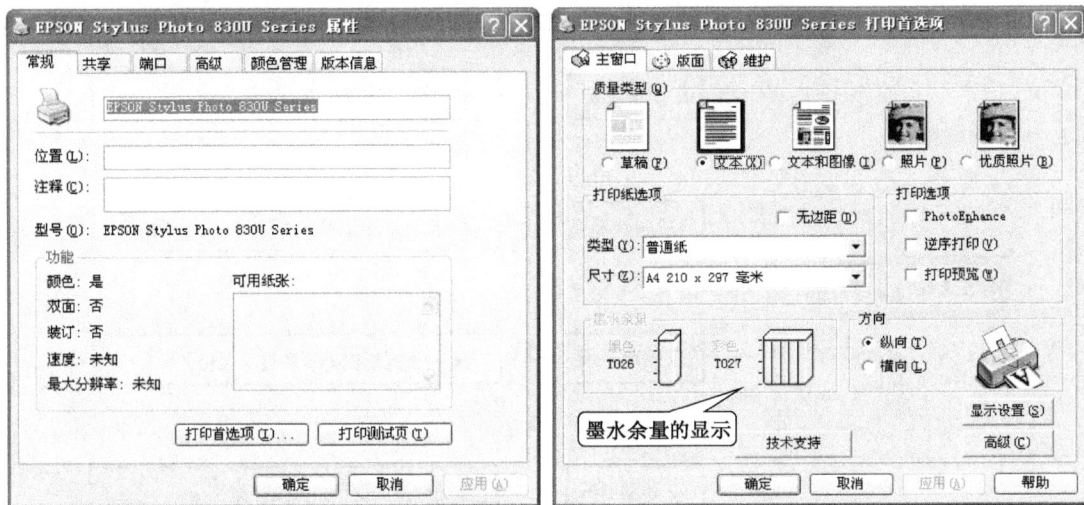

图 7-5 检查墨水剩余量

【注意】

更换墨盒时，一定要将新墨盒安装到位，这是因为打印机都设有自动识别墨盒、墨水自动计量的功能，出现一些误报信息多半是由于墨盒的安装不到位，或是安装方法不规范，导致自动监测程序误测，传递出错误信息。

【提示】

由于打印机的长时间工作，会造成喷墨头数据线与微处理器控制电路的连接松动，此时应将数据线进行重新插接，来排除打印装置的故障，如图 7-6 所示。

打印完成后的纸张上出现脏污或白纸现象，则说明是打印机的喷墨嘴脏污、堵塞或漏墨所造成的，检测时可通过观察喷墨嘴表面是否出现脏污或堵塞现象，这时可通过打印机上盖上的打印头清洁按钮进行喷墨嘴的清洁，如图 7-7 所示。

执行清洗打印头指令后，打印机的清洗机构会自动清洗喷嘴，抽吸喷嘴及其输墨管道内的杂质，当然也会附带吸走较多的墨水，堵墨情况比较严重的可以多次连续重复清洁打印头操作，直至打印品质回复正常。但是弊端同样存在，就是会浪费较多的墨水。对于脏污严重的情况，可使用脱脂棉棒蘸无水酒精轻轻擦拭喷嘴表面，如无法疏通可将喷墨嘴在酒精中浸泡半小时到一个小时再清洗，如图 7-8 所示。

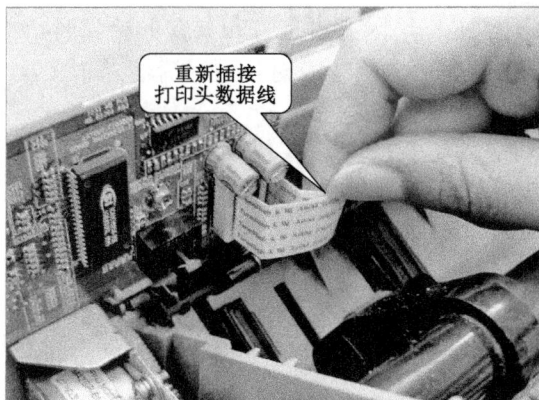

图 7-6　重新插接打印头数据线

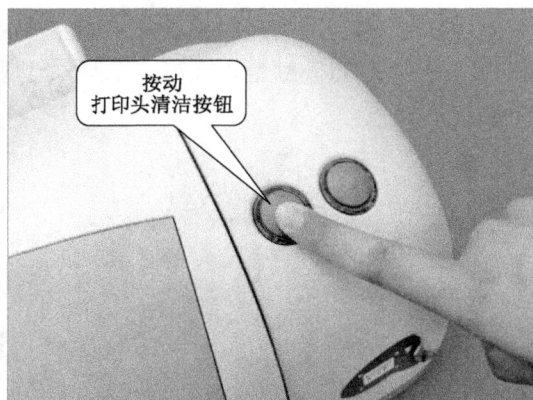

图 7-7　喷墨头的清洁方法

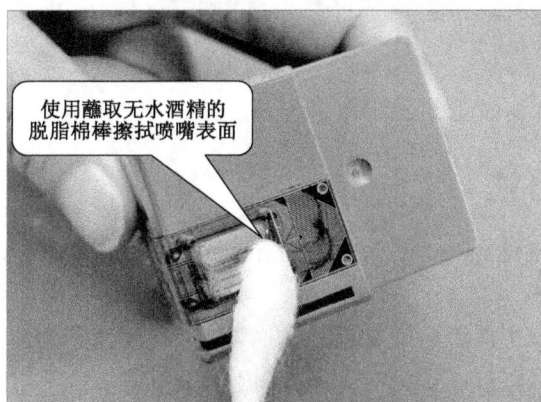

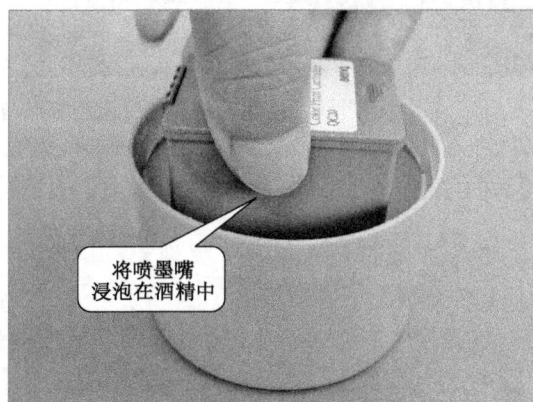

图 7-8　喷墨头的清洁方法

对于堵塞严重的喷墨嘴可使用带有无水酒精的注射器进行喷射冲刷，对喷嘴表面的污物进行强力喷洗，如图 7-9 所示。

将清洁后的喷墨头，用脱脂棉将残留的酒精吸干，也可以使用吹风机吹拂喷嘴，使残留在喷嘴内的酒精彻底挥发。也可以使用纸巾清洁喷嘴周围其他的墨迹，因为墨水是具有导电性的，若漏洒在电路板上，应使用无水酒精擦净、凉干后再通电，否则有可能损坏电路元器件，如图 7-10 所示。

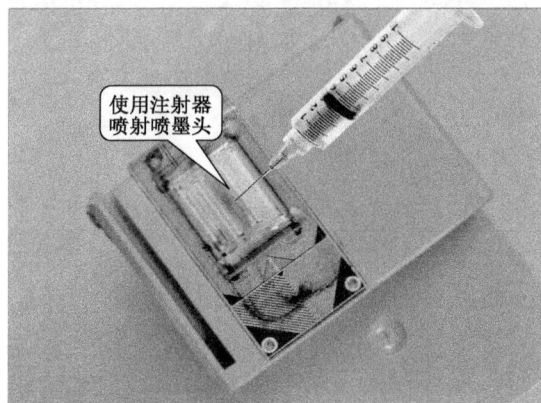

图 7-9　喷墨头的清洁方法

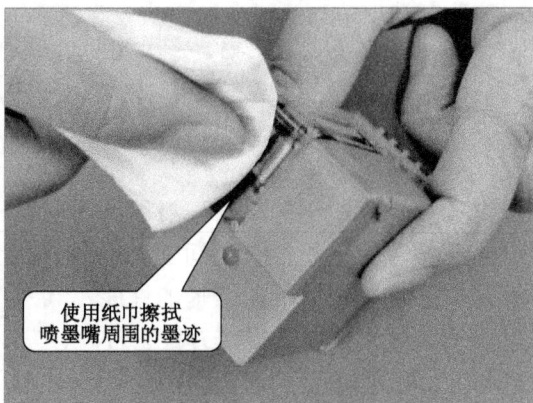

图 7-10　擦拭清洁后的喷墨头

143

字车与墨盒之间的接触直接影响着墨盒的正常工作，因此进行打印装置的检修时，应检查字车与墨盒的接触是否良好，若表面出现明显的脏污现象，应对其进行清洁，如图 7-11 所示。

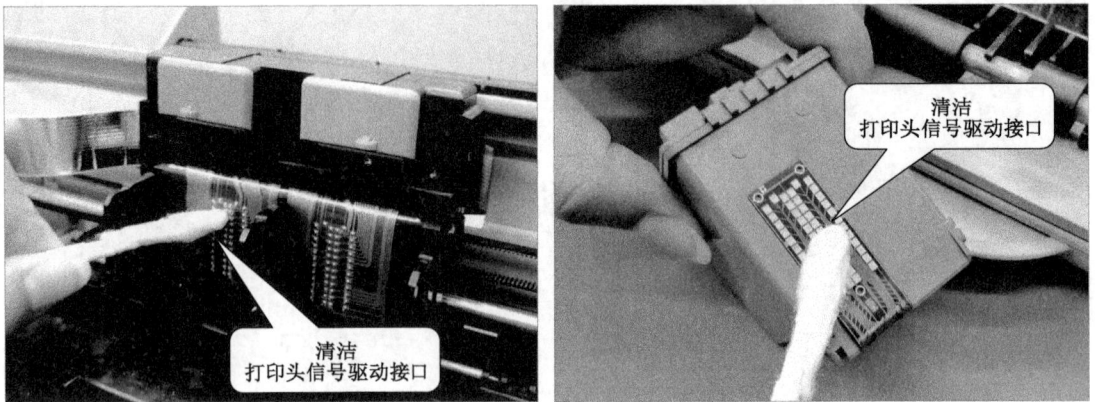

图 7-11　检查字车与墨盒的接触是否良好

技能训练 7.2.2　供墨装置的检修方法

检查泵组件是否出现失灵现象，正常的泵组件应有移动上升的动作。

【练一练】

检查泵组件如图 7-12 所示，用手向左侧拨动泵组件的支杆，这时泵组件应左移上升，直至与上方的喷墨头贴合，松开泵组件的支杆，这时泵组件应向右侧下沉复位，离开喷墨头。若泵组件不能很好地复位，则有可能是复位弹簧故障。

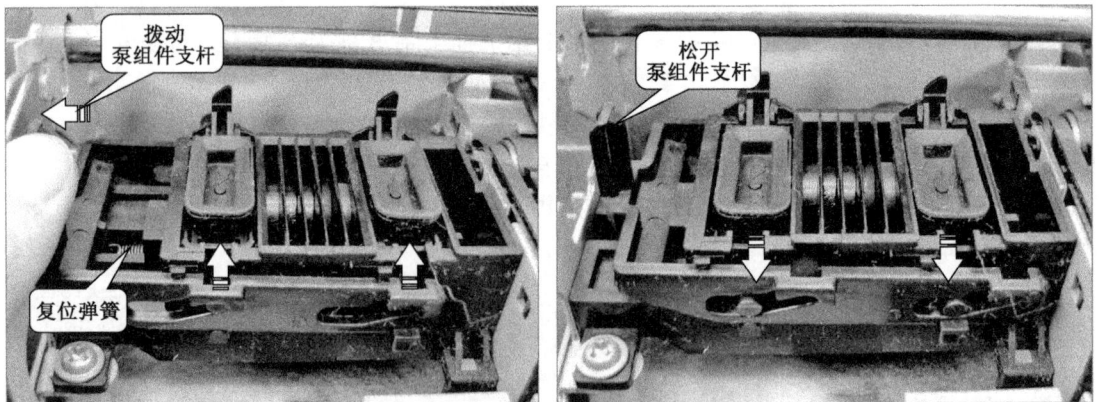

图 7-12　检查泵组件

检查泵组件中央的泵嘴与喷墨嘴的位置是否对应，是否能够良好地与喷墨头贴合。

由于喷墨打印机的长时间工作，泵嘴的性能及气密性会因时间的延长、灰尘及墨水残留凝固物的增加而降低，泵嘴的性能及气密性降低后，会降低打印头的清洁功能，此时，可用注有蒸馏水的注射器进行注射冲刷。

【练一练】

对泵嘴的清洁操作如图 7-13 所示。另外，打印头清洁器是用橡胶制成的，橡胶刷长时间的刷除打印头上的脏污，使用时间过久，容易出现老化现象，这时会出现无法将打印头刷干净的情况，因此，需要对其进行检查，若打印头清洁器的橡胶刷出现老化现象，应对其进行更换，如图 7-14 所示。

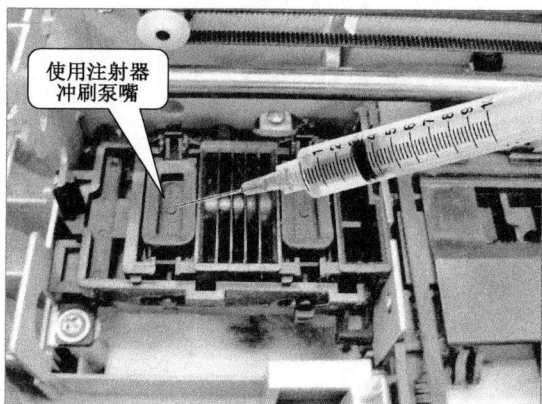

图 7-13　清洁泵嘴

图 7-14　检查打印头清洁器的橡胶刷

检查打印头清洁器是否出现失灵现象，正常的打印头清洁器应有上下移动的动作。

【练一练】

检测打印头清洁器如图 7-15 所示，用手向左侧拨动打印头清洁器，这时打印头清洁器应由上至下移动，松开打印头清洁器，这时打印头清洁器应由下至上复位。若打印头清洁器不能很好地复位，则有可能是复位弹簧故障。

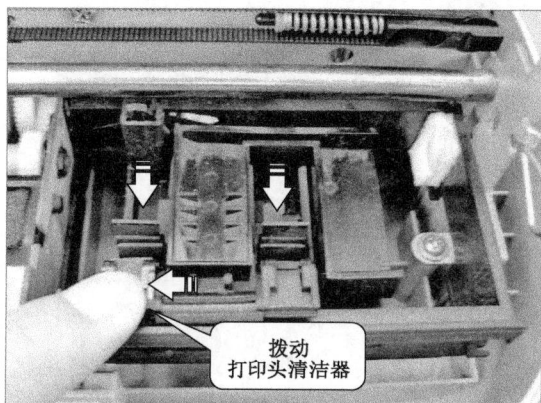

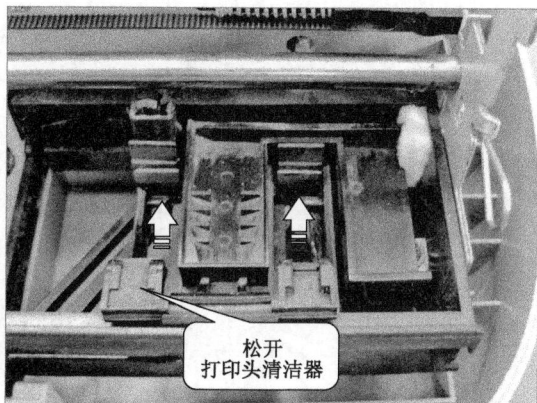

图 7-15　检测打印头清洁器

技能训练 7.2.3　字车装置的检修方法

字车是由字车驱动电机及时传动传动皮带，使其沿导轨来回移动，若导轨表面出现灰尘、油污等会破坏导轨表面的润滑性，增大摩擦力，从而影响了字车的运行。

【练一练】

清洁导轨如图 7-16 所示，应使用浸有无水酒精的软布擦拭清洁导轨，待酒精挥发后，再添加几滴润滑油确保字车在导轨上能够正常的运行工作。

图 7-16　清洁导轨

喷墨打印机 BenQ（CP-20）的字车初始位置传感器是由上盖传感器代替的，位于操作显示电路板上，可在电路板检测时对其进行检测。

喷墨打印机字车的来回运动是依托字车驱动电机的带动，若字车驱动电机损坏，则会直接造成字车不能正常运行，喷墨打印机 BenQ（CP-20）的字车驱动电机有两条驱动导线，使用万用表检测其两引脚之间的阻值为 70Ω 左右，如图 7-17 所示。若阻值偏差很大，则说明字车驱动电机内部绕组可能有断路或短路的情况，电机便不能正常工作。

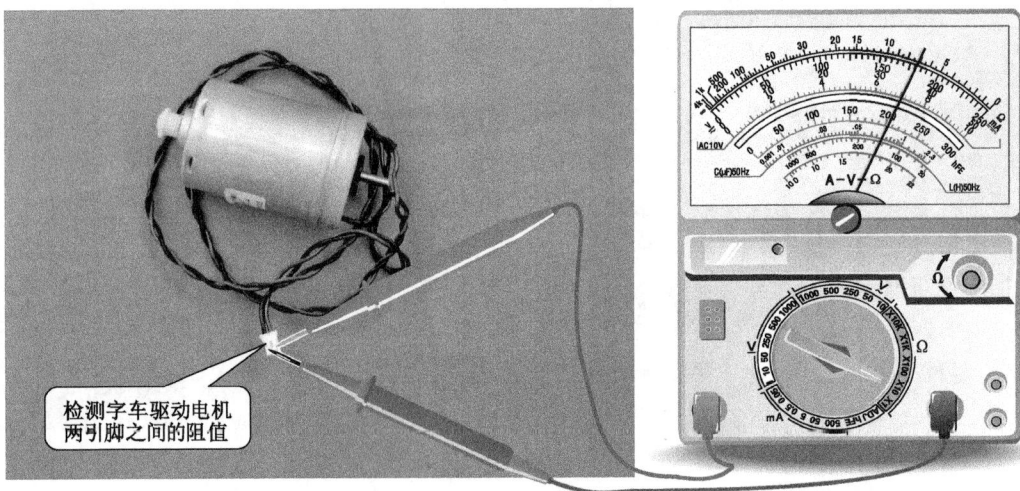

检测字车驱动电机两引脚之间的阻值

图 7-17　字车驱动电机的检测

技能训练 7.2.4　打印头信号驱动电路的检修方法

如图 7-18 所示为打印头信号驱动电路的结构。对打印头信号驱动电路的检查重点要对控制芯片和光电传感器进行检测。

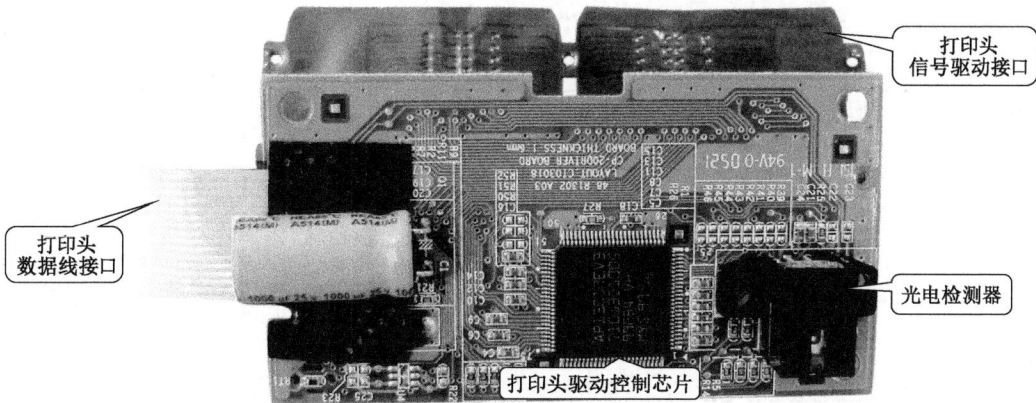

图 7-18 打印头信号驱动电路的结构

（1）控制芯片的检测

【练一练】

如图 7-19 所示为打印头驱动控制芯片（U1）对地阻值的检测方法，该芯片型号为 APL30LREV3，共有 100 个引脚，引脚对地阻值如表 7-1 所示。

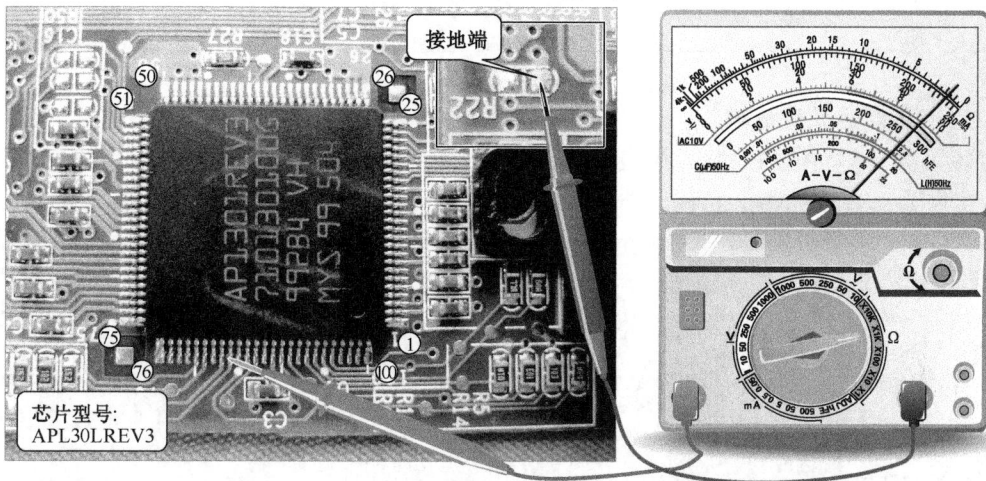

图 7-19 打印头驱动控制芯片（U1）对地阻值的检测

表 7-1 微处理器控制芯片（U1）对地阻值

引 脚	对地阻值	引 脚	对地阻值	引 脚	对地阻值	引 脚	对地阻值
1	8.5×1kΩ	26	0×1kΩ	51	8.2×1kΩ	76	0×1kΩ
2	5×1kΩ	27	0×1kΩ	52	8.3×1kΩ	77	0×1kΩ
3	5×1kΩ	28	0×1kΩ	53	8.3×1kΩ	78	0×1kΩ
4	8.2×1kΩ	29	9×1kΩ	54	8.2×1kΩ	79	0×1kΩ
5	5×1kΩ	30	0×1kΩ	55	8.2×1kΩ	80	1.6×1kΩ
6	8.2×1kΩ	31	9×1kΩ	56	5×1kΩ	81	0.6×1kΩ
7	8.2×1kΩ	32	5.6×1kΩ	57	8.1×1kΩ	82	1.6×1kΩ
8	5×1kΩ	33	9×1kΩ	58	8.1×1kΩ	83	0.6×1kΩ
9	8.2×1kΩ	34	9×1kΩ	59	5×1kΩ	84	1.6×1kΩ

147

引　脚	对地阻值	引　脚	对地阻值	引　脚	对地阻值	引　脚	对地阻值
10	8.2×1kΩ	35	9×1kΩ	60	8.1×1kΩ	85	0×1kΩ
11	5×1kΩ	36	9×1kΩ	61	8.1×1kΩ	86	0.4×1kΩ
12	8.2×1kΩ	37	9×1kΩ	62	5×1kΩ	87	6.9×1kΩ
13	8.2×1kΩ	38	0.6×1kΩ	63	8.1×1kΩ	88	0×1kΩ
14	5×1kΩ	39	0×1kΩ	64	8.1×1kΩ	89	0.6×1kΩ
15	8.2×1kΩ	40	9×1kΩ	65	5×1kΩ	90	6.6×1kΩ
16	8.2×1kΩ	41	9×1kΩ	66	8.1×1kΩ	91	5.4×1kΩ
17	5×1kΩ	42	9×1kΩ	67	8.1×1kΩ	92	0×1kΩ
18	8.2×1kΩ	43	9×1kΩ	68	5×1kΩ	93	0.6×1kΩ
19	8.2×1kΩ	44	9×1kΩ	69	8.1×1kΩ	94	0.4×1kΩ
20	8.2×1kΩ	45	9×1kΩ	70	8.1×1kΩ	95	0.5×1kΩ
21	8.2×1kΩ	46	0×1kΩ	71	5×1kΩ	96	8.6×1kΩ
22	8.2×1kΩ	47	0×1kΩ	72	8.1×1kΩ	97	8.9×1kΩ
23	8.2×1kΩ	48	0×1kΩ	73	8.1×1kΩ	98	0×1kΩ
24	8.2×1kΩ	49	0×1kΩ	74	5×1kΩ	99	0×1kΩ
25	8.2×1kΩ	50	0×1kΩ	75	8.1×1kΩ	100	0×1kΩ

（2）光电传感器的检测

打印头信号驱动电路上带有光电检测器，用于检测字车运动的速度和方向，其内部结构是由一个发光二极管和两个光敏晶体管构成，如图 7-20 所示为光电检测器的实物及其引脚。

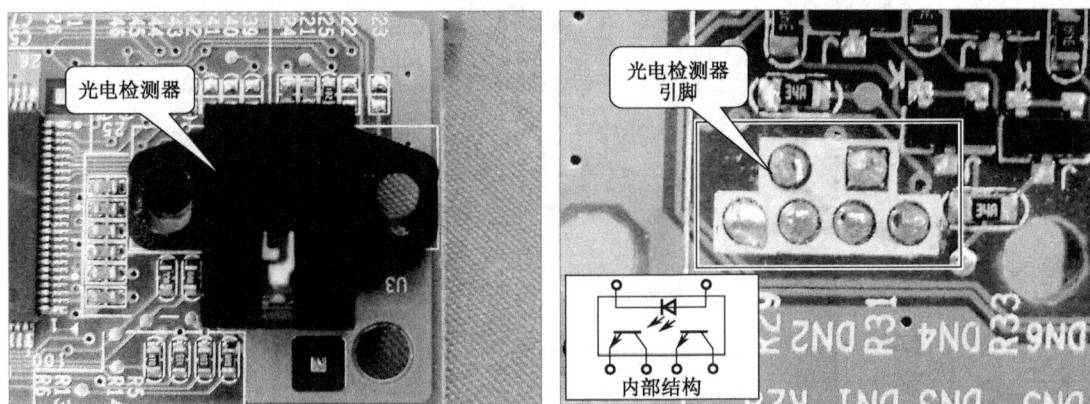

图 7-20　光电检测器的实物及其引脚

【练一练】

对光电检测器进行检测时，应依次对其内部的发光二极管和光敏晶体管进行检测，如图 7-21 所示，使用万用表检测发光二极管的正反向阻值。

如图 7-22 所示是使用万用表分别检测光电感应器内部的两个晶体管的正反向阻值，由于是在路检测，测得的阻值与实际阻值有所偏差，若想更准确地测量光电感应器的阻值，可将其卸下进行检测。

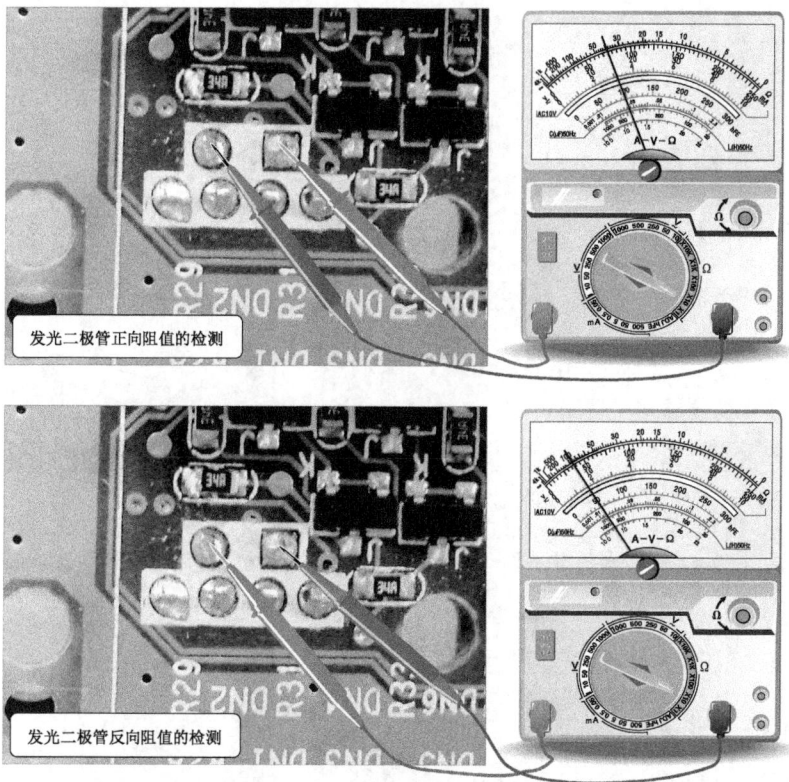

发光二极管正向阻值的检测

发光二极管反向阻值的检测

图 7-21　检测光电检测器内部的发光二极管

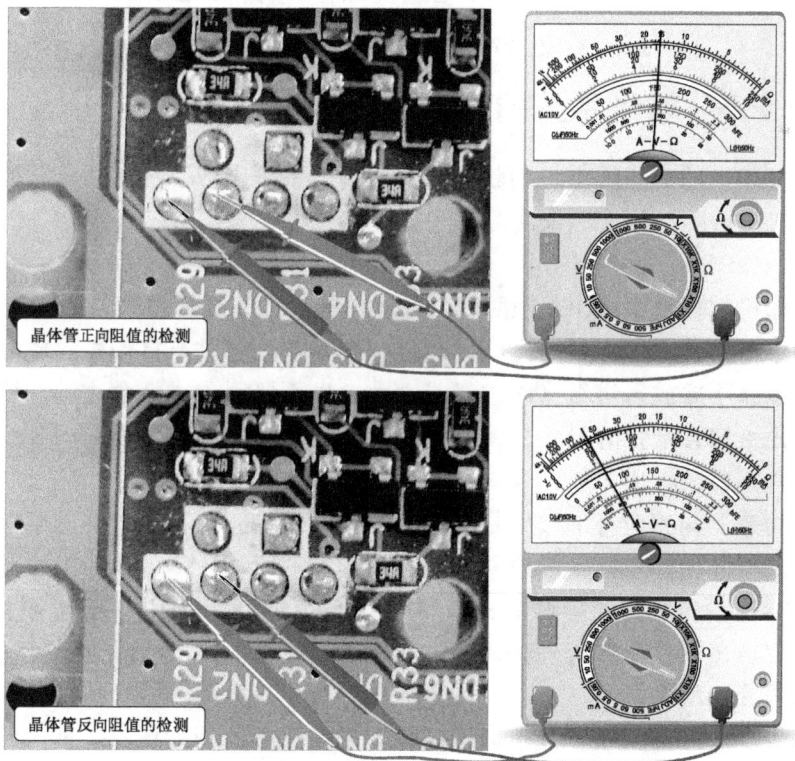

晶体管正向阻值的检测

晶体管反向阻值的检测

图 7-22　检测光电检测器内部的晶体管

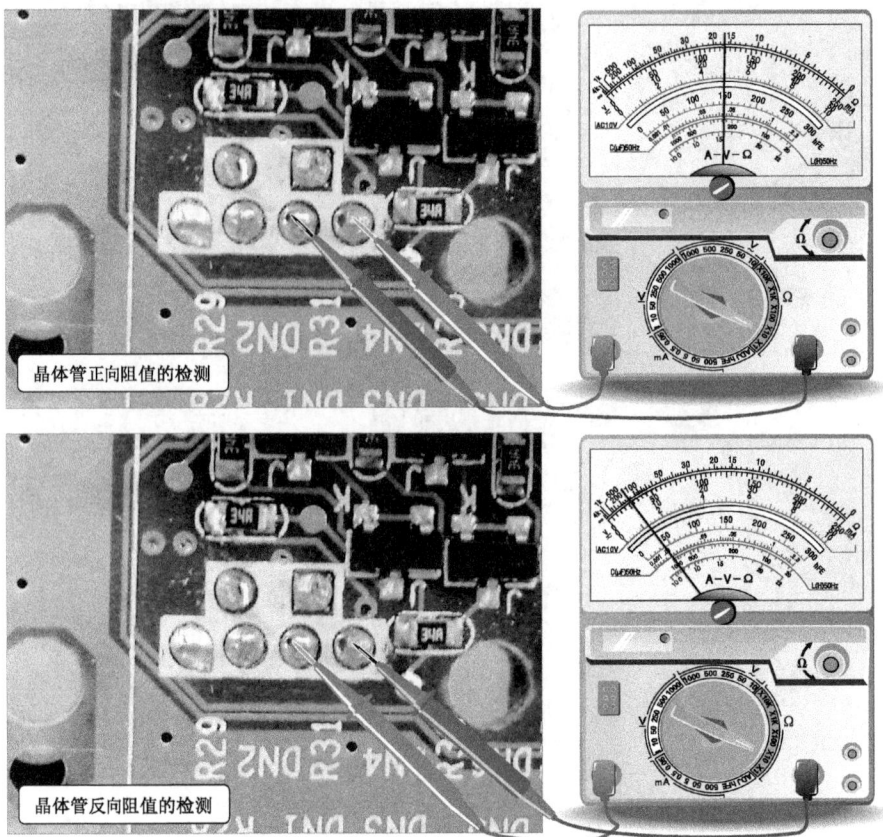

晶体管正向阻值的检测

晶体管反向阻值的检测

图 7-22　检测光电检测器内部的晶体管（续）

技能训练 7.2.5　输纸系统的检修方法

根据喷墨打印机的故障现象，判断打印机的输纸系统出现了故障，此时应根据喷墨打印机的输纸系统的故障检修流程依次对其进行检修。

（1）纸张的检测

当喷墨打印机的输纸系统出现故障时，应首先检查打印纸是否放置到位，通常情况下，喷墨打印机的进纸方式采用上位式进纸，即打印纸张从上部进入打印机。放置打印纸张时应注意，打印纸张不要放入进纸盒内过多或过少，也不要插入进纸盒过深，检查纸张限位器的定位情况是否符合纸张的尺寸，以避免打印纸张走歪。

（2）纸尽传感器的检测

检测纸尽传感器与感应杆的接触是否良好，通过拨动感应杆，检测其感应杆的复位弹簧是否良好，是否能使感应杆良好地复位，如图 7-23 所示。

若纸尽传感器与感应杆的接触良好，应检测纸尽传感器是否失灵，喷墨打印机 BenQ（CP-20）的纸尽传感器位于微处理器控制电路板上，可在电路板检测时对其进行检测。

（3）搓纸装置的检测

搓纸辊由于长时间的使用，会造成搓纸辊表面老化、磨损的现象，检修时可通过用手转动搓纸辊联动轴观察搓纸辊、转动齿轮等是否协作正常，如图 7-24 所示。

图 7-23　检测纸尽传感器与感应杆的接触

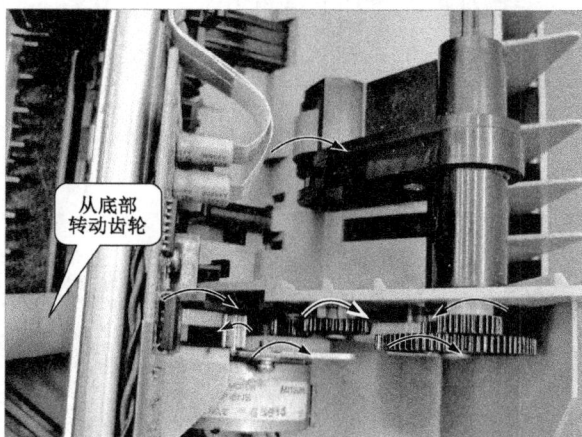

图 7-24　检查搓纸装置

（4）走纸驱动电机的检测

走纸驱动电机是带动转动齿轮转动而使打印纸移动的动力来源，该电机损坏直接影响到整个输纸系统的正常运行。

【练一练】

走纸驱动电机的检测如图 7-25 所示，走纸驱动电机外接 4 条信号线，对其进行检测时，分别检测走纸驱动电机的 4 个引脚之间的阻值，检测值如表 7-2 所示。

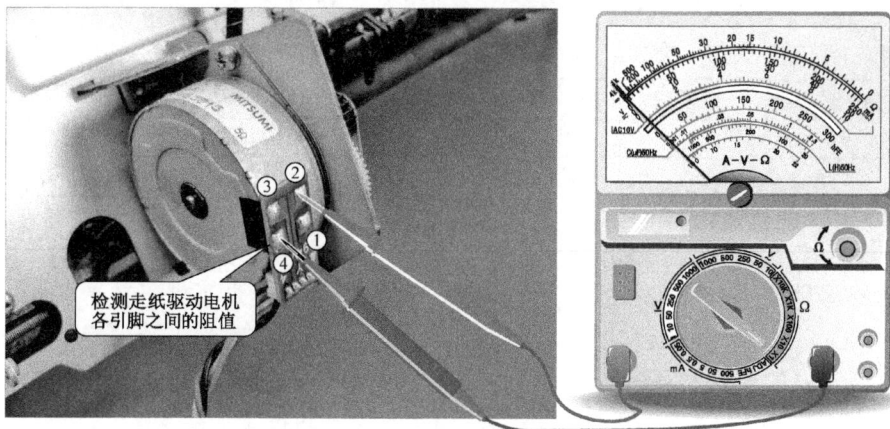

图 7-25　走纸驱动电机的检测

表 7-2　走纸驱动电机引脚之间的阻值

引　脚	对 地 阻 值	引　脚	对 地 阻 值	引　脚	对 地 阻 值	引　脚	对 地 阻 值
1-2	$4\times1\Omega$	1-3	∞	1-4	∞	2-3	∞
2-4	∞	3-4	$4\times1\Omega$				

技能训练 7.2.6　操作显示电路的检修方法

检修操作显示电路系统时，主要检查其各组成部分是否出现故障，以排除操作显示电路系统的故障点。

（1）微处理器控制电路接口的检测

操作显示电路板通过与微处理器控制电路的接口，将人工指令传送给微处理器控制电路，来完成打印操作。

【练一练】

如图 7-26 所示为微处理器控制电路接口的检测方法，主要检测其对地阻值是否正常，检测值如表 7-3 所示。

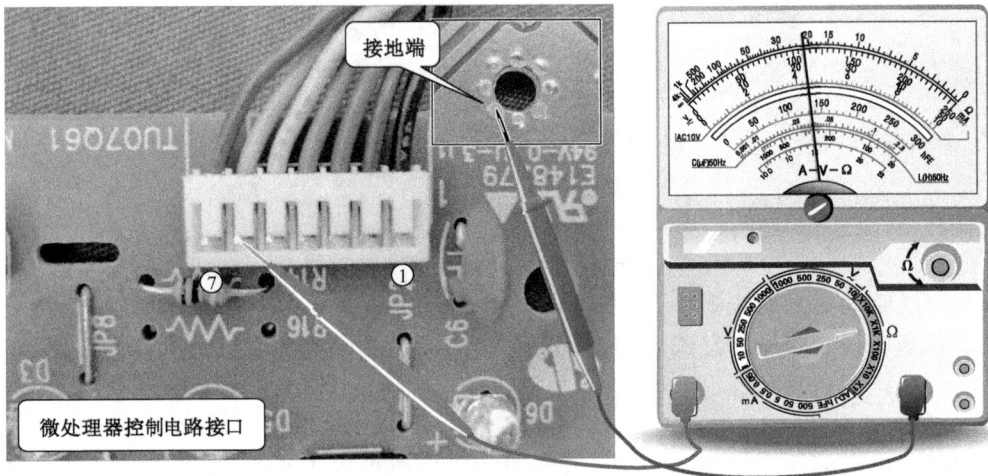

图 7-26　微处理器控制电路接口的检测方法

表 7-3　微处理器控制电路接口对地阻值

引　脚	对 地 阻 值	引　脚	对 地 阻 值	引　脚	对 地 阻 值	引　脚	对 地 阻 值
1	$0\times1k\Omega$	3	$8\times1k\Omega$	5	$3.5\times1k\Omega$	7	$22\times1k\Omega$
2	∞	4	$8\times1k\Omega$	6	$22\times1k\Omega$		

（2）上盖传感器的检测

上盖传感器用来感应打印机的上盖的状态，在打印过程中是否处于盖上的状态，在喷墨打印机 BenQ（CP-20）的操作显示电路板上采用的上盖传感器为光耦传感器，如图 7-27 所示为上盖传感器的实物及其引脚。

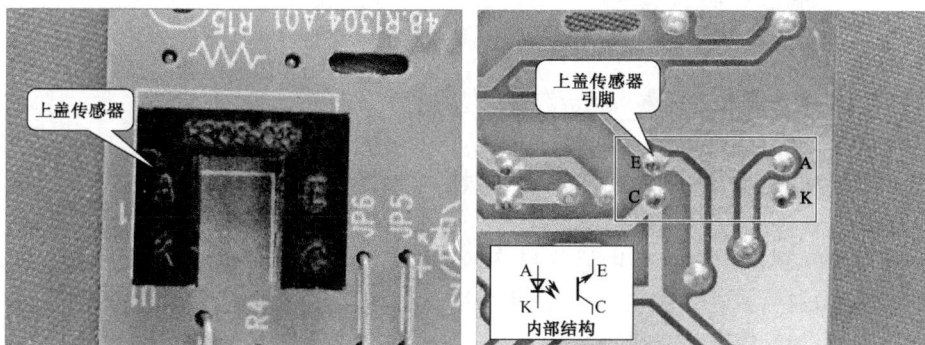

图 7-27 上盖传感器的实物及其引脚

【练一练】

对上盖传感器进行检测时，分别检测发射端和接收端的正反向阻值，如图 7-28 所示，检测上盖传感器的发射端，正向阻抗为 $22×1\text{ k}\Omega$，反向阻值为无穷。

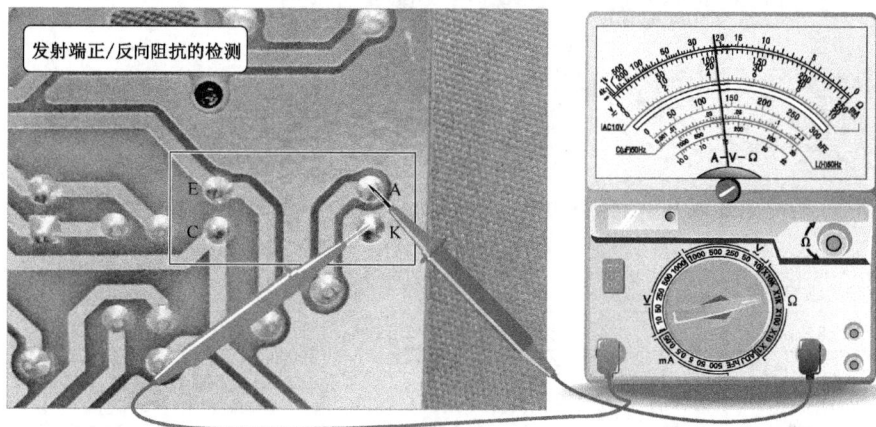

图 7-28 上盖传感器发射端的在路检测

上盖传感器接收端的在路检测如图 7-29 所示，检测上盖传感器接收端，正向阻抗为无穷，反向阻值为 $32×1\text{k}\Omega$，由于是在路检测，测量结果只能作为参考，如怀疑光耦传感器损坏，应对其进行开路检测，以进一步判断故障点。

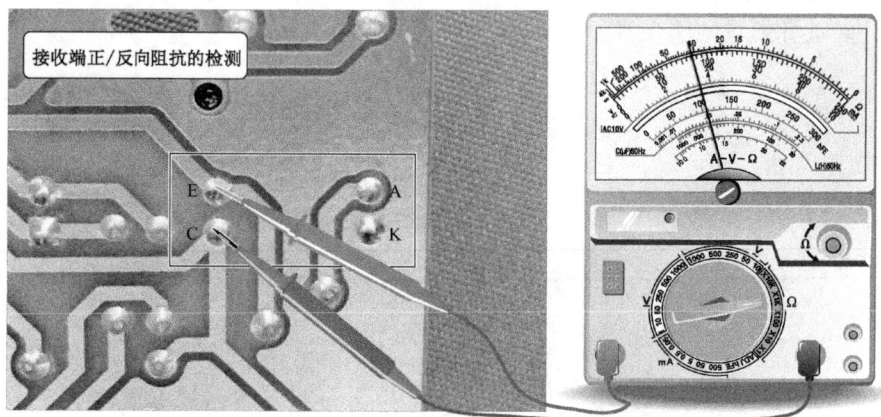

图 7-29 上盖传感器接收端的在路检测

技能训练 7.2.7　接口电路的检修方法

检修接口电路系统时，除检测线路连接是否良好外，主要需检查其各驱动芯片和接口是否出现故障。

通常，对芯片的检测可通过万用表检测其各引脚对地阻值来进行判别。

【练一练】

以驱动芯片为例，如图 7-30 所示为字车驱动电机集成电路（U1）对地阻值的检测方法，该芯片型号为 LB219，共有 24 个引脚，引脚对地阻值如表 7-4 所示。

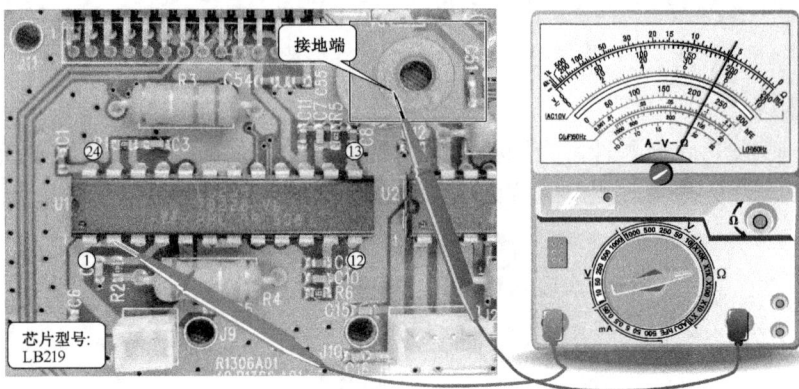

图 7-30　字车驱动电机集成电路（U1）对地阻值的检测

表 7-4　字车驱动电机集成电路（U1）对地阻值

引　脚	对 地 阻 值	引　脚	对 地 阻 值	引　脚	对 地 阻 值	引　脚	对 地 阻 值
1	5.8×1kΩ	7	0×1kΩ	13	1×1kΩ	19	0×1kΩ
2	5.8×1kΩ	8	7.6×1kΩ	14	7.5×1kΩ	20	7.5×1kΩ
3	0×1kΩ	9	7.6×1kΩ	15	1×1kΩ	21	5.6×1kΩ
4	1×1kΩ	10	8×1kΩ	16	8×1kΩ	22	1×1kΩ
5	5.8×1kΩ	11	1×1kΩ	17	7.5×1kΩ	23	0×1kΩ
6	0×1kΩ	12	7.5×1kΩ	18	0×1kΩ	24	5×1kΩ

【练一练】

如图 7-31 所示为电源供电控制芯片（U3）对地阻值的检测方法，该芯片型号为 Ob3AB，共有 8 个引脚，引脚对地阻值如表 7-5 所示。

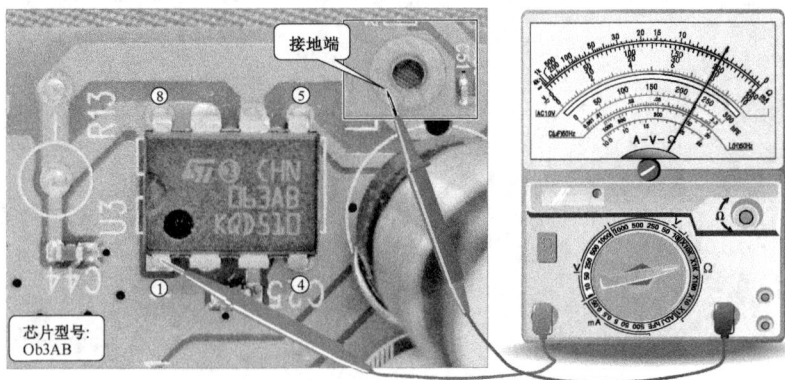

图 7-31　电源供电控制芯片（U3）对地阻值的检测

表 7-5　电源供电控制芯片（U3）对地阻值

引　脚	对 地 阻 值	引　脚	对 地 阻 值	引　脚	对 地 阻 值	引　脚	对 地 阻 值
1	$5 \times 1k\Omega$	3	$7.5 \times 1k\Omega$	5	$1 \times 1k\Omega$	7	$5 \times 1k\Omega$
2	$9 \times 1k\Omega$	4	$0 \times 1k\Omega$	6	$5 \times 1k\Omega$	8	$5 \times 1k\Omega$

【练一练】

如图 7-32 所示为微处理器控制电路接口端（J11）的检测方法，主要检测其对地阻值是否正常，检测值如表 7-6 所示。

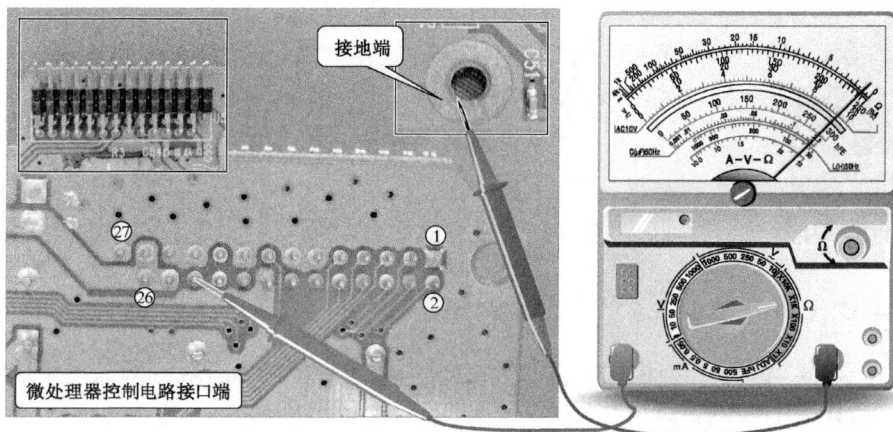

图 7-32　微处理器控制电路接口端（J11）的检测

表 7-6　微处理器控制电路接口端（J11）的对地阻值

引　脚	对 地 阻 值	引　脚	对 地 阻 值	引　脚	对 地 阻 值	引　脚	对 地 阻 值
1	$0 \times 1k\Omega$	8	$8 \times 1k\Omega$	15	$7.5 \times 1k\Omega$	22	$1 \times 1k\Omega$
2	$8 \times 1k\Omega$	9	$8 \times 1k\Omega$	16	$0 \times 1k\Omega$	23	$0 \times 1k\Omega$
3	$8 \times 1k\Omega$	10	$7.5 \times 1k\Omega$	17	$0 \times 1k\Omega$	24	$1 \times 1k\Omega$
4	$8 \times 1k\Omega$	11	$0 \times 1k\Omega$	18	∞	25	$1 \times 1k\Omega$
5	$8.2 \times 1k\Omega$	12	∞	19	∞	26	$1 \times 1k\Omega$
6	$8 \times 1k\Omega$	13	$0 \times 1k\Omega$	20	$1 \times 1k\Omega$	27	$0 \times 1k\Omega$
7	$8 \times 1k\Omega$	14	∞	21	$0 \times 1k\Omega$	28	空脚

项目八

掌握激光打印机维修与维护技能

在该项目中，我们要熟悉激光打印机的故障特点，了解激光打印机的故障检修基本流程。然后结合对实际样机的检测操作演示，着重训练激光打印机故障检修的基本方法。

任务模块 8.1　了解激光打印机的故障特点和检修流程

知识讲解 8.1.1　了解激光打印机的故障特点

激光打印机其功能单一，但由于其使用的频率非常高，经常出现打印品质下降、卡纸、字符图形缺陷甚至不打印等故障。

（1）激光系统的故障特点

激光系统是将计算机传来的数据信号转换成激光束，并对感光鼓扫描，进行图像的显影和打印。如果激光系统出现故障，将导致打印品质下降，主要表现为打印纸带有竖直黑条和黑线、竖直白线、水平黑带、黑/白点、图像太浅、图像变黑、密度不均、打印有背景、重影、页面正面有污点、页面背面有污点、打印空白页、定影差、打印模糊、图像失真等故障，如图 8-1 所示。

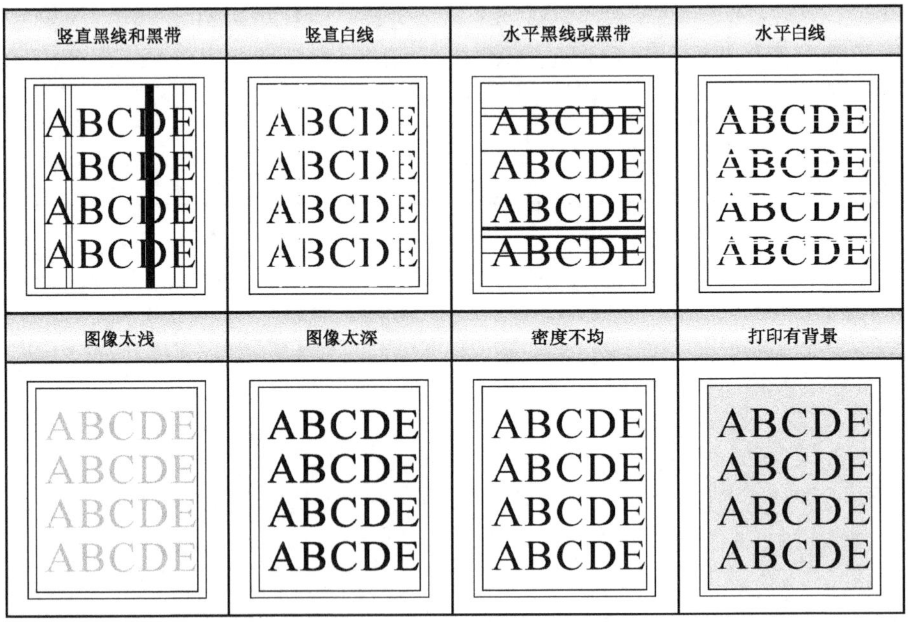

图 8-1　激光打印机的故障特点

重影	页面正面有污点	页面背面有污点	按固定间隔重复出现缺陷
ABCDE ABCDE ABCDE ABCDE	ABCDE ABCDE ABCDE ABCDE	AB ABCDE ABCDE ABCDE	A·BCDE A·BCDE A·BCDE A·BCDE
打印图像全黑	打印图像全白	图像失真	定影差
		ABCDE ABCDE ABCDE ABCDE	ABCDE ABCDE ABCDE ABCDE

图 8-1　激光打印机的故障特点（续）

（2）显影系统故障特点

显影系统主要功能是将激光系统射出的激光束在感光鼓上呈像、显影并转印到打印纸张，实现成像转印功能。如果显影系统出现故障，将导致打印纸有斑点、图像有大面积墨迹、宽度不一的黑色条纹，图像过浅或不清等故障。

（3）定影系统故障特点

定影系统是将墨粉图像固化在打印纸上的重要部件，也是激光打印机的最后一道工序。若定影系统出现故障，通常会引起打印纸张墨迹不牢、字迹不清、卡纸等故障。

（4）输纸系统故障特点

输纸系统是传送打印纸的主要部件，若输纸系统出现故障，往往导致激光打印机卡纸、纸张褶皱或输送多张打印纸、纸张折角、撕裂，甚至不走纸等故障。

（5）系统控制故障特点

激光打印机的系统控制主要包括：微处理器控制电路、电源和高压电路、接口电路等三大部分。

微处理器控制电路是激光打印机的核心部件，计算机的数据信号和打印指令是通过微处理器电路发送指令对打印机各部件进行控制，微处理器电路在工作时还需要随时了解其他部件的工作状态，如走纸系统不走纸激光打印机会自动停止打印，并有相应的指示灯进行指示。若微处理器电路出现故障，往往会引起激光打印机不工作或工作失常。

接口电路是实现激光打印机与计算机等其他外围设备的连接端，如果接口电路出现故障，将导致激光打印机无法接收计算机传输的数据，即无法实现打印功能。

激光打印机的电源电路与高压电路通常在一块电路板上，220V市电输入电源电路后经过整流滤波为激光打印机的各部分提供直流电压，或是经过高压电路形成显影系统需要的高压电压。若电源电路出现故障，激光打印机会出现整机工作失常或完全不能工作的情况。

知识讲解 8.1.2 了解激光打印机的基本检修流程

当激光打印机出现故障时，应根据其故障特点判断所引发故障原因的范围，根据故障原因查找故障点，对激光打印机进行检修。

（1）激光扫描系统故障检修流程

激光打印机的激光扫描系统主要由激光发射器、扫描器、同步器、光学系统，以及相应的电路等部分构成，如图 8-2 所示，为激光打印机激光系统的故障检修流程。

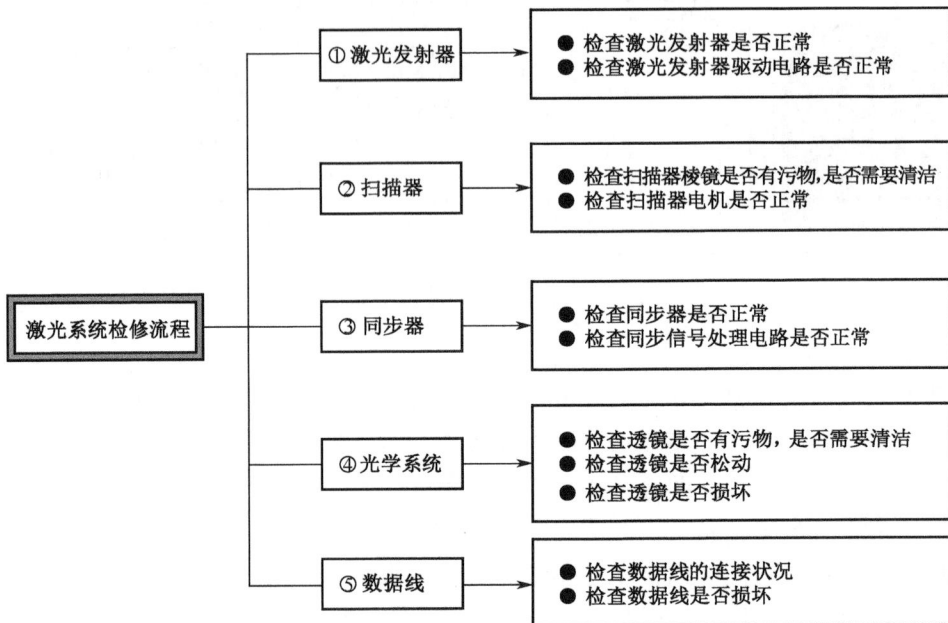

图 8-2　激光打印机激光系统的故障检修流程

（2）显影系统故障检修流程

显影系统是激光打印机的成像部分，与激光系统相互配合工作。显影系统主要是由感光鼓、充电辊、转印辊、显影辊、墨粉仓、废粉仓以及清洁组件等部分构成，如图 8-3 所示，为激光打印机显影系统的故障检修流程。

（3）定影系统故障检修流程

多功能一体机的定影系统主要由定影压力辊和定影加热辊组成的，其中定影加热辊又包括定影膜、定影灯、温度传感器等部分，如图 8-4 所示为多功能一体机定影系统故障检修流程。

（4）输纸系统故障检修流程

激光打印机的输纸系统主要分为手动和自动输纸系统两部分，用户可以自行选择。输纸系统主要是由离合器、传感器和对位辊构成，手动和自动输纸系统检测流程和基本方法相同，如图 8-5 所示。

	① 墨粉仓	● 检查墨粉是否充足, 是否需要更换 ● 检查墨粉仓感应电路是否正常
	② 废粉仓	● 检查废粉仓是否溢满, 是否需要清洁 ● 检查清洁刮板是否老化, 是否需要更换
	③ 感光鼓	● 检查感光鼓表面是否有污物, 是否需要清洁 ● 检查感光鼓是否老化, 是否需要更换 ● 检查感光鼓供电是否正常
显影系统检修流程	④ 充电辊	● 检查充电辊是否老化, 是否需要更换 ● 检查充电辊供电是否正常
	⑤ 转印辊	● 检查转印辊是否老化, 是否需要更换 ● 检查转印辊供电是否正常
	⑥ 显影辊	● 检查显影辊是否老化, 是否需要更换 ● 检查显影辊供电是否正常
	⑦ 数据线	● 检查数据线的连接状况 ● 检查数据线是否损坏

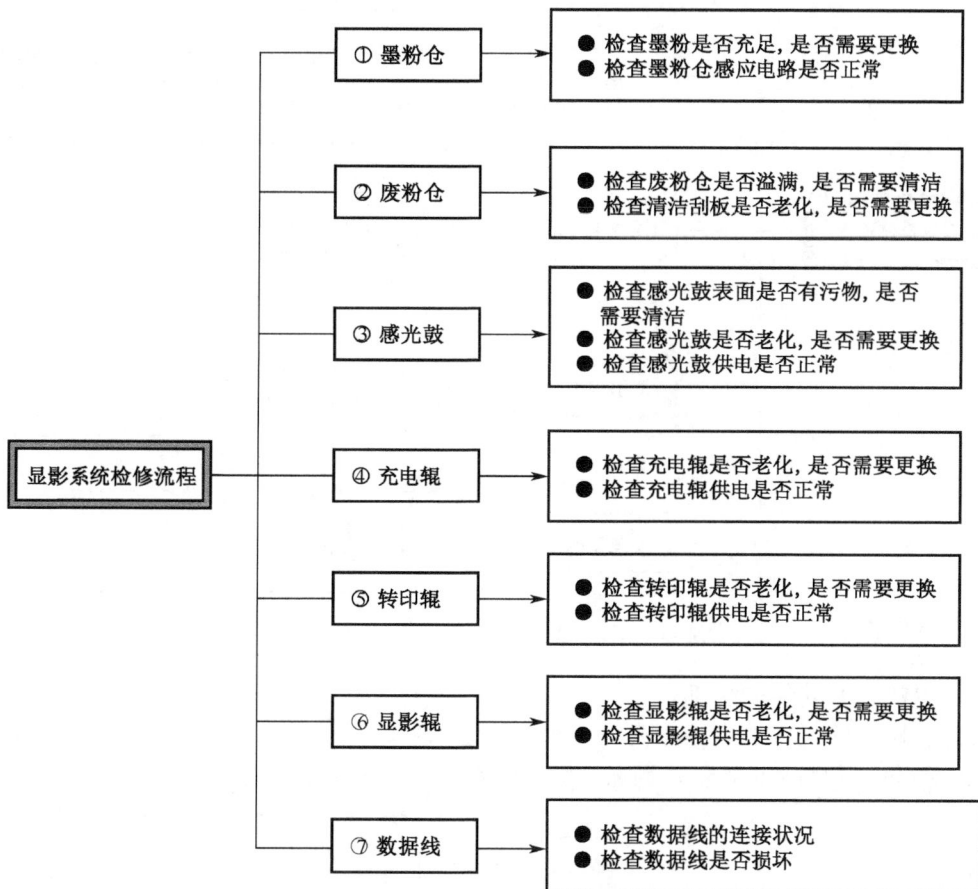

图 8-3　激光打印机显影系统的故障检修流程

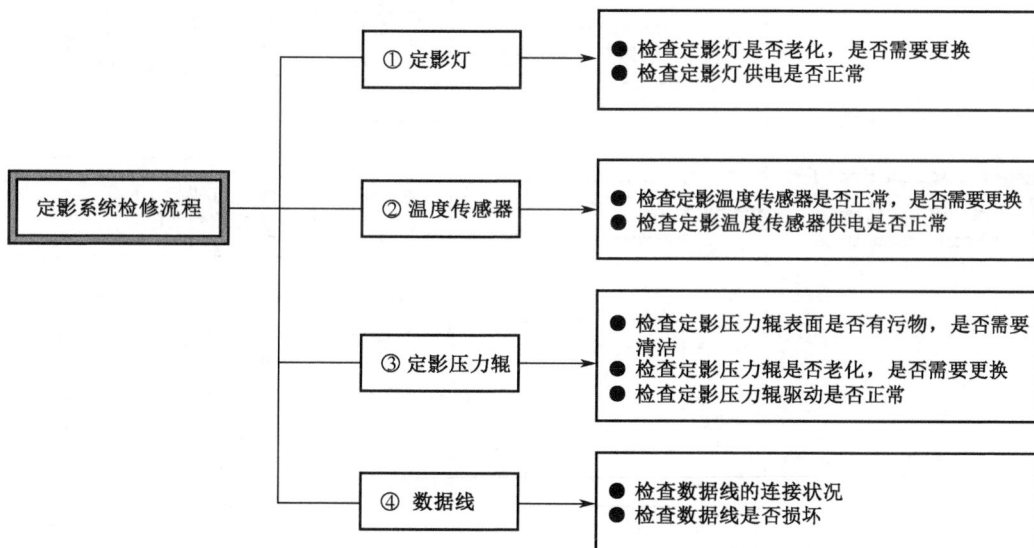

	① 定影灯	● 检查定影灯是否老化, 是否需要更换 ● 检查定影灯供电是否正常
定影系统检修流程	② 温度传感器	● 检查定影温度传感器是否正常, 是否需要更换 ● 检查定影温度传感器供电是否正常
	③ 定影压力辊	● 检查定影压力辊表面是否有污物, 是否需要清洁 ● 检查定影压力辊是否老化, 是否需要更换 ● 检查定影压力辊驱动是否正常
	④ 数据线	● 检查数据线的连接状况 ● 检查数据线是否损坏

图 8-4　激光打印机定影系统故障检修流程

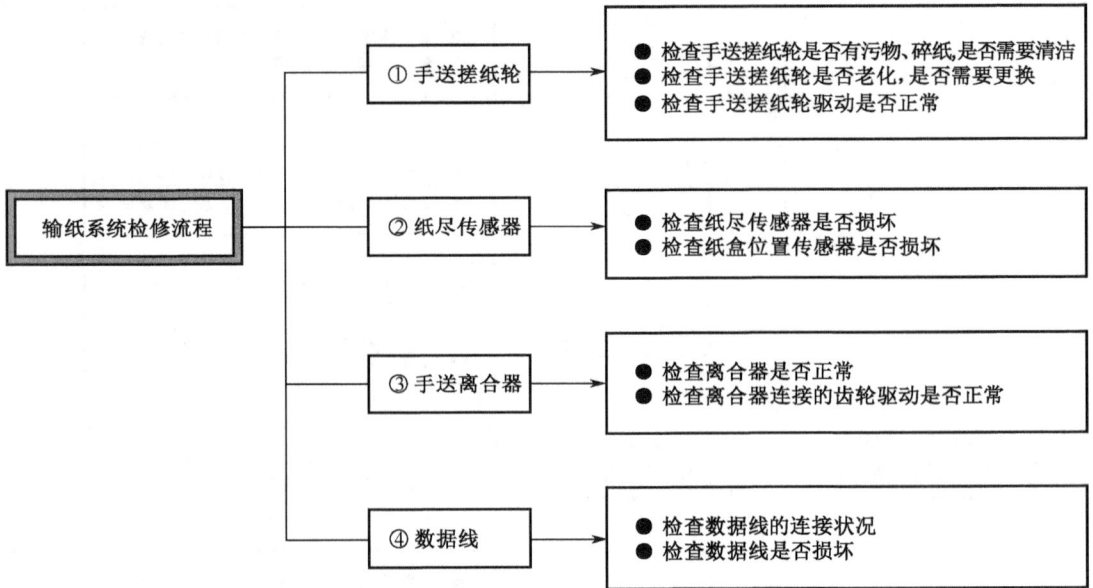

图 8-5 激光打印机输纸系统故障检修流程

（5）系统控制故障检修流程

激光打印机的系统控制为激光打印机的核心部件，不论是哪一部分出现故障，其检测方法基本相同，如图 8-6 所示，为激光打印机系统控制的故障检修流程。

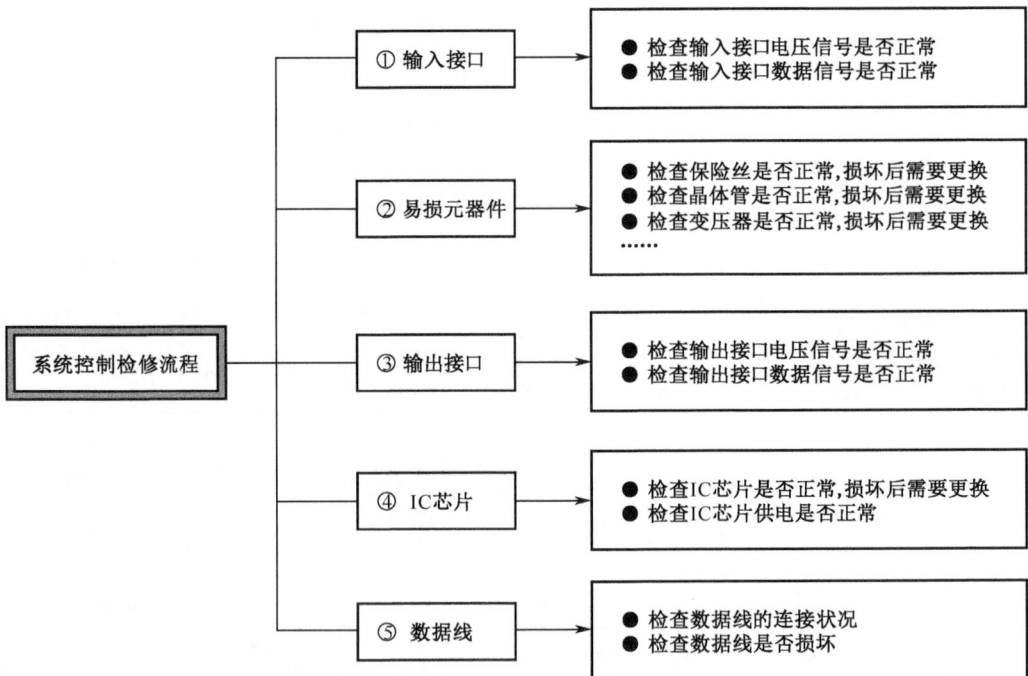

图 8-6 激光打印机系统控制的故障检修流程

任务模块 8.2　掌握激光打印机的检修技能

技能训练 8.2.1　激光组件的检修方法

若打印机的激光组件不良，将导致所打印的图文信息品质下降，字迹偏淡或不能打印等现象。在检修激光系统时，主要检查其内部的结构或电路是否出现故障。

（1）扫描器组件的检测

将激光系统拆开后，检查其扫描器是否有严重的污物粘堵或磨损等现象，若扫描器有污物，转动扫描器同时使用蘸有酒精的医用棉球进行清洁，如图 8-7 所示。

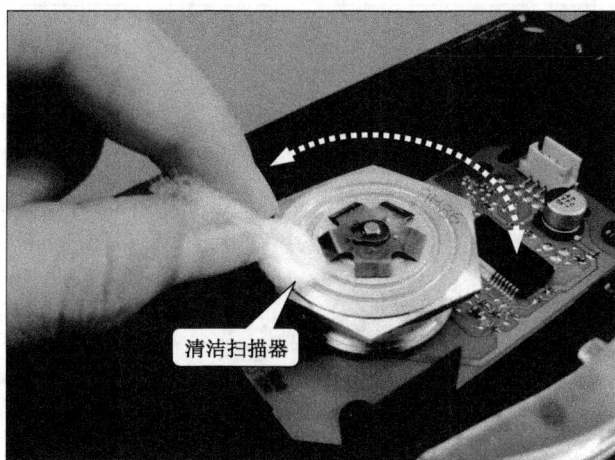

清洁扫描器

图 8-7　清洁扫描器

扫描器检查若正常，则检测扫描器驱动电路中的控制芯片。

【图解演示】

如图 8-8 所示为扫描器驱动电路对地阻值的检测方法，该芯片的型号为 AN8248SB，共有 30 个引脚，测得其对地阻值如表 8-1 所示。

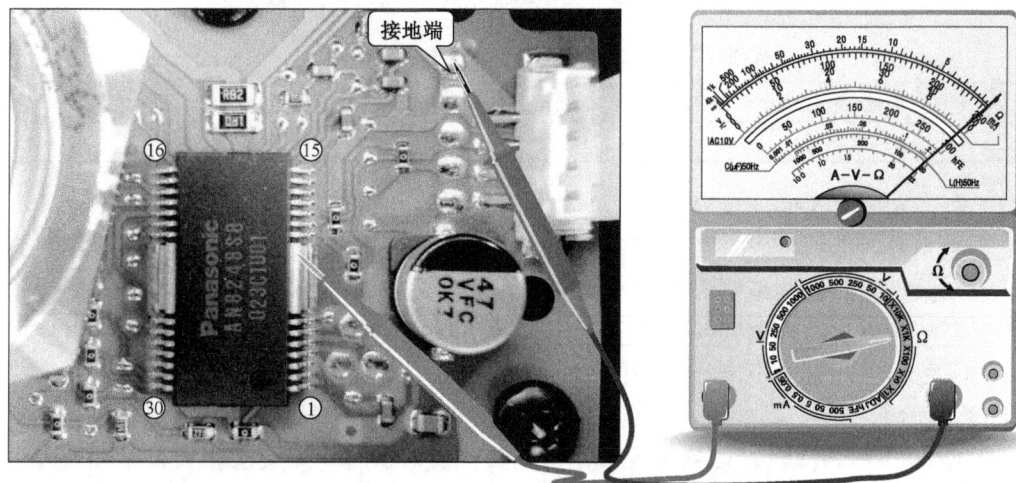

图 8-8　扫描器驱动电路对地阻值的检测方法

办公设备维修与维护

表 8-1　控制芯片（AN8248SB）对地阻值

引　脚	对地阻值	引　脚	对地阻值	引　脚	对地阻值	引　脚	对地阻值
1	9.5×1 kΩ	9	9×1 kΩ	17	1×1 kΩ	25	6.5×1 kΩ
2	9×1 kΩ	10	9×1 kΩ	18	1×1 kΩ	26	∞
3	∞	11	9.5×1 kΩ	19	1×1 kΩ	27	7×1 kΩ
4	10×1 kΩ	12	10×1 kΩ	20	0×1 kΩ	28	0.6×1 kΩ
5	9.5×1 kΩ	13	9.5×1 kΩ	21	6.2×1 kΩ	29	0.6×1 kΩ
6	9.5×1 kΩ	14	9.5×1 kΩ	22	6.2×1 kΩ	30	8×1 kΩ
7	4.5×1 kΩ	15	1.4×1 kΩ	23	0×1 kΩ	—	—
8	0×1 kΩ	16	1×1 kΩ	24	0×1 kΩ	—	—

【图解演示】

扫描器组件通过微处理器控制电路接口端，将扫描控制信号输入到扫描驱动电路中，如图 8-9 所示，为微处理器控制电路接口端对地阻值的检测，检测值如表 8-2 所示。

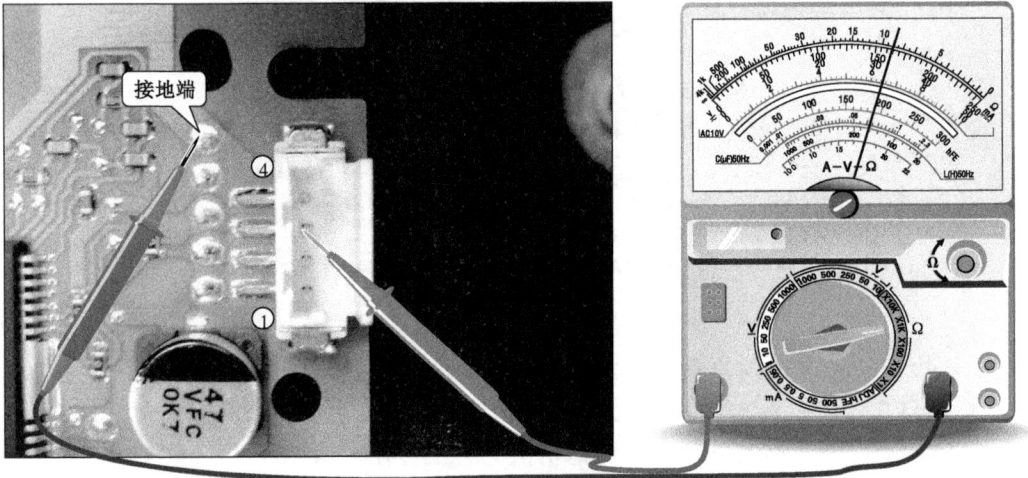

图 8-9　微处理器控制电路接口端对地阻值的检测

表 8-2　微处理器控制电路接口端的对地阻值

引　脚	对地阻值	引　脚	对地阻值	引　脚	对地阻值	引　脚	对地阻值
1	7×1 kΩ	2	9×1 kΩ	3	9×1 kΩ	4	0×1 kΩ

（2）激光发射器组件的故障检修

检查激光发射器组件时，主要查看激光发射器是否由于使用时间过长出现老化、磨损现象，或在激光发射器的镜头表面中有污物等现象，若出现老化、磨损则需要对激光发射器进行更换，若激光发射器镜头表面有污物，使用吹气皮囊将表面的脏物清除，再使用蘸有酒精的医用棉进行进一步清洁，如图 8-10 所示。

【图解演示】

如图 8-11 所示为激光发射器的检测。检测激光发射器时，主要检测其公共端与各引脚之间的阻值。若激光发射器正常，则 LD1 和 LD2 所测得的阻值应相同，均为 7.5kΩ。

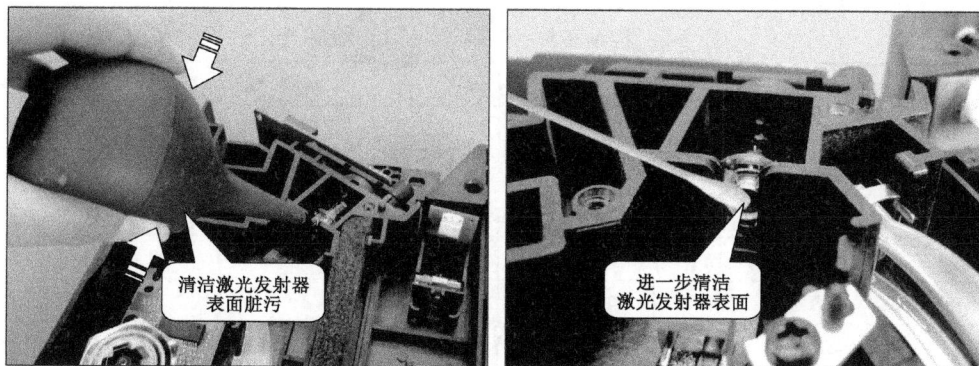

清洁激光发射器
表面脏污

进一步清洁
激光发射器表面

图 8-10　清洁激光发射器

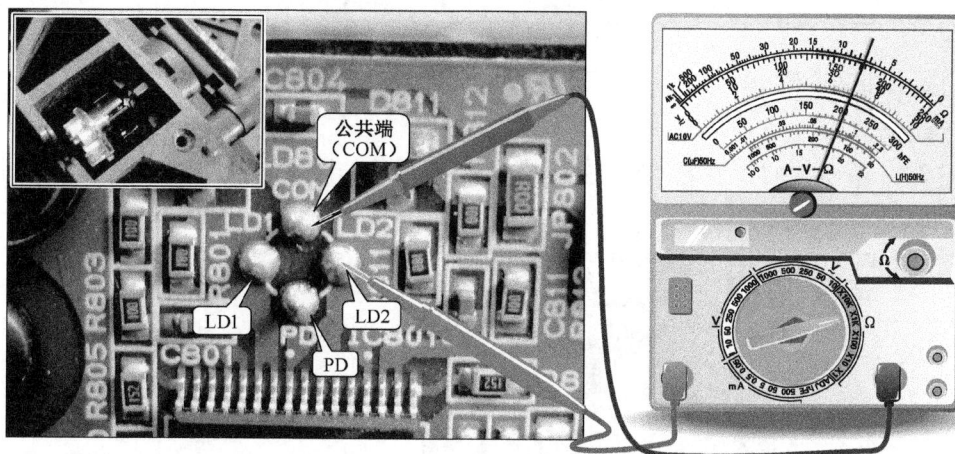

公共端
（COM）

LD1

LD2

PD

图 8-11　激光发射器的检测

激光发射器的调制解调电路将驱动信号输入到激光发射器中，并通过控制芯片 IC801 对驱动信号进行处理。

【图解演示】

如图 8-12 所示为 IC801 对地阻值的检测方法，该芯片型号为 RH4-5405，共有 32 个引脚，引脚对地阻值如表 8-3 所示。

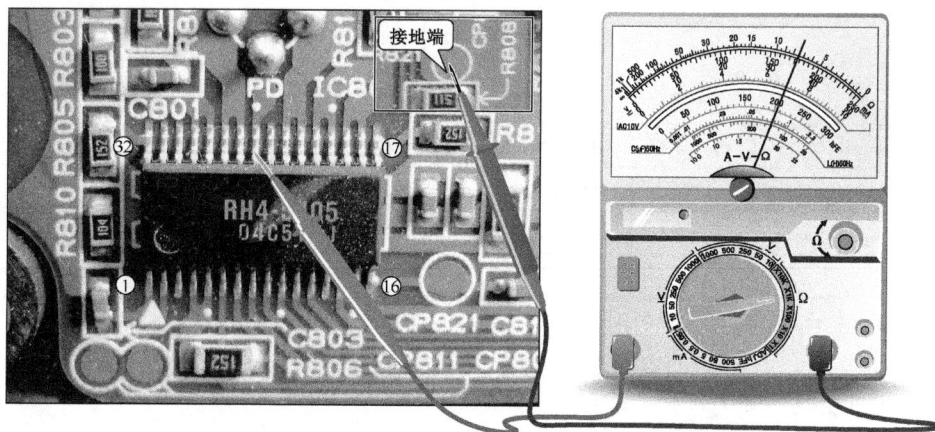

接地端

图 8-12　芯片 IC801（RH4—5405）对地阻值的检测

表 8-3 控制芯片（RH4-5405）对地阻值

引　脚	对地阻值	引　脚	对地阻值	引　脚	对地阻值	引　脚	对地阻值
1	8×1 kΩ	9	3.5×1 kΩ	17	1×1 kΩ	25	7.5×1 kΩ
2	7×1 kΩ	10	3.5×1 kΩ	18	0×1 kΩ	26	6.9×1 kΩ
3	8×1 kΩ	11	0×1 kΩ	19	0×1 kΩ	27	6.7×1 kΩ
4	0.5×1 kΩ	12	0×1 kΩ	20	0.5×1 kΩ	28	0.5×1 kΩ
5	0.5×1 kΩ	13	0×1 kΩ	21	∞	29	0.5×1 kΩ
6	0×1 kΩ	14	1.1×1 kΩ	22	7×1 kΩ	30	0×1 kΩ
7	0×1 kΩ	15	1.3×1 kΩ	23	6.8×1 kΩ	31	0×1 kΩ
8	3.5×1 kΩ	16	7.5×1 kΩ	24	6.5×1 kΩ	32	0.9×1 kΩ

（3）同步器的故障检修

【图解演示】

如图 8-13 所示为同步器对地阻值的检测，激光系统的同步器共有 6 个引脚，检测值如表 8-4 所示。

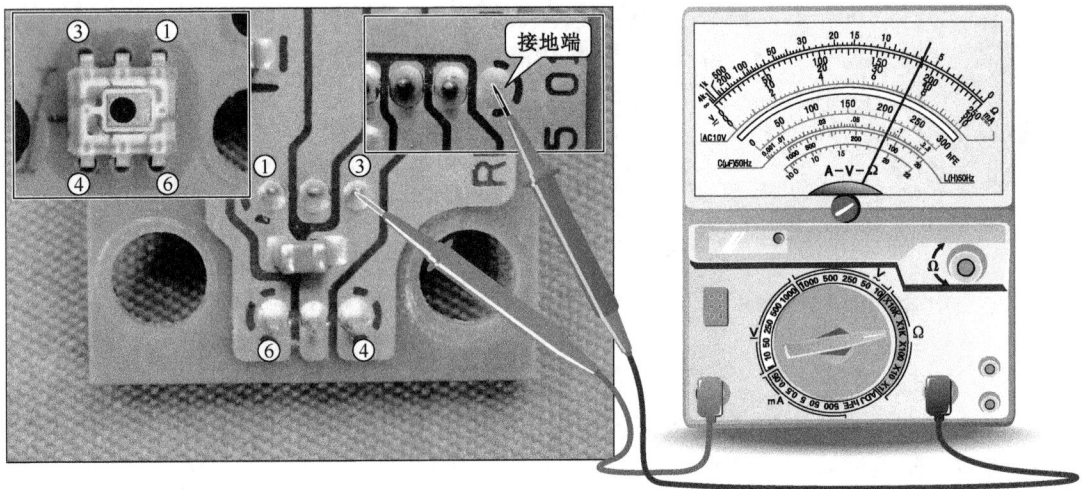

图 8-13　同步器对地阻值的检测

表 8-4　同步器的对地阻值

引　脚	对地阻值	引　脚	对地阻值	引　脚	对地阻值	引　脚	对地阻值
1	0×1 kΩ	2	8.5×1 kΩ	3	6.4×1 kΩ	4	0×1 kΩ
5	6.4×1 kΩ	6	11.2×1 kΩ	—	—	—	—

（4）反射镜的故障检修

检查激光系统的反射镜时，主要查看其反射镜是否有污物、磨损等现象。

【图解演示】

若反射镜的安装位置有灰尘脏污，可以使用吹气皮囊将灰尘清除，脏污严重的可以使用蘸有酒精的棉棒进行擦拭，在擦拭的过程中用力要均匀，不要改变反光镜的安装角度，如图 8-14 所示。

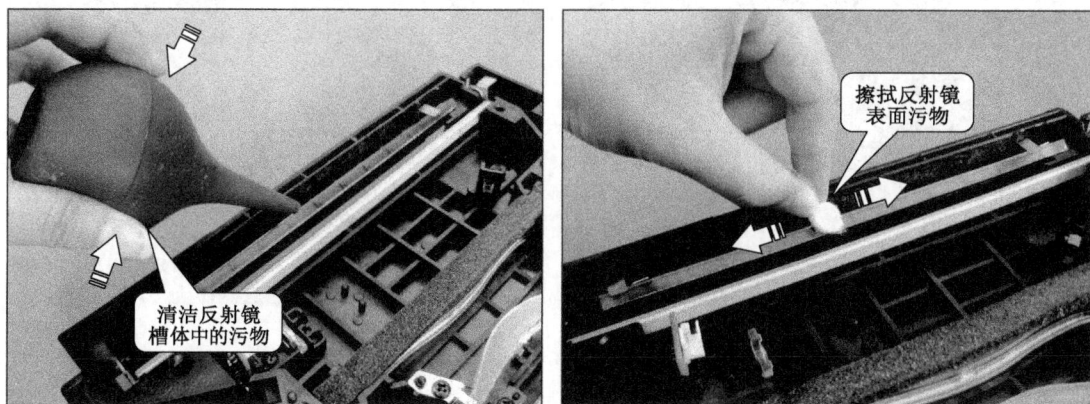

图 8-14　反射镜的检修

技能训练 8.2.2　显影系统的检修方法

当打印机只用一定的时间后打印质量开始变差，甚至出现部分标点、笔画、色点或出现纵向白条纹、无规律白斑、黑点等，这都表明可能是显影组件中的某些零部件工作失常。

在检修显影系统时，主要查看墨盒内的墨粉是否过少，感光鼓是否有磨损划伤，显影辊脏污、受损等情况或是废粉过多出现外溢等。

（1）感光鼓的检修

检查感光鼓是否出现问题时，查看感光鼓的表面是否有磨损划伤情况。

【图解演示】

将感光鼓的挡板打开，查看感光鼓是否良好，如图 8-15 所示。

图 8-15　检查感光鼓是否有磨损划伤

无法判断感光鼓表面是否有磨损或划伤，则应将感光鼓拆卸检查。如图 8-16 所示，将显影系统两侧的固定销拔出，分离显影辊、墨粉盒和感光鼓、废粉仓两部分。

图 8-16 分离显影系统

【提示】

对拆卸下来的感光鼓部分，应注意避光放置。

将感光鼓两侧的销钉拔出后即可将感光鼓取下，如图 8-17 所示。感光鼓取下后，查看感光鼓表面是否有磨损或沾染异物，若沾染异物则需要使用棉球将感光鼓表面的异物擦除，若感光鼓表面有磨损，磨损严重，则需要将感光鼓进行更换。

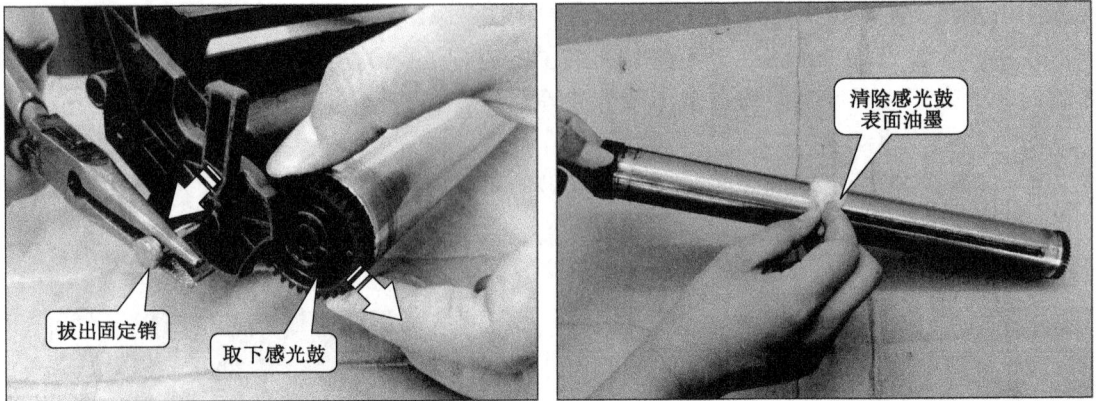

图 8-17 取下并清洁感光鼓

（2）充电辊的检修

在感光鼓的下方紧密结合的是充电辊，若充电辊的电极丝连接不正常，充电辊无法为感光鼓提供高压，或充电辊老化同样影响感光鼓的正常工作。

【图解演示】

检查充电辊电极丝的连接是否良好，若良好则检查充电辊是否有老化现象，若充电辊出现老化现象应及时将其更换，如图 8-18 所示。

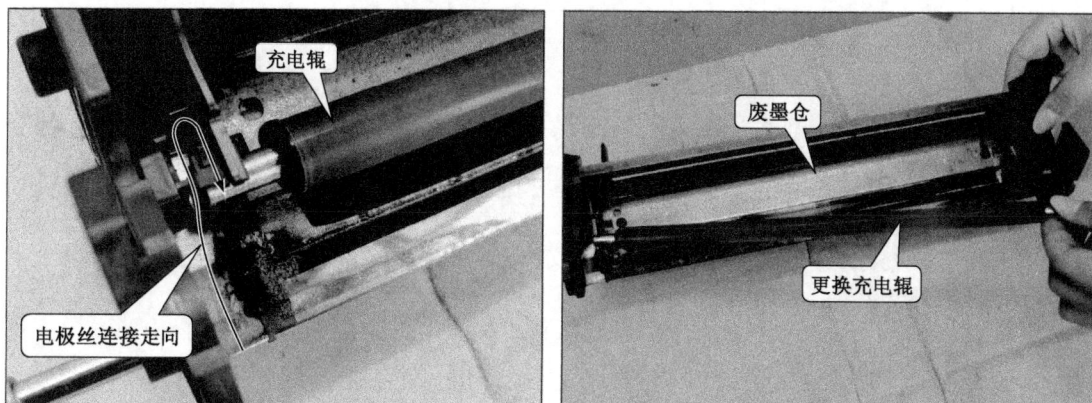

图 8-18　充电辊的检修

（3）显影辊的检修

显影辊充电后，其表面可以吸附大量的带电墨粉，这些墨粉会转移到感光鼓表面的静电潜像区域，如果显影辊无法充电则无法将墨粉吸附，显影系统无法实现显影功能。

【图解演示】

调整显影辊与刮板之间的距离如图 8-19 所示，将那个显影滚的固定壳取下，检查显影辊电极丝的连接状态是否良好。若连接不良，则需及时对其进行调整。

图 8-19　调整显影辊与刮板之间的距离

技能训练 8.2.3　定影系统的检修方法

检修定影系统时，主要检修定影系统的各个零部件是否有损坏，以排除其他部位所引起的故障。

【图解演示】

打开定影系统的压力辊的护盖后，查看定影压力辊是否有墨粉黏附在定影压力辊的表面，并检查定影压力辊是否有老化或损坏现象。若定影压力辊表面黏附油墨，可以使用医用棉进行清洁，如图 8-20 所示，若定影压力辊出现老化现象，则需要将其进行更换，以保证定影系统的正常工作。

167

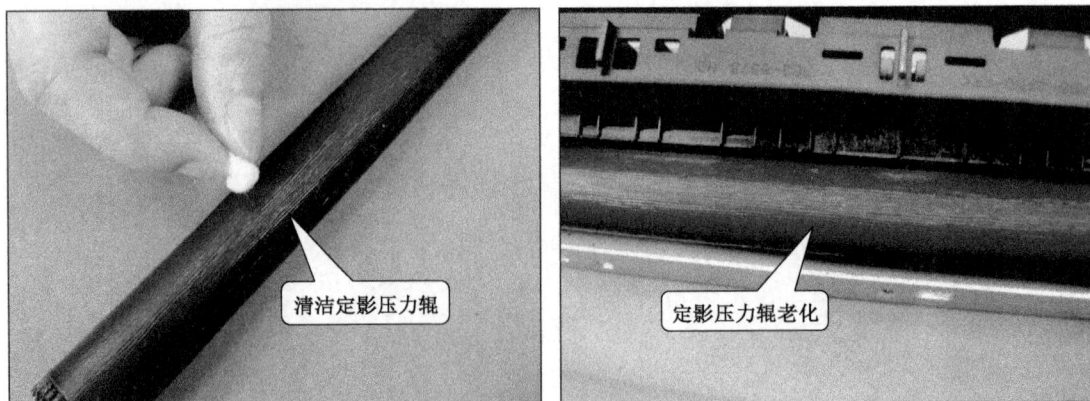

图 8-20　检查定影压力辊

【提示】

在清洁定影压力辊时，不可以使用酒精对其进行擦拭，被酒精擦拭后的定影压力辊很可能会使定影下轧辊的橡胶变形。

若定影压力辊正常，则需要将定影加热辊的护盖取下，并取出定影加热辊，检查定影膜是否受到灰尘、墨粉的污染，以及定影膜是否受损。

【图解演示】

被污染的定影膜可以使用医用棉小心地擦拭，而受损的定影膜则需要将其进行更换，如图 8-21 所示。而对于顽固的污物不要用力刮擦，建议使用清洁剂进行清洁。

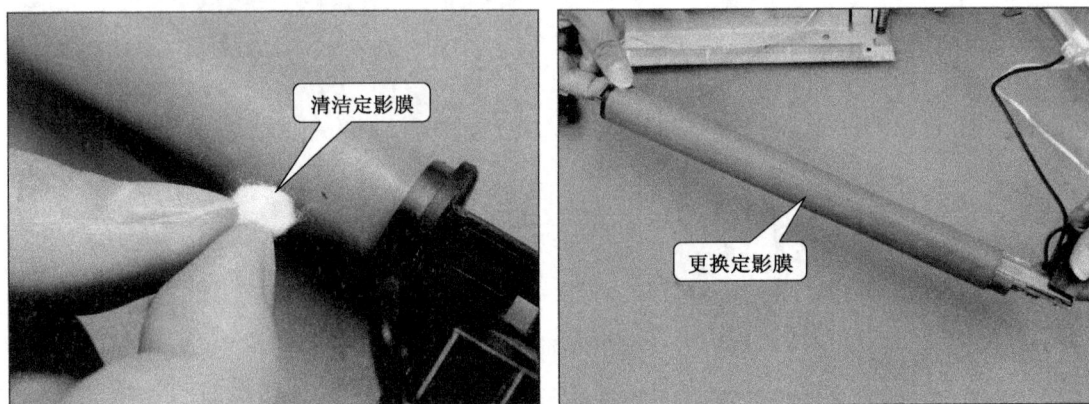

图 8-21　清洁、更换定影膜

【提示】

定影加热辊在打印的过程中温度很高，在对定影加热辊进行检修时，必须等到定影辊冷却后方可对定影加热辊进行检修。

若定影加热辊正常，则需要检查定影灯是否良好。

【图解演示】

如图 8-22 所示为检测定影灯供电接口端的阻值，正常情况下，可以测到 5.5Ω 的阻值。

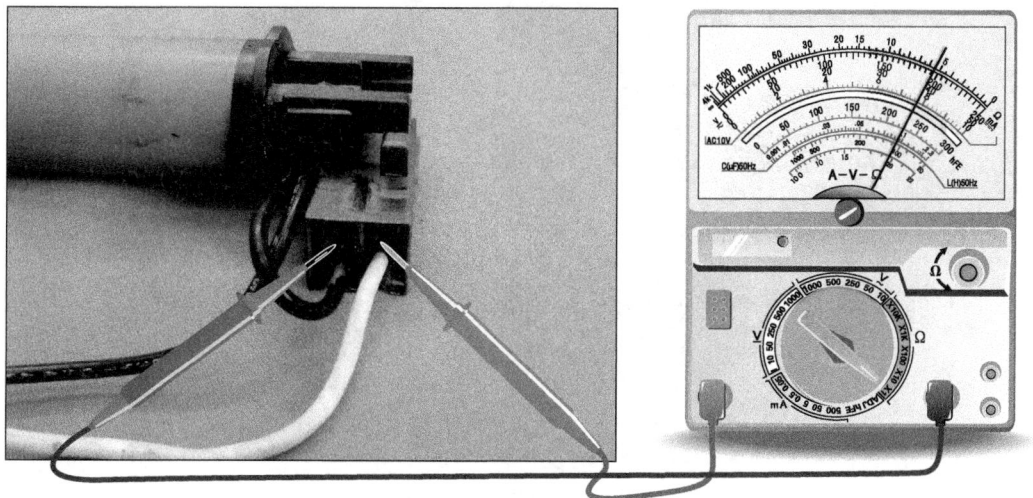

图 8-22　检测定影灯供电接口端的阻值

检测定影灯供电接口端的阻值正常，则需要进一步检测定影灯的热敏电阻是否正常。如图 8-23 所示为定影灯热敏电阻的检测，在常温状态下测得热敏电阻阻值为 25×10 kΩ，使用热吹风机（电烙铁）对热敏电阻进行加热后，万用表指针应有所变化。

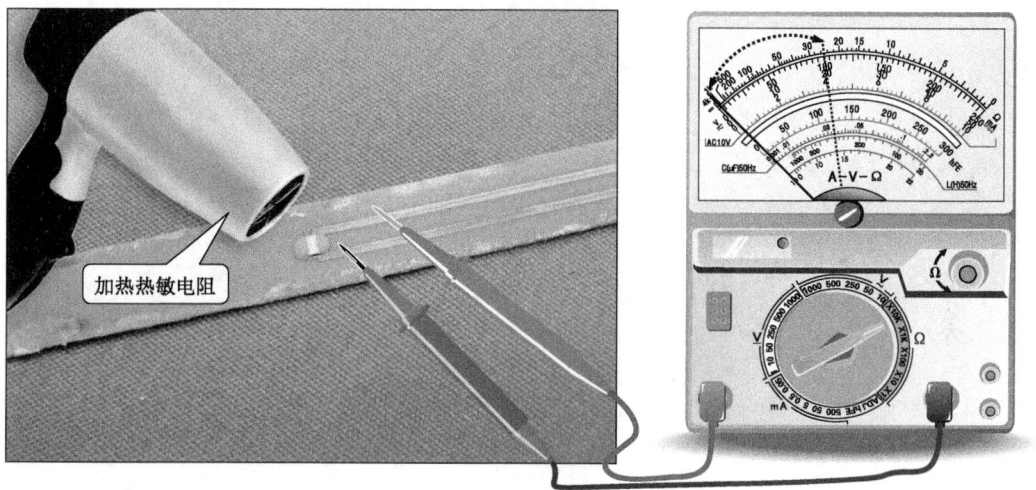

加热热敏电阻

图 8-23　检测热敏电阻

技能训练 8.2.4　输纸系统的检修方法

激光打印机的输纸系统主要负责完成打印纸的传送工作，将纸张输入到成像系统，经过转印，将打印的文稿呈现在纸张上，形成墨迹图像，最后由定影系统将纸张上的墨迹图像进行定影处理，然后送出激光打印机，生成打印文件。

【图解演示】

输纸系统若出现故障，主要检查其结构中主要的器件是否有损坏。检查时，通过转动输纸带的齿轮查看输纸带传动功能是否良好，并同时检查输纸带是否有老化现象，如图 8-24 所示。

图 8-24　检查输纸带是否正常

　　输纸带传动正常，则需要检查输纸带电机是否正常，如图 8-25 所示为输纸带电机的检测方法，检测时，分别检测输纸带电机各个引脚之间的阻值，所测值如表 8-5 所示。

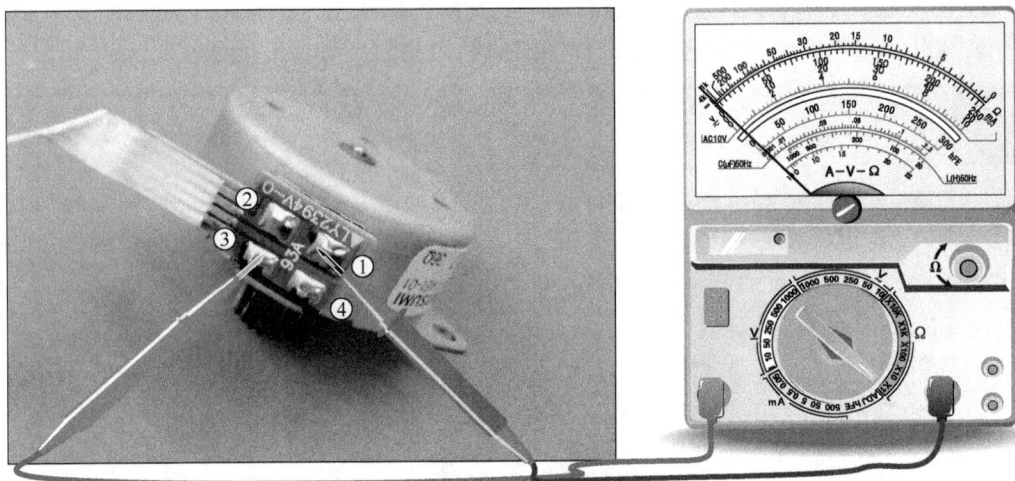

图 8-25　输纸带电机的检测

表 8-5　输纸带电机引脚间的阻值

引　　脚	对地阻值	引　　脚	对地阻值	引　　脚	对地阻值	引　　脚	对地阻值
1-2	$36\times1\Omega$	1-3	∞	1-4	∞	2-3	∞
2-4	∞	3-4	$35\times1\Omega$	—	—	—	—

　　通过拨动出纸器传动杆使齿轮组相互啮合，如图 8-26 所示，转动输纸电机查看齿轮的转动情况是否良好。

　　在齿轮组转动良好的情况下，查看输纸电机是否正常，如图 8-27 所示，为输纸电机接口对地阻值的检测，检测值如表 8-6 所示。

图 8-26　检查齿轮转动情况

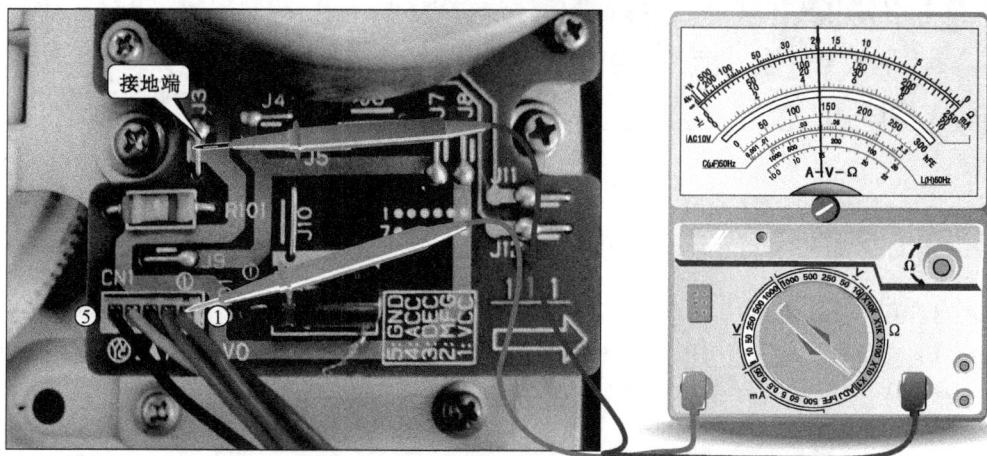

图 8-27　输纸电机接口对地阻值的检测

表 8-6　输纸电机接口对地阻值

引　脚	对地阻值	引　脚	对地阻值	引　脚	对地阻值	引　脚	对地阻值	引　脚	对地阻值
1	$19.5 \times 1\Omega$	2	$27 \times 1\Omega$	3	$38 \times 1\Omega$	4	$34 \times 1\Omega$	5	$0 \times 1\Omega$

在输纸系统中，主要检查其手动送纸和自动送纸系统是否正常，如图 8-28 所示，分别查看手动送纸和自动送纸系统中的搓纸辊是否出现老化现象，若老化现象严重，则要将搓纸辊进行更换。

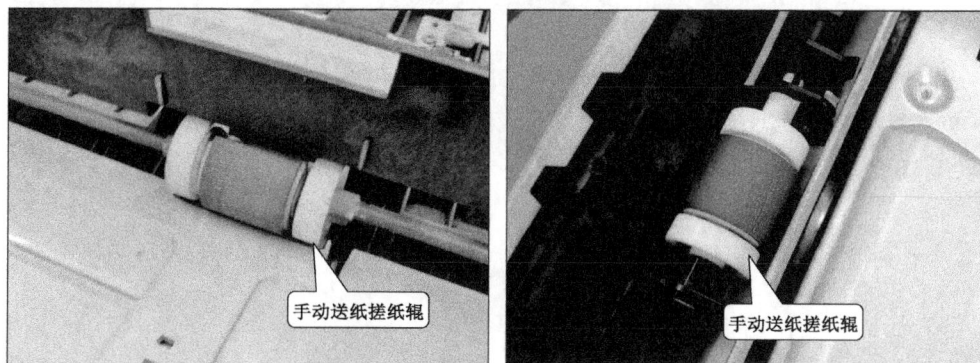

图 8-28　查看搓纸辊是否老化

搓纸辊正常，还应进一步检测搓纸辊离合器是否良好。如图 8-29 所示，为搓纸离合器的检测，正常情况下，应能够检测到 $5.5\times10\Omega$ 的阻值。

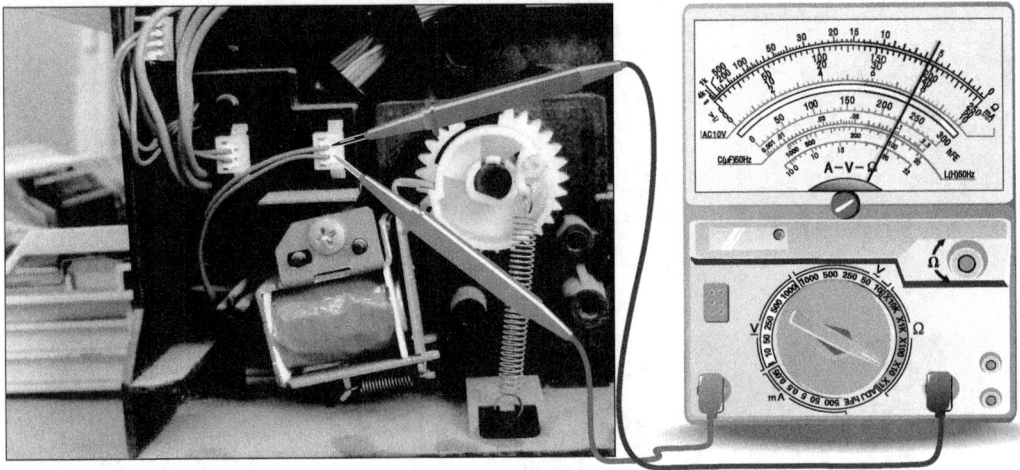

图 8-29　搓纸离合器的检测

技能训练 8.2.5　高压电路的检修方法

如图 8-30 所示为典型（惠普 LaserJet 2200D）激光打印机高压电路板的基本结构图。高压电路接收控制电路板送来的电压和数据信号，经过升压变压器和高频振荡变压器处理后，分别输出到充电辊、转印辊和定影加热辊等组件中所需要的高压。

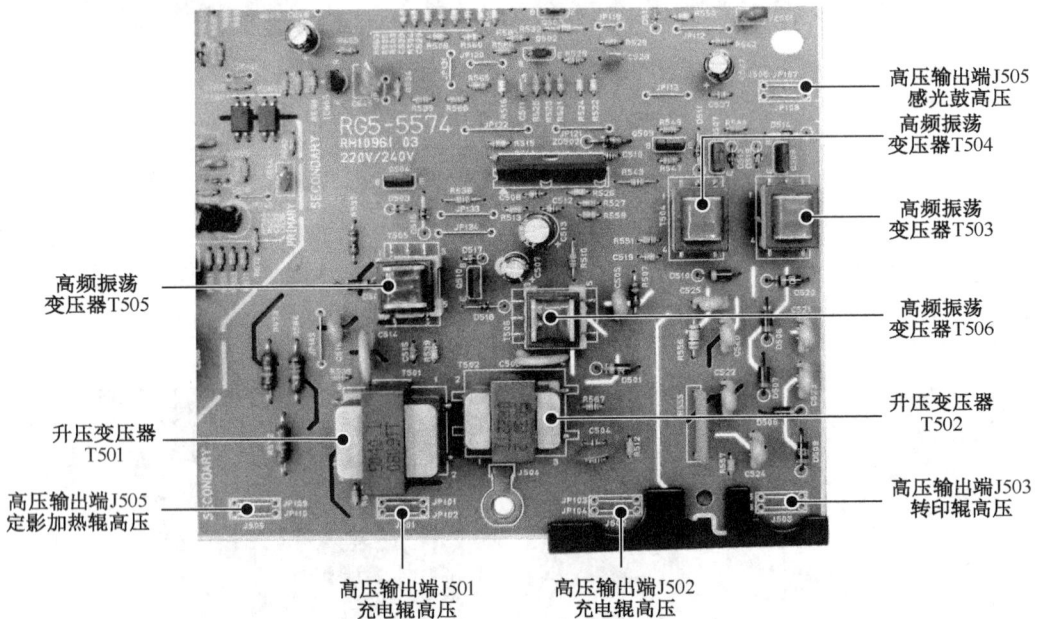

图 8-30　高压电路板的基本结构

（1）控制芯片的检测

激光打印机的高压电路板中，通过控制芯片对高压电路进行控制。

【图解演示】

如图 8-31 所示为芯片 IC501 的电路结构和各引脚对地阻值的检测方法。该芯片型号为
LA6510，它是一种功率型双运算放大器，对驱动信号进行功率放大，共有 10 个引脚。

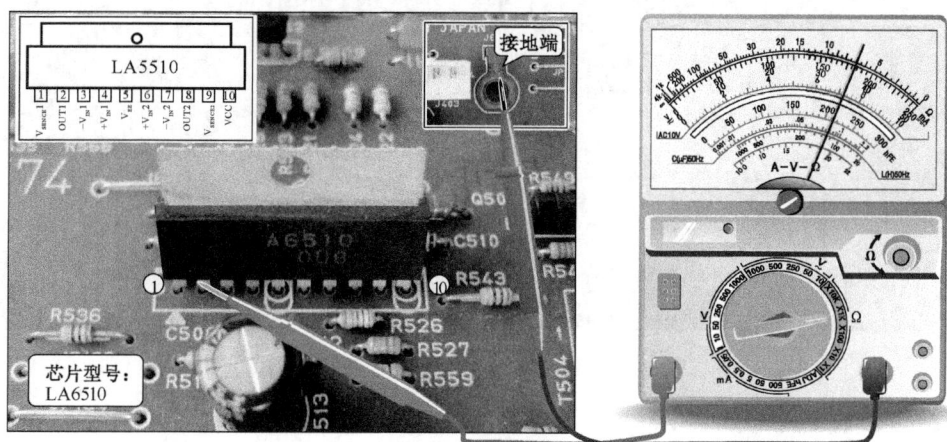

图 8-31　芯片 IC501 的电路结构和各引脚对地阻值的检测方法

【资料链接】

芯片 IC501 的引脚对地阻值见表 8-7 所列，图 8-32 所示为功率放大器的原理图。

表 8-7　芯片 IC501 的引脚对地阻值

引　　脚	对 地 阻 值	引　　脚	对 地 阻 值	引　　脚	对 地 阻 值	引　　脚	对 地 阻 值
1	$6.1\times1\ k\Omega$	4	$6.5\times1\ k\Omega$	7	$6.8\times1\ k\Omega$	10	$4.4\times1\ k\Omega$
2	$7.0\times1\ k\Omega$	5	$0\times1\ k\Omega$	8	$6\times1\ k\Omega$	—	—
3	$3.4\times1\ k\Omega$	6	$7.5\times1\ k\Omega$	9	$6\times1\ k\Omega$	—	—

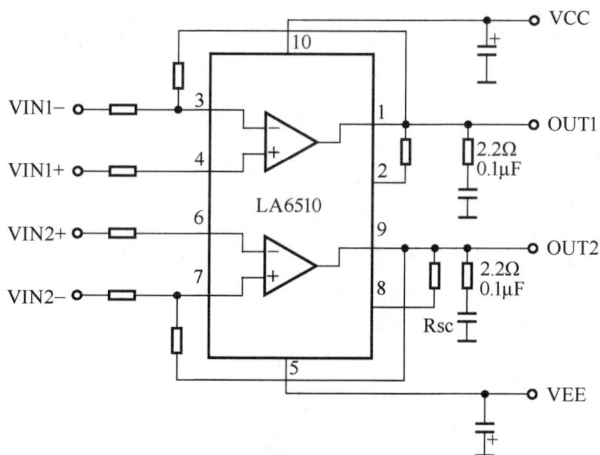

图 8-32　功率放大器的原理图

（2）高压变压器的检测

电源电路送入的电压和通过接口送入的数据信号经过高压变压器，进行升压处理，将

升压后的高压分别通过各接口送到激光打印机的其他电路中，如图 8-33 所示为高压电路板中的高压变压器。

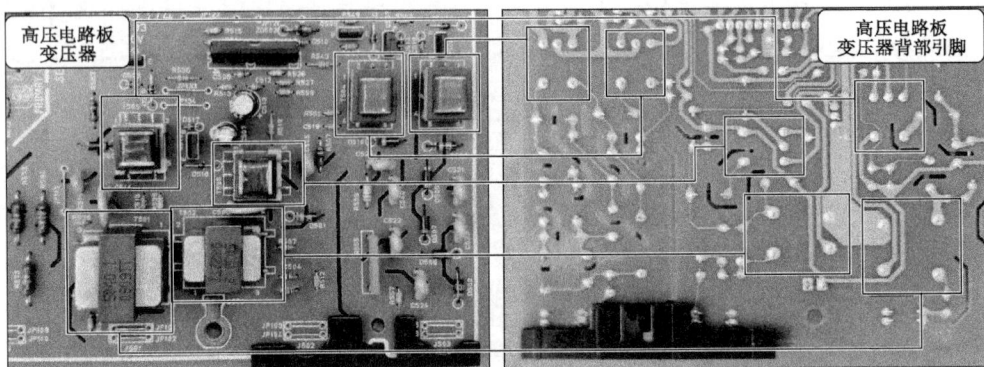

图 8-33　高压电路板中的高压变压器

【图解演示】

检测高压变压器时，主要对其初级绕组和次级绕组进行检测，如图 8-34 所示为高压变压器的检测方法。高压变压器的对地阻值如表 8-8 所示。

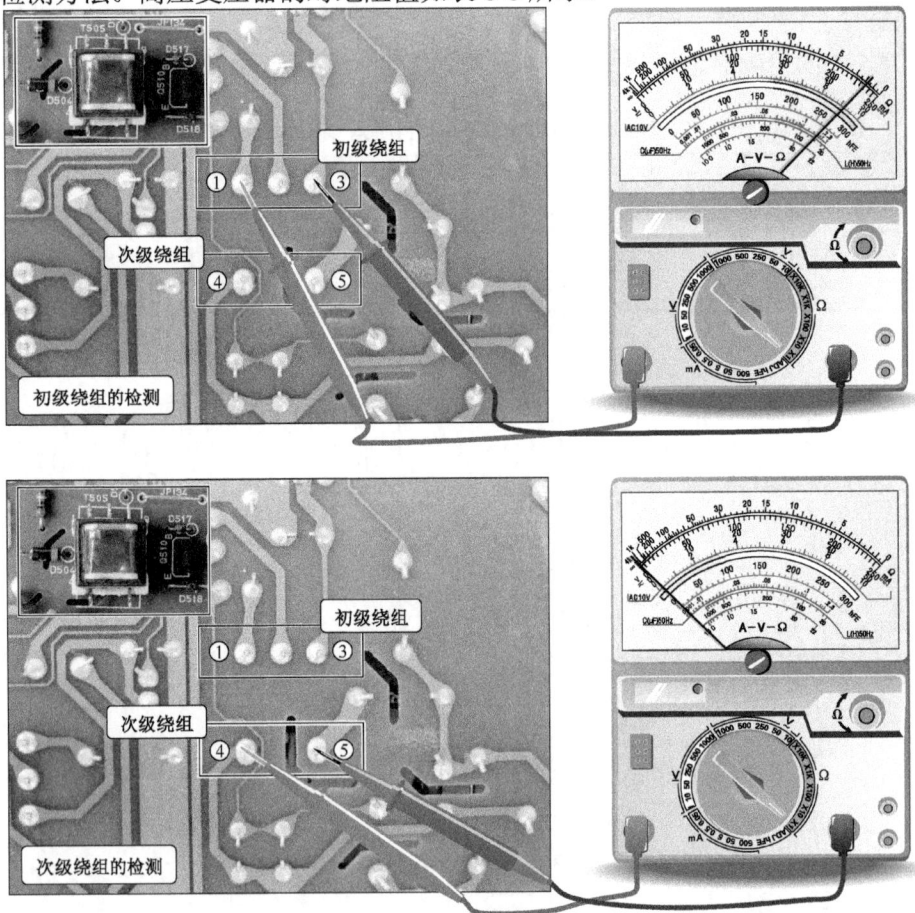

图 8-34　高压变压器的检测方法

表 8-8　高压变压器的对地阻值

变 压 器	初 级 绕 组		次 级 绕 组	
	引　脚	阻　值	引　脚	阻　值
T501	1-2	$0.6×1Ω$	3-4	∞
T502	1-2	$1×1Ω$	3-4	∞
T503	1-2	$0.9×1Ω$	4-5	∞
	1-3	$1.9×1Ω$	—	—
	2-3	$0.9×1Ω$	—	—
T504	1-2	$0.9×1Ω$	4-5	∞
	1-3	$1.9×1Ω$	—	—
	2-3	$0.9×1Ω$	—	—
T505	1-2	$0.9×1Ω$	4-5	∞
	1-3	$1.9×1Ω$	—	—
	2-3	$0.9×1Ω$	—	—
T506	1-2	$0.7×1Ω$	4-5	∞
	1-3	$1.7×1Ω$	—	—
	2-3	$1.7×1Ω$	—	—

技能训练 8.2.6　电源电路的检修方法

如图 8-35 所示为典型（惠普 LaserJet 2200D）激光打印机电源电路的基本结构。交流 220V 输入端引入交流电，经保险丝、互感滤波器以及滤波电容构成交流输入电路，滤除电路中的噪声和脉冲干扰。滤波后的 220V 交流电压由桥式整流堆和+300V 滤波电容处理后变成 300V 直流电压，为电源变压器和开关管提供电压。

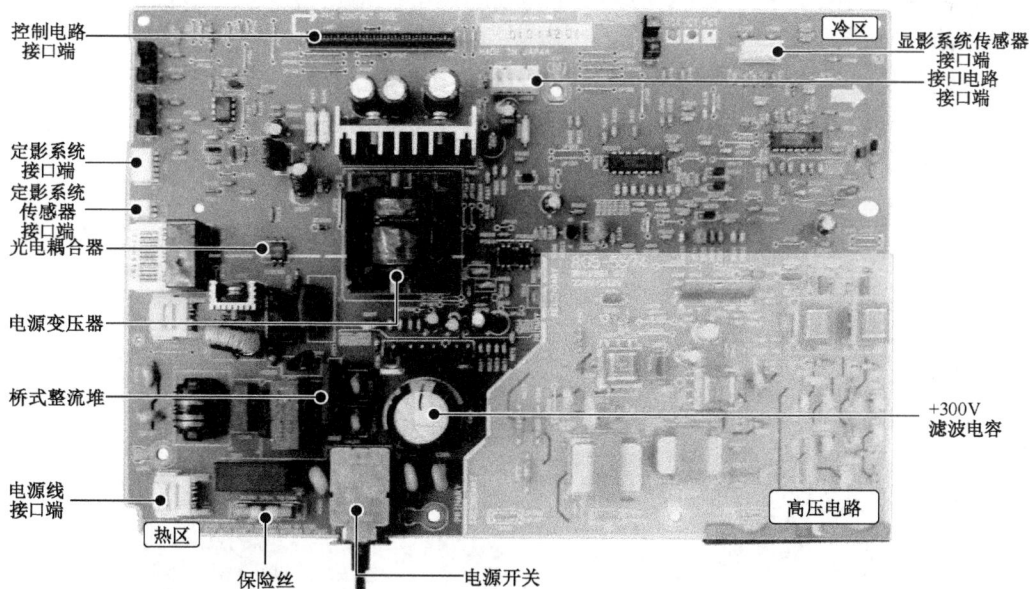

图 8-35　典型激光打印机电源电路的基本结构（惠普 LaserJet 2200D）

175

【提示】

电路板上的白线是电路板"热区"（即高压电路部分）和"冷区"的分界线，"热区"中的电路有可能带 220 V 火线电压，检测时应注意安全，不要引起触电事故。并且电源电路中的"热区"和"冷区"主要通过光电耦合器和电源变压器传输信息。

（1）电源开关的检测

电源电路采用的是开关电源，在对电源电路进行检修时，检查电源开关是否正常。

【图解演示】

该电源开关共有 4 个引脚，与微动开关不同，该 4 个引脚均为不同的连接点。使用万用表分别搭在电源开关的①脚、④脚或②脚、③脚上，按下开关后，均可以测出一定的阻值，如图 8-36 所示。而检测①脚、②脚或③脚、④脚时，则万用表测得阻值为 0。

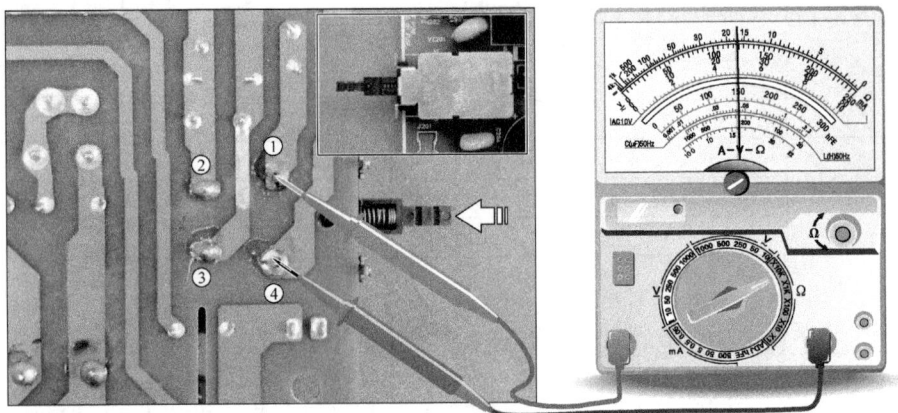

图 8-36　电源开关的检测

（2）桥式整流堆的检测

若电源开关正常，查看保险丝也同样良好时，则需要对电源开关的桥式整流堆进行检测。桥式整流堆是由四个二极管构成的，不能单独对每一个二极管的正反向阻抗进行检测。

【图解演示】

在路检测是对交流输入端和直流输出端正反向阻抗的测量。交流输入端（⊖～⊖）的正反向阻抗均应无穷大；直流输出端（⊕～⊖）的正反向阻抗则不同，正向阻抗小于反向阻抗，检测桥式整流堆如图 8-37 所示。

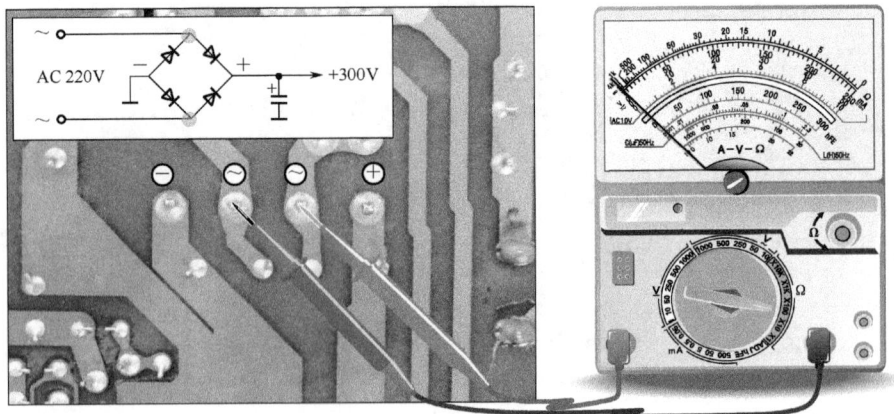

图 8-37　检测桥式整流堆

176

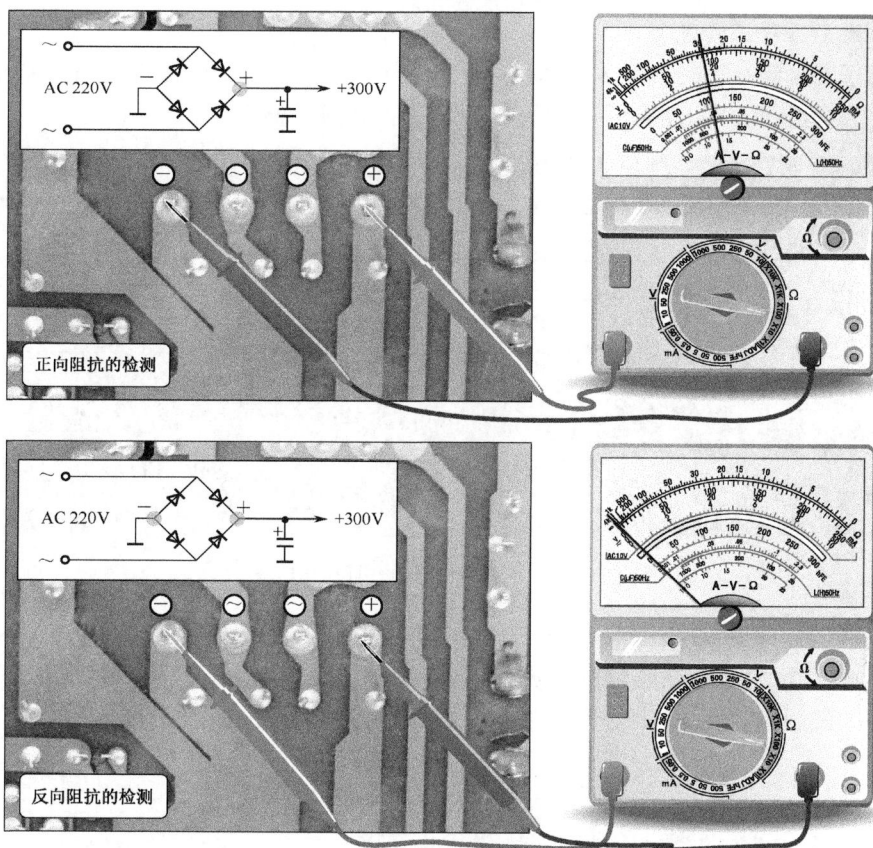

图 8-37　检测桥式整流堆（续）

（3）电容的检测

桥式整流堆正常,则需要对+300 V 滤波电容进行检测,若该电容损坏,会影响+300V DC 电压的输出。

【图解演示】

+300 V 滤波电容的检测如图 8-38 所示,检测滤波电容时,应交换表笔,观察此时万用表显示的充放电过程,若万用表指针摆动后停留的指示位置电阻值过小,则属于不正常。

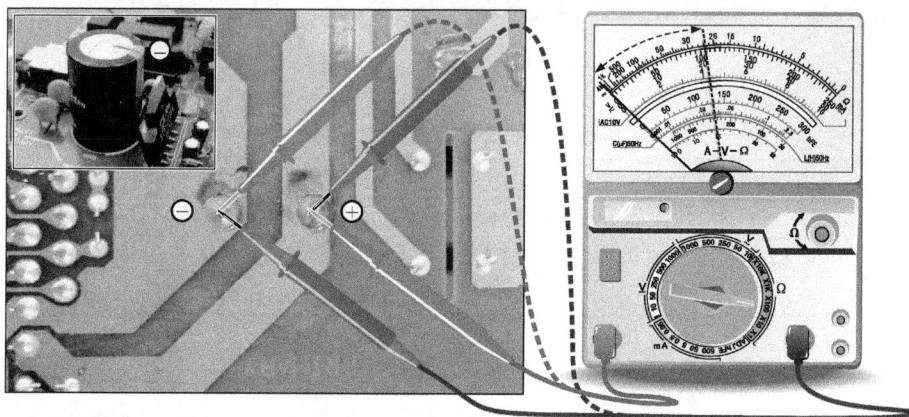

图 8-38　+300 V 滤波电容的检测

（4）电源变压器的检测

电源变压器是将交流 220V 转变成不同大小的直流电压的主要器件，可分别检测其初级绕组和次级绕组，如图 8-39 所示为电源变压器的引脚标志。

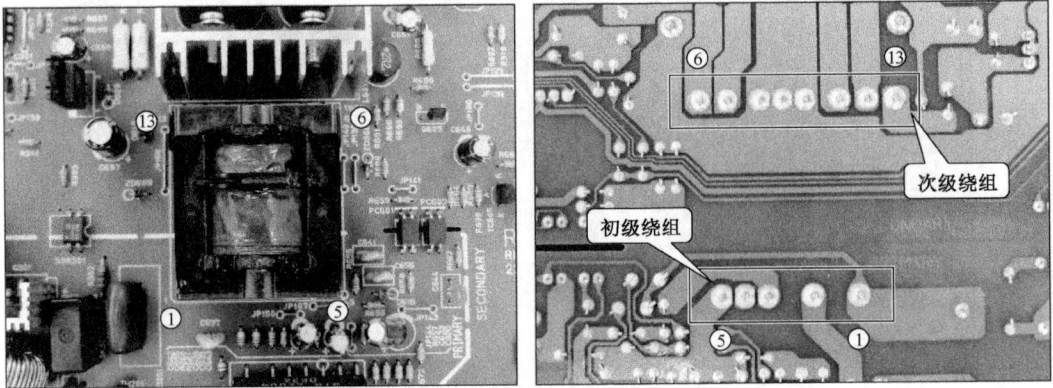

图 8-39　电源变压器的引脚标志

【图解演示】

如图 8-40 所示为变压器初级绕组的检测，测得初级绕组阻值如表 8-9 所示。而经检测次级绕组之间的阻值均为 0Ω。这是因为次级绕组的线径粗、线圈匝数少，因而直流电阻接近 0Ω。

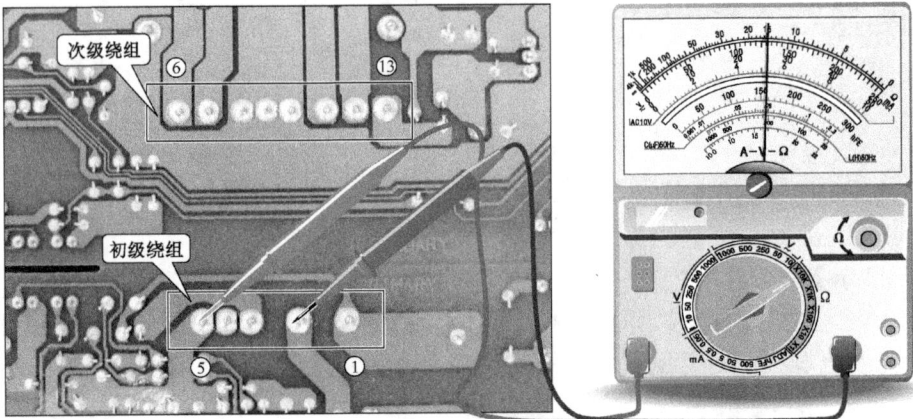

图 8-40　变压器初级绕组的检测

表 8-9　变压器初级绕组阻值

引脚	阻值	引脚	阻值	引脚	阻值	引脚	阻值
1-2	0×10 kΩ	1-5	19×10 kΩ	2-5	15×10 kΩ	4-5	∞
1-3	20×10 kΩ	2-3	19×10 kΩ	3-4	∞	—	—
1-4	∞	2-4	∞	3-5	0×10 kΩ	—	—

（5）光电耦合器的检测

在电源电路中，光电耦合器是将开关电源输出电压的误差反馈到开关集成电路上的元器件。光电耦合器是由光敏晶体管和发光二极管构成的，如图 8-41 所示为光电耦合器的引脚对照图及其内部结构图。若光电耦合器损坏，会引起输出的直流电压不正常。

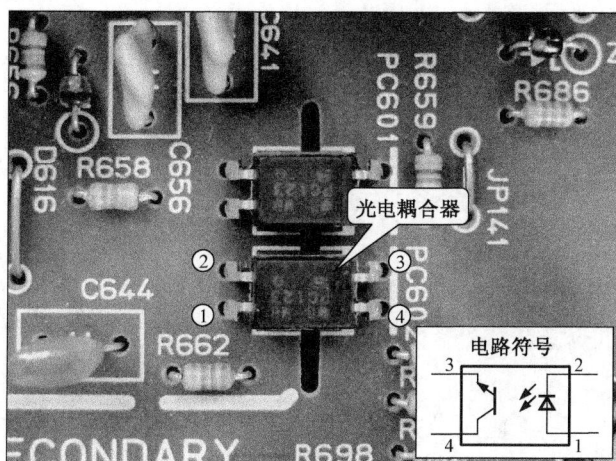

图 8-41　光电耦合器的引脚对照图及其内部结构图

【图解演示】

检测时，可先检测①脚和②脚之间的正反向阻抗均为 7.5 kΩ，如图 8-42 所示。

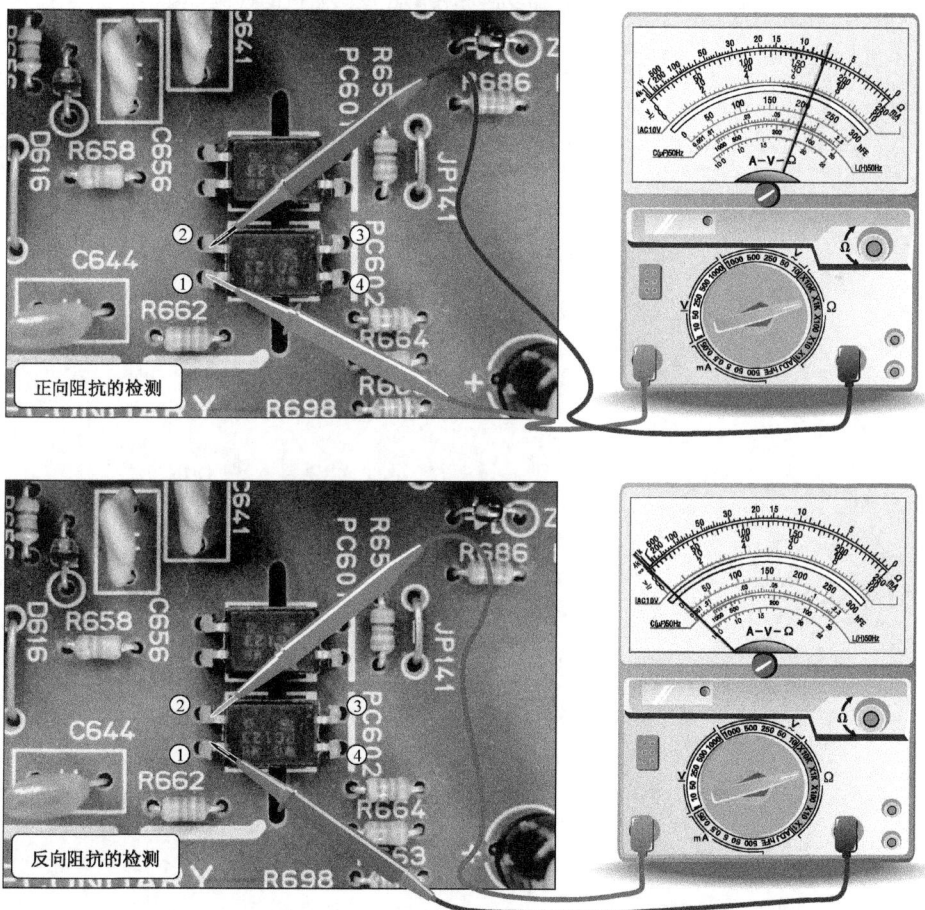

图 8-42　光电耦合器①脚和②脚正反向阻抗的检测

检测时，若光电耦合器正常，则检测①脚和②脚之间的正向阻抗应可以检测到一定的阻值，而其反向阻抗应为无穷大。

接下来，检测光电耦合器③脚和④脚的正反向阻抗，如图 8-43 所示。若光电耦合器正常，则③脚、④脚的正反向阻抗均可以检测到一定的阻值。

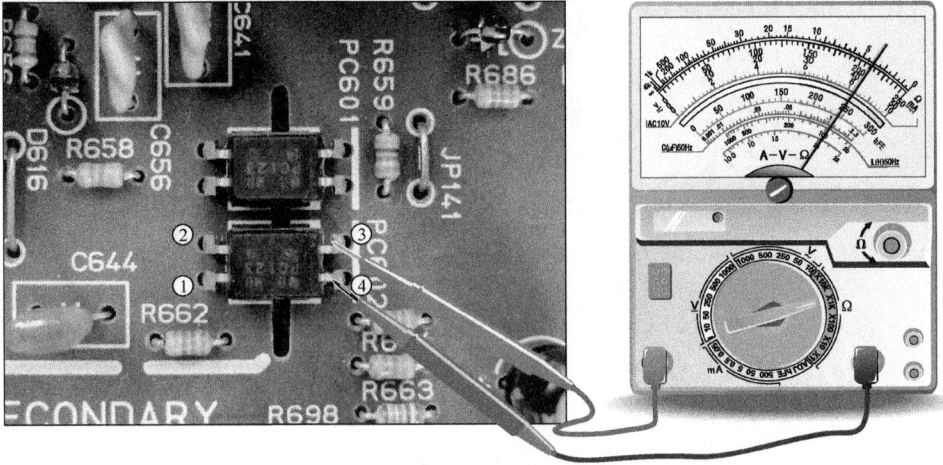

图 8-43　光电耦合器③脚和④脚正反向阻抗的检测

项目九

▶▶▶ 认识投影机

在学习投影机检修技术之前，我们首先要了解一下投影机的整机构成，认识投影机中的主要器件，掌握投影机的工作过程以及投影机各单元电路之间的关系。

任务模块 9.1 了解投影机的结构特点

知识讲解 9.1.1 了解投影机的结构组成

1. 投影机的外部结构

投影机的种类有所不同，但其组成的基本元素大致相同。基本上都是由外部的外壳、接口、操作按键和内部的电路及光学系统等构成的。

【图文讲解】

图 9-1 所示为典型 LCD 投影机的外部结构图。投影机从外观来看，主要是由开机键、功能按键、镜头、镜头盖、聚焦环、进气口及过滤网、散热风扇及散热口、接口等部分构成。

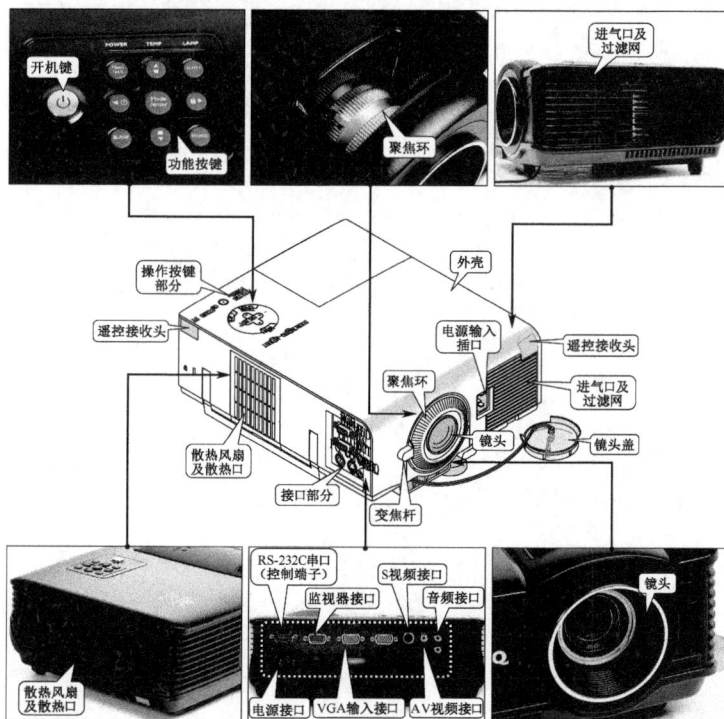

图 9-1 典型 LCD 投影机的外部结构图（NEC vt440/vt540 型 LCD）

2. 投影机的内部结构

投影机的内部一般可分为电路部分和光学系统两大部分，其中电路部分主要包括主电路板和供电电路板；光学系统则主要指光学组件。

【图文讲解】

如图 9-2 所示为典型（NEC vt440/vt540）LCD 投影机的内部结构示意图，可以看到典型投影机的内部主要是由主控电路板、显示驱动电路板、电源组件、接口电路板、光学系统等部分构成的。

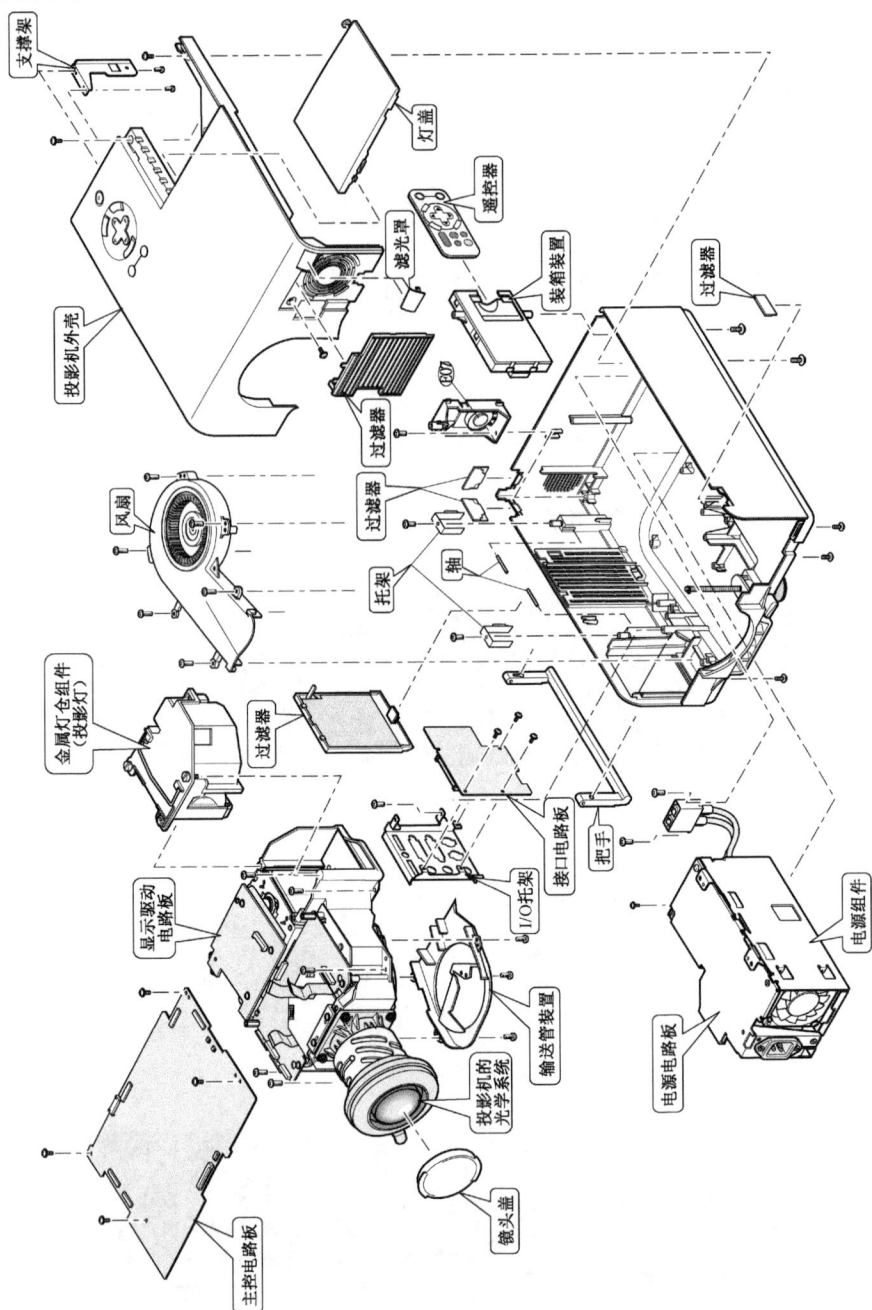

图 9-2　典型（NEC vt440/vt540）LCD 投影机的内部结构示意图

【资料链接】

不同品牌、不同型号的投影机中，采用的电源和镇流器组件、光学系统部分有所不同，但其处理信号的基本过程和电路工作原理基本相同，如图 9-3 所示为三星 SP-P310ME DLP 投影机内部结构示意图。可以看到其中电源和镇流器组件主要是由电源、镇流器电路板及上下挡板构成的；光学系统部分主要是由风扇、DMD 散热片、安装板、DMD 电路板、DMD 插座、DMD 芯片、光学组件等部分构成的。

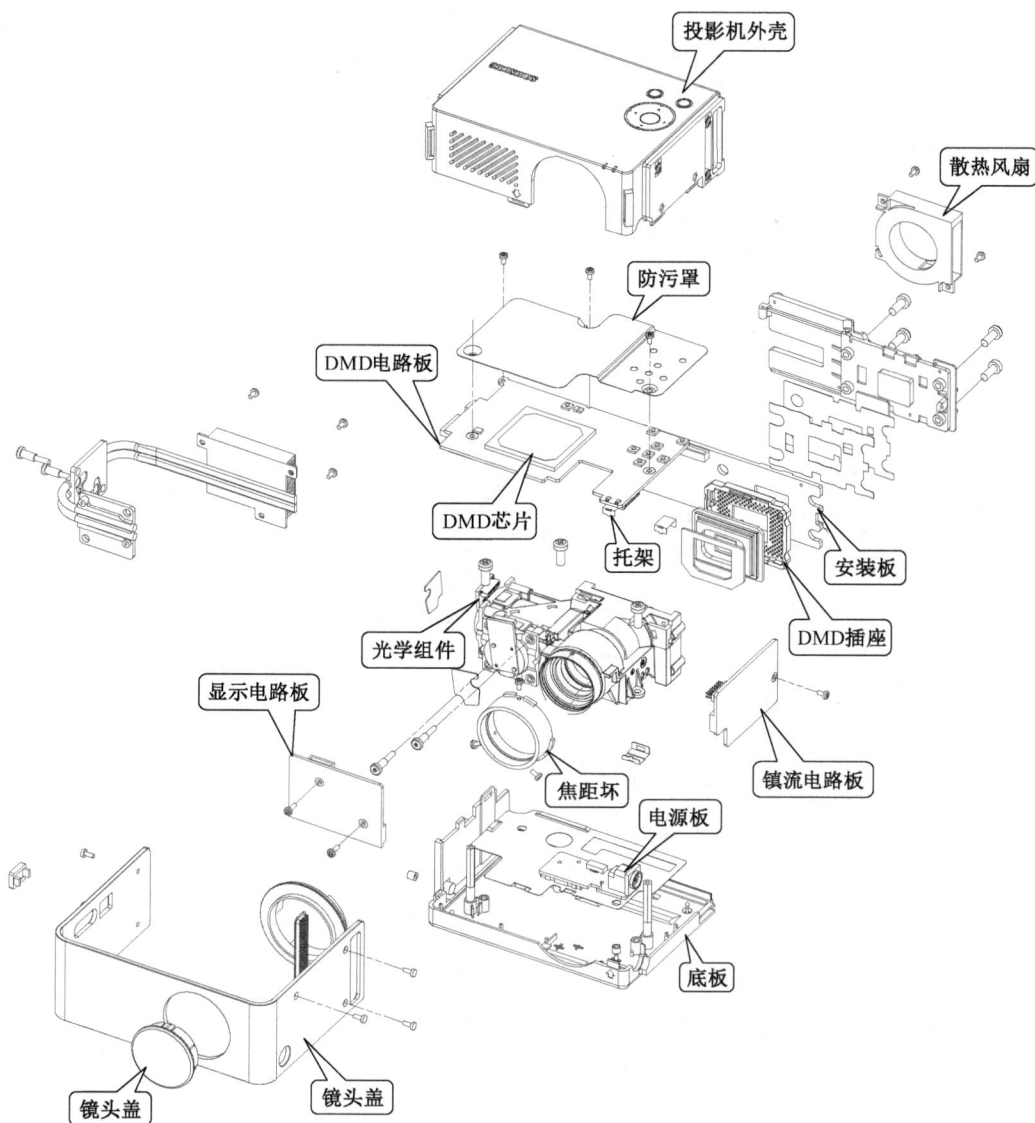

图 9-3　三星 SP-P310ME DLP 投影机内部结构示意图

知识讲解 9.1.2　识别投影机的主要组成部件

1. LCD 光学投影系统

LCD 投影机的光学投影系统是 LCD 投影机的核心部件，如图 9-4 所示为典型 LCD 液晶投影机的光学投影系统的结构组成，可以看到，其主要是由投影镜头、液晶板、投影镜片（反光镜、组合透镜、分光棱镜、分光镜、聚光镜、旋转透镜、滤光镜）等部分构成的。

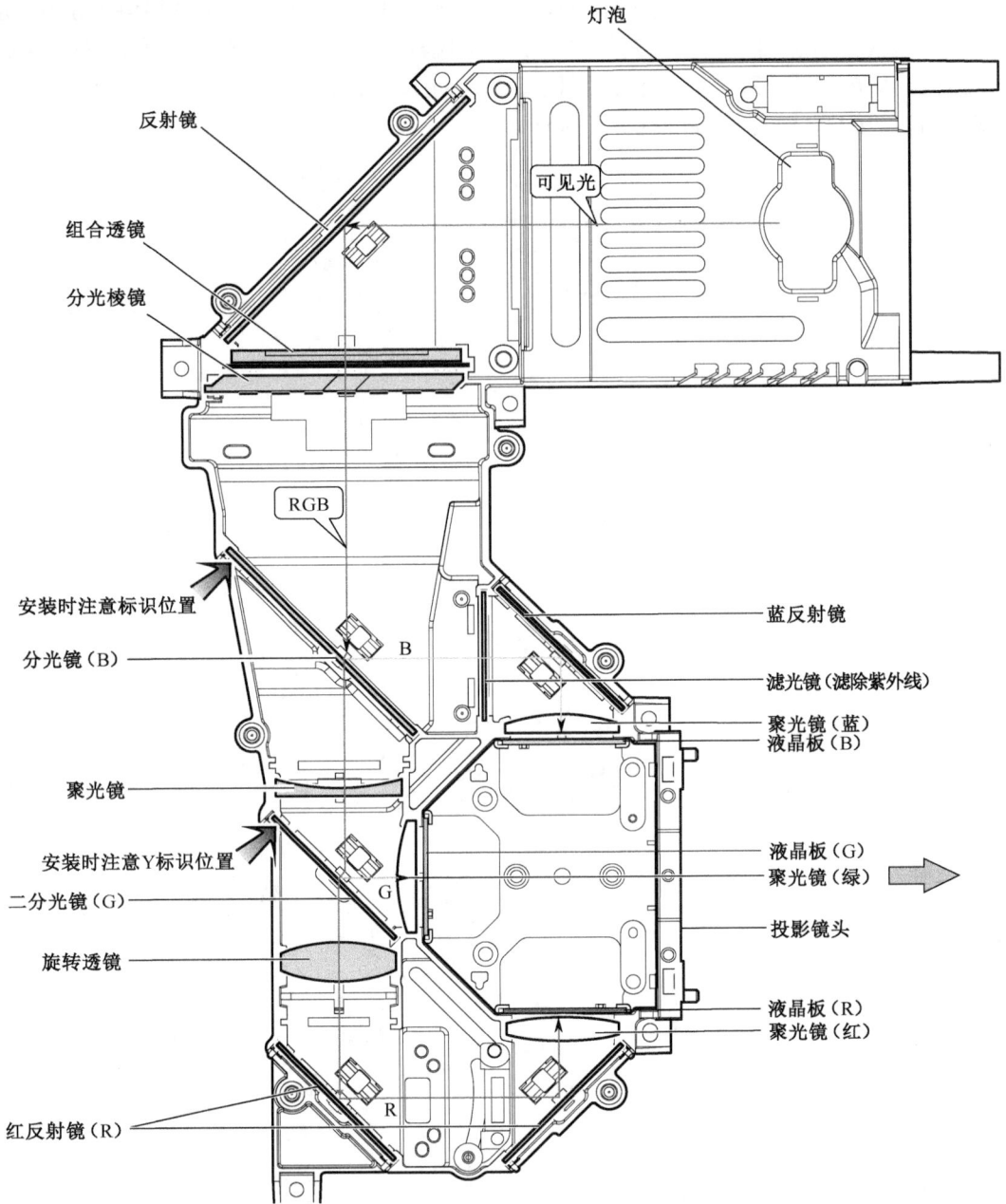

图 9-4　典型 LCD 液晶投影机的光学投影系统的结构组成（三洋液晶 PLC-XU40 型投影机）

（1）投影镜头

【图文讲解】

如图 9-5 所示为不同类型投影镜头的实物外形。投影镜头是由多个镜片组成的，由聚焦透镜、可变焦距的透镜（变焦透镜）、辅助聚焦透镜和成像透镜等部分构成。所有的透镜都安装在同一轴线上，并可以轴向移动（微调）。

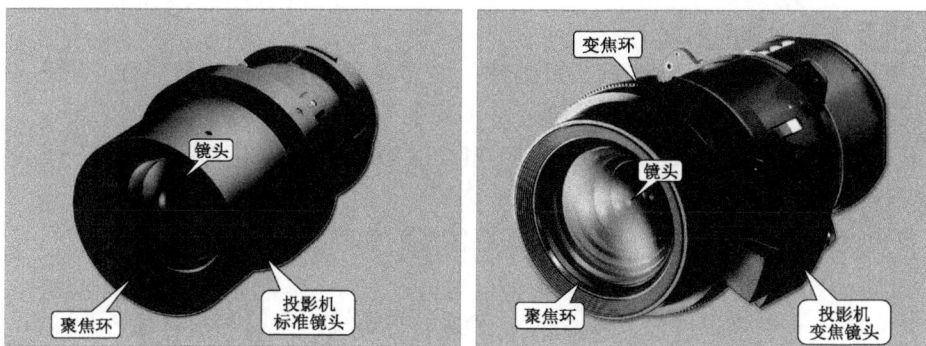

图 9-5　不同类型投影镜头的实物外形

（2）合光棱镜

【图文讲解】

如图 9-6 所示为合光棱镜的结构示意图，常见的机型一般都设置了 R、G、B 三组不同基色各自的液晶面板和聚光镜。

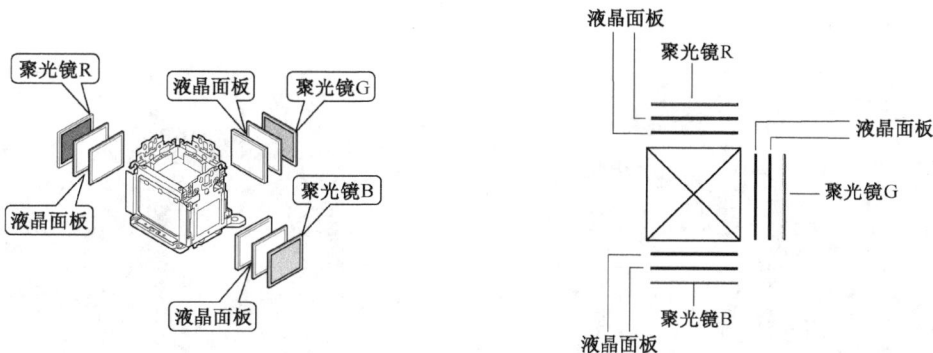

图 9-6　合光棱镜的结构示意图

（3）液晶板

【图文讲解】

液晶板是将液晶与偏光板合在一起来显示图像的，如图 9-7 所示为液晶板的结构示意图，主要是由背部光源、偏光板、玻璃基板、透明导电膜（像素电极）、定向膜、液晶体、彩色滤光片（滤光镜）、玻璃基板等构成。

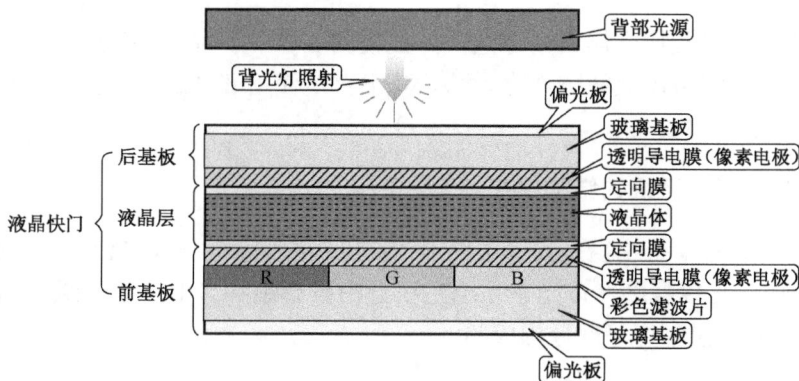

图 9-7　液晶板的结构示意图

185

（4）投影镜片（光学装置）

投影镜片是投影机的光学装置，投影镜片主要有聚光镜、滤光镜、UV 滤光镜、分光镜、反光镜、光源反射板、冷光镜等镜片，不同的镜片各自的功能也有所不同。

① 聚光镜：使从光源来的光成为平行光照 LCD 液晶板，在理论上，点光源的位置应该在聚光透镜的聚焦点处。

② 滤光镜：透射可见光，反射或滤除不需要的紫外线/红外线。

③ 反光镜：仅反射可见光中的红、绿、蓝光。

④ 分光镜：不同颜色的分光镜反射对应颜色的光线，投射剩余其他色光。如 R 分光镜智能反射 R 色光，其他色光均被透射；G 分光镜只能反射 G 色光，其他色光均被透射；B 分光镜只能反射 B 色光，其他色光均被透射。

（5）投影灯（灯泡组件）

目前投影机中普遍使用的金属卤素灯泡、UHE 灯泡和 UHP 灯泡作为光源。

【图文讲解】

如图 9-8 所示为不同类型投影灯的实物外形图。主要是由灯口、反射器、灯架和投影灯电源接口等部分构成。

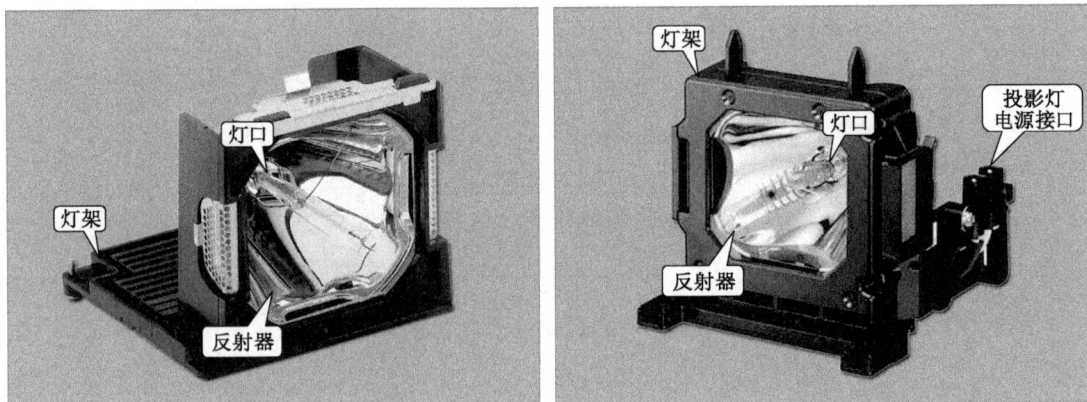

图 9-8　不同类型投影灯的实物外形图

金属卤素灯泡的优点是价格便宜，缺点是发热量大，一般使用 2 000 小时左右亮度就会降低到原先的一半左右，由于发热量高，对投影机散热系统要求高，投影机工作时噪声过大。

UHE 灯泡的价格相比金属卤素灯泡低，在使用 2 000 小时以前亮度几乎不衰减。由于发热量低，UHE 灯泡习惯上被称为冷光源。其优点是使用寿命长，但由于价格较高，一般应用在中高档投影机中。

2．DLP 光学投影系统的结构组成

DLP 投影机的光学系统也是其核心部件，如图 9-9 所示为典型 DLP 液晶投影机的光学系统的结构组成，可以看到，该光学系统主要是由投影镜头（多个镜片组成的光学镜头）、DMD 芯片、色轮、投影灯等部分构成的。

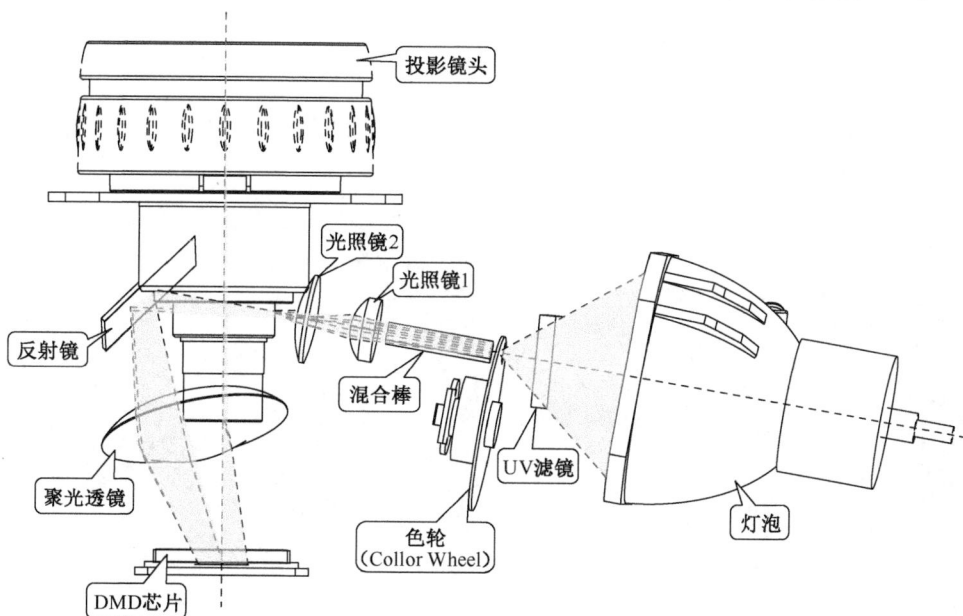

图 9-9　典型 DLP 液晶投影机的光学系统的结构组成（夏普 XV-Z100A 型投影机）

① UV/IR 滤镜：从光源中过滤紫外光和红外光，减少干扰；

② 混合棒：确认光射线的均匀性；

③ 光照镜：从混合棒出来的光聚焦到反射镜；

④ 反射镜：将光照镜传递来的光线反射到聚光透镜上；

⑤ 聚光透镜：对反射镜反射的光线进行聚光，投影机 DMD 芯片上；

⑥ 投影镜头：经过 DMD 芯片处理并反射的光线通过投影镜头投射至银幕上。

（1）DMD 芯片

【图文讲解】

如图 9-10 所示为常见的 DMD 芯片实物外形图。DMD 芯片也称数字光芯，是 DLP 投影机的核心部件，它是采用超大规模集成电路制作的半导体芯片，使用数据信号进行驱动和控制，可以将内部微镜以每点输入源的彩色分量的速率开/关来反射光。

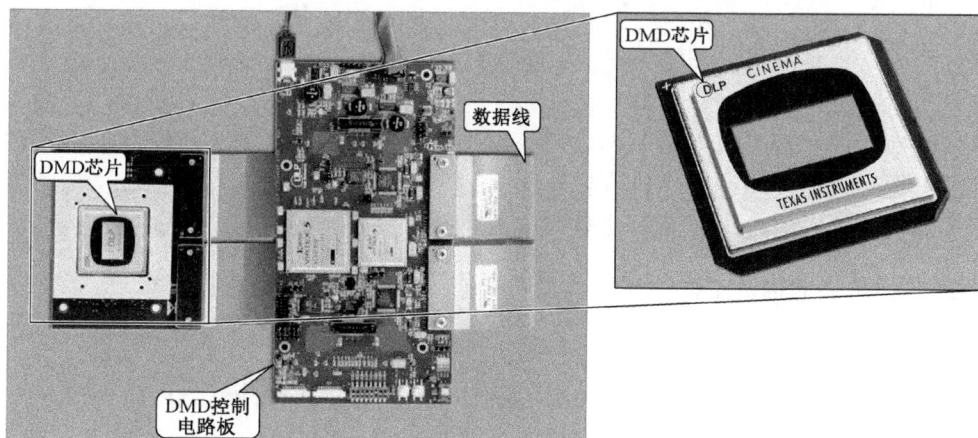

图 9-10　常见的 DMD 芯片实物外形图

（2）色轮

【图文讲解】

如图 9-11 所示为色轮的实物外形。色轮是将光源发射的合成光分离成单色光或组合光的器件，它是由滤光色轮、数据线和驱动电机组成的。

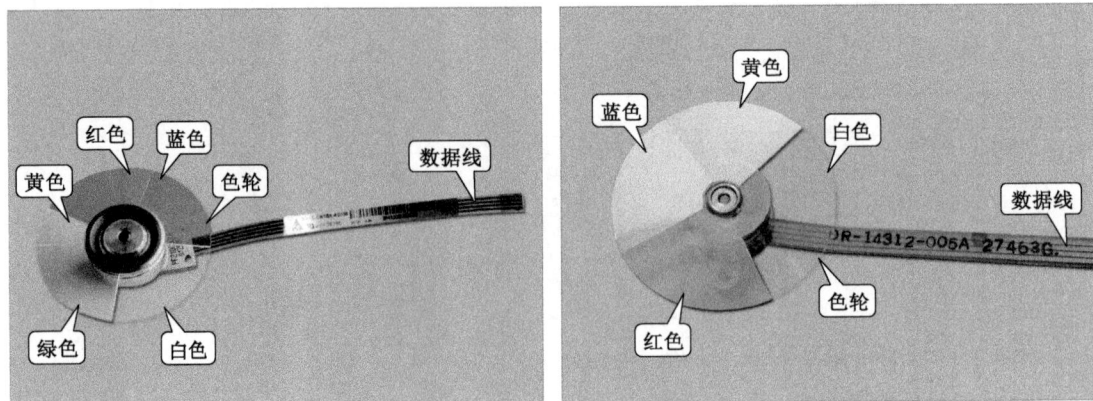

图 9-11　色轮的实物外形

任务模块 9.2　掌握投影机的工作原理

知识讲解 9.2.1　搞清投影机成像系统的工作过程

投影机本身不产生信号，它只是作为图像信息的输出终端设备，方可以将计算机或其他视频设备产生的视频信号放大到投影机银幕上供更多的人同时观看。不同品牌、不同型号的投影机整机电路的工作过程也有所区别。

1. LCD 投影机的整机工作过程

【图文讲解】

如图 9-12 所示为典型 LCD 投影机的整机电路的工作流程示意图。可以看到，LCD 投影机很像一台幻灯机，幻灯机的工作机理是灯光通过会聚镜将光通过幻灯片照到银幕上，绘有图画的幻灯片具有不同的透光性，于是在银幕上就出现了幻灯片的图案。LCD 投影机可以说是将幻灯机中的幻灯片用液晶板代替，液晶板在前级设备输入的图像信号的作用下透光性发生改变，在液晶板上出现图像信号相应的图案，即形成类似幻灯片的图案，当光源发出的光通过液晶板和镜头投射到银幕的时候，银幕上就出现了与液晶板图像相同的画面。而液晶板的图像取决于显示驱动电路传输的不同数据及控制。

2. DLP 投影机的整机工作过程

【图文讲解】

如图 9-13 所示为典型 DLP 投影机的整机电路工作过程示意图。可以看到，它与 LCD 投影机不同的是其光学系统部分，即成像原理有所不同。DLP 投影机先用色轮和 DMD 成像芯片取代了液晶板。

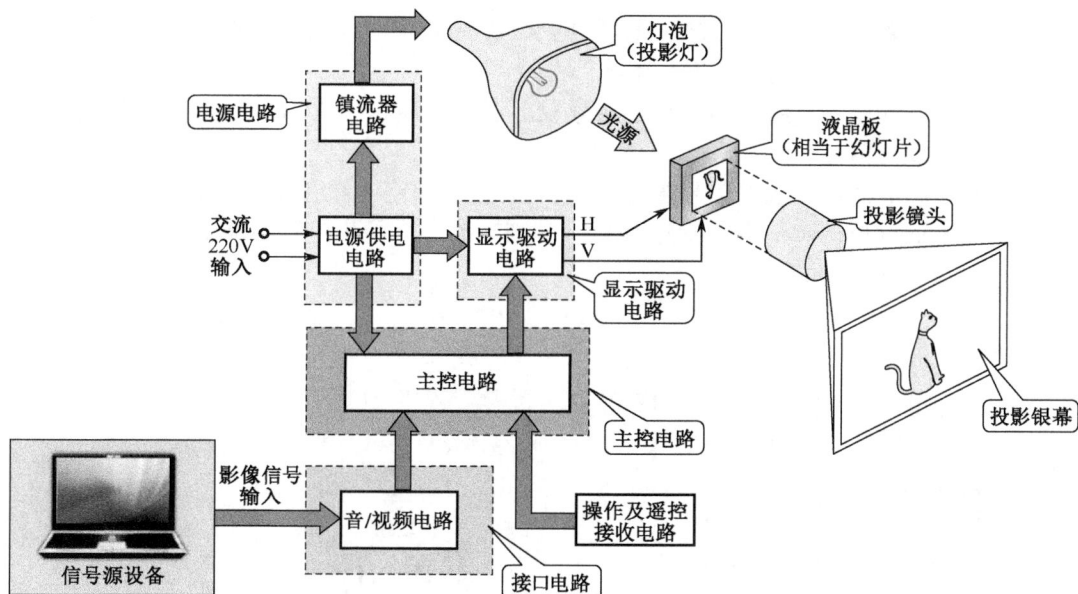

图 9-12　典型 LCD 投影机的整机电路的工作流程示意图

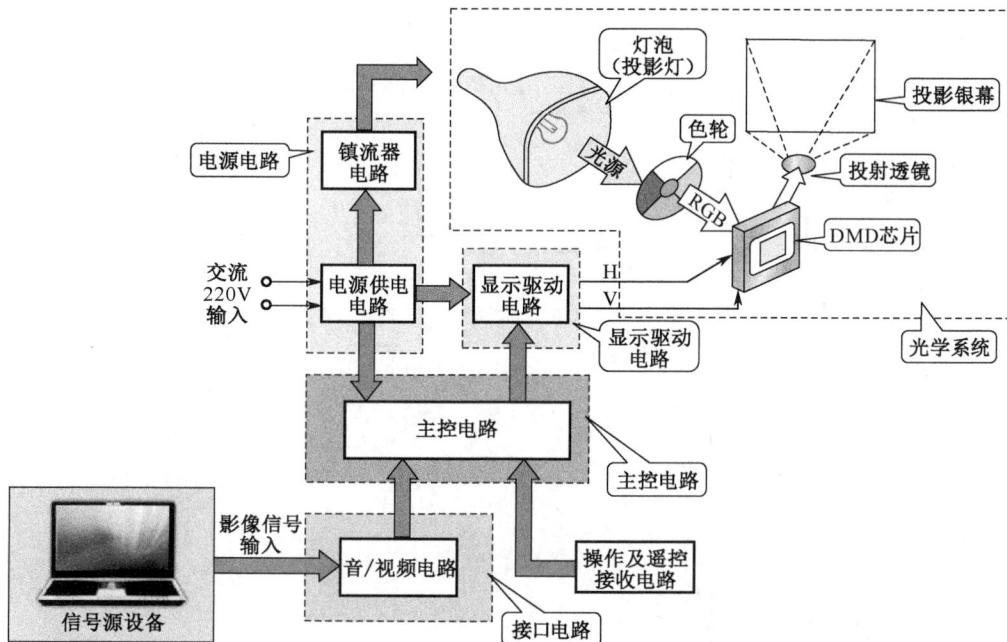

图 9-13　典型 DLP 投影机的整机电路工作过程示意图

知识讲解 9.2.2　搞清投影机电路的工作关系

【图文讲解】

图 9-14 所示为东芝 TLP-X10/X20 系列 LCD 投影机中各电路之间的关联图。可以看到，投影机核心电路主要是由电源供电电路、镇流器电路、液晶显示驱动电路、音/视频电路、LCD 操作显示电路、主控电路所构成。

外部设备输入的音、视频图像信号经音、视频电路处理，通过接口数据线传输至主控

x

x

电路，进行亮度和色度信号的处理、数模转换、行场同步信号的形成等处理，经处理后通过接口数据线输出 R、G、B 三基色信号。

液晶显示驱动电路是将主电路板的视频信号处理电路送来 R、G、B 信号处理成驱动和控制液晶显示板的信号。

驱动和控制液晶显示板的信号被分别送到 R、G、B 各自的液晶显示板上。

同时输出的行场同步信号分别送到同步控制电路中，同步控制电路输出的控制信号也送到 R、G、B 液晶显示板上。

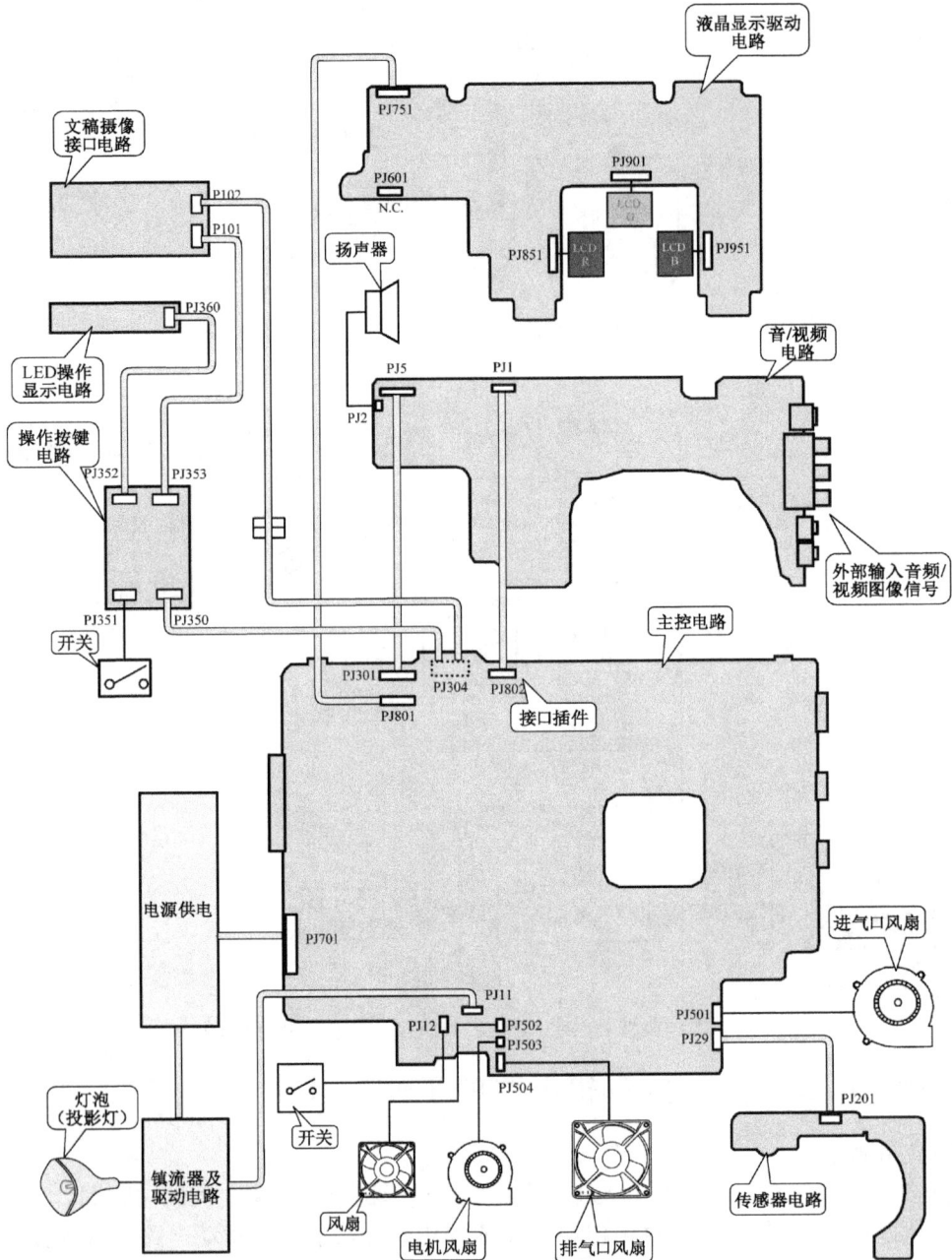

图 9-14　东芝 TLP-X10/X20 系列 LCD 投影机中各电路之间的关联图

音频信号经音频开关电路将音频输入信号送到音频放大器，经功率放大后驱动扬声器。

电源电路是为液晶投影机各种电路元器件提供电源的电路，交流 220V 电压经滤波器加到桥式整流堆上，经整流后输出约 300V 的直流。300V 的直流电压送到开关电源电路。通过开关变压器变成多路直流电压输出，为其他电路板的正常工作提供各种工作电压。

镇流器电路的功能是为投影机的光源（灯泡）提供电流，使之恒定的发光。由于金属卤化物灯是一种通过放电形式的光源。因而它需要一种特殊的电路，由电源电路中桥式整流器输出的 300V 直流加到镇流电路的输入端，保证光源（灯泡）的供电。

操作显示电路是接收人工指令进行自动控制的电路，收到遥控器发来的人工控制信息后，经放大、滤波、整形后取出脉冲信号送到主控电路。

遥控接收电路和开关电路为微处理器提供人工指令信号，微处理器是在人工指令的控制下对投影机进行控制。

主控电路直接为各个风扇提供电源控制信号。多个风扇协同散热，保证投影机工作时，机器内部的温度可以在较长时间保持在较低的温度。

项目十

掌握投影机维修与维护技能

在该项目中，我们要熟悉投影机的故障特点，明确投影机的检修思路。然后结合对实际样机的检测操作演示，着重训练投影机故障检修的基本方法。

任务模块 10.1　了解投影机的故障特点和检修流程

投影机在使用过程中，可能会遇到各种各样的故障，对投影机进行检修时，应先建立正确的检修思路，根据投影机的故障特点，初步确立投影机产生故障的原因及故障部位，然后根据先外部后内部、先易后难的整体检修思路进行检修，最后对其可能产生故障的部件进行检修、代换，从而排除投影机的故障。提醒：只有熟悉投影机各部件出现的故障特点，将故障范围缩小，才能够快速且准确地查找出投影机出现故障的部位。

知识讲解 10.1.1　明确投影机连接及参数设置方面的故障检修思路

投影机连接及参数设置方面的故障是指由于投影机信号线或电源线的连接不当、相关参数设置不当引起的投影机工作异常的故障，其故障特点多表现在其投影画面效果上，如不能投影、投影图像偏色、投影画面抖动、图像色彩失真、图像变形失真、投影图像重影、投影时图像显示不完全以及投射出的图像倾斜、偏位等。

【图文讲解】

根据投影机的故障特点，大多数投影机故障是由连接及参数设置不当引起的，在对投影机进行检修时，应首先从这两个方面进行检查。一般首先检查各接线的连接情况，排除接线连接不当的故障后，再根据投影效果检查相关参数设置是否正常，从而进行相关参数的调整来排除故障，其基本的检修思路如图 10-1 所示。

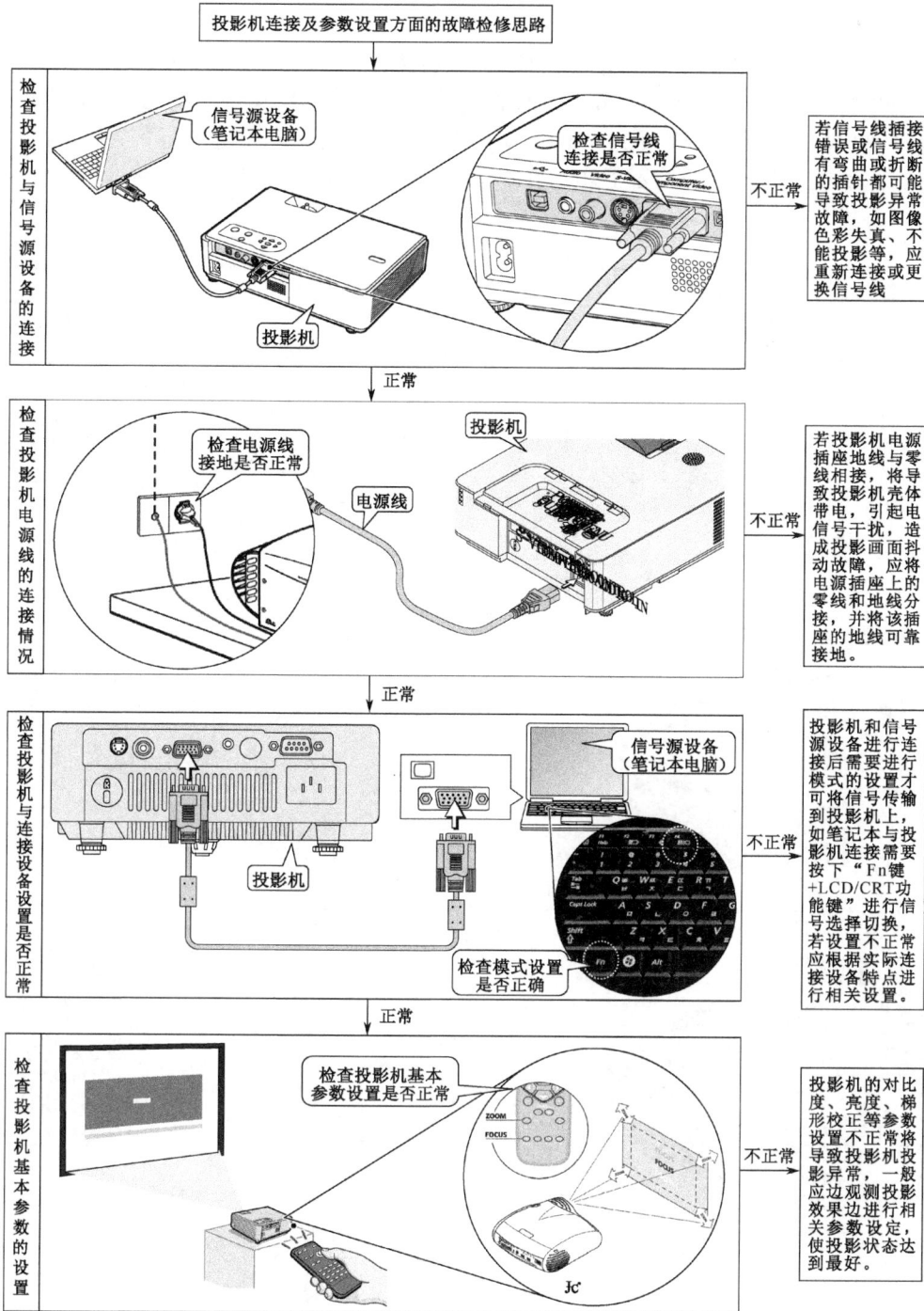

图 10-1　投影机连接及参数设置方面的故障检修思路

知识讲解 10.1.2　明确投影机光学投影系统的故障检修思路

投影机光学投影系统是投影机中用于成像和输出投影信息的重要部分，该部分常见的故障特点主要表现为投影画面有明显竖条、图像偏色、投射画面模糊、画面亮度不均匀、有色斑、投影画面为暗黄色或色彩不饱满、投影灯不亮无光栅等。

【图文讲解】

如图 10-2 所示为投影机光学投影系统的检修分析,对投影机的光学投影机系统进行检修时,应遵循从易到难,从外到内的顺序,依次对该系统的故障部件进行检修,从而排除故障。以典型液晶投影机的光学投影系统为例对检修思路进行讲解,其检修的基本思路为:镜头→投影灯→液晶板→光学镜片。若上述部件均正常,则应对其驱动及控制电路进行检修。

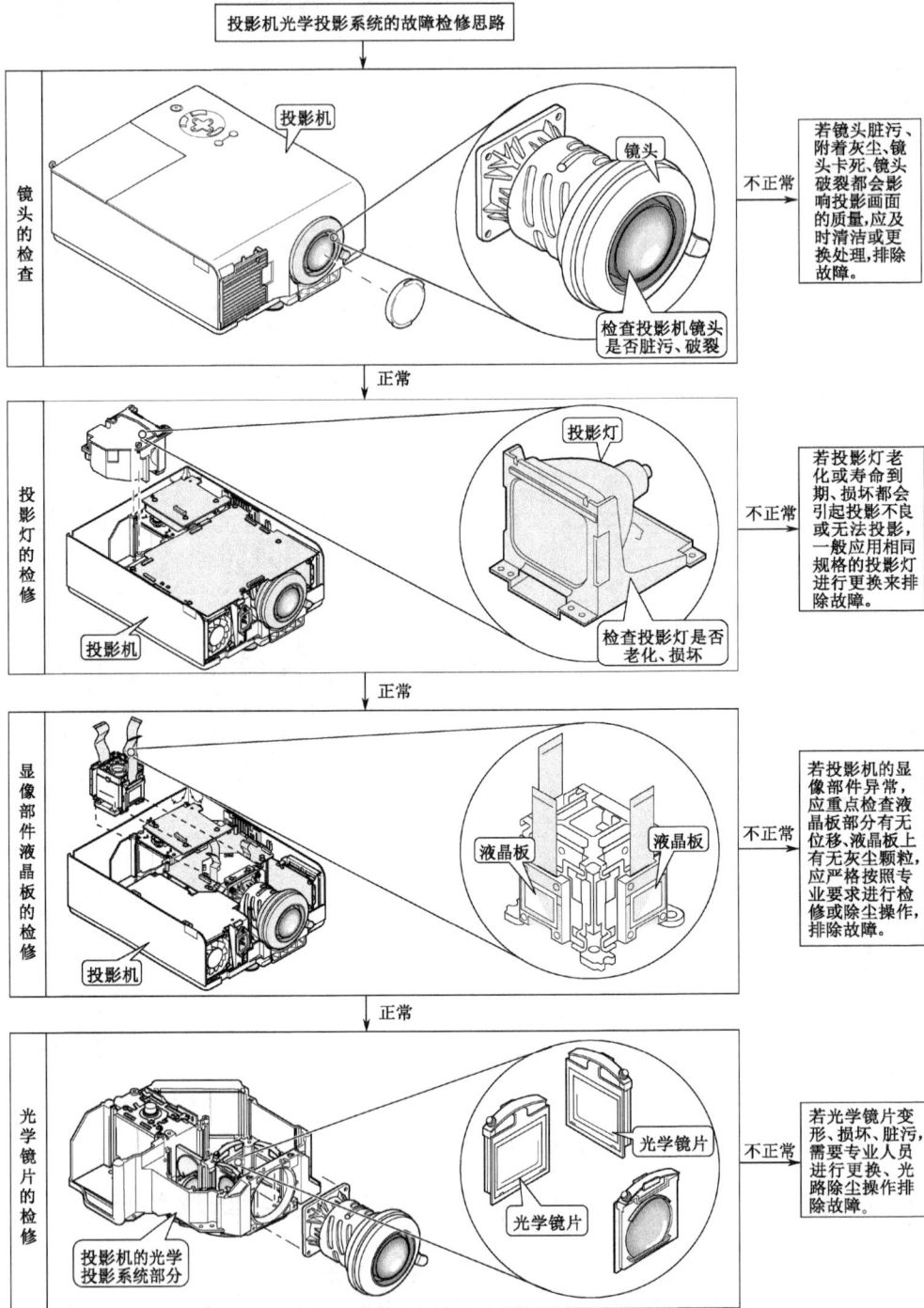

图 10-2　投影机光学投影系统的故障检修思路

知识讲解 10.1.3　明确投影机电路系统的故障检修思路

投影机的电路系统是整机处理信号和提供投影机工作条件的关键部分，主要包括数字图像处理及控制电路、显示驱动、电源电路和接口电路等部分，其中任何一个电路工作不正常都会引起投影机工作失常的故障。

【图文讲解】

如图 10-3 所示为投影机电路系统的检修分析。根据投影机的故障特点，对投影机的电路系统进行检修时，一般按照出现故障率高低的顺序进行检修，其电路系统的检修基本思路为：接口电路→电源电路→数字图像处理及控制电路→显示驱动电路。

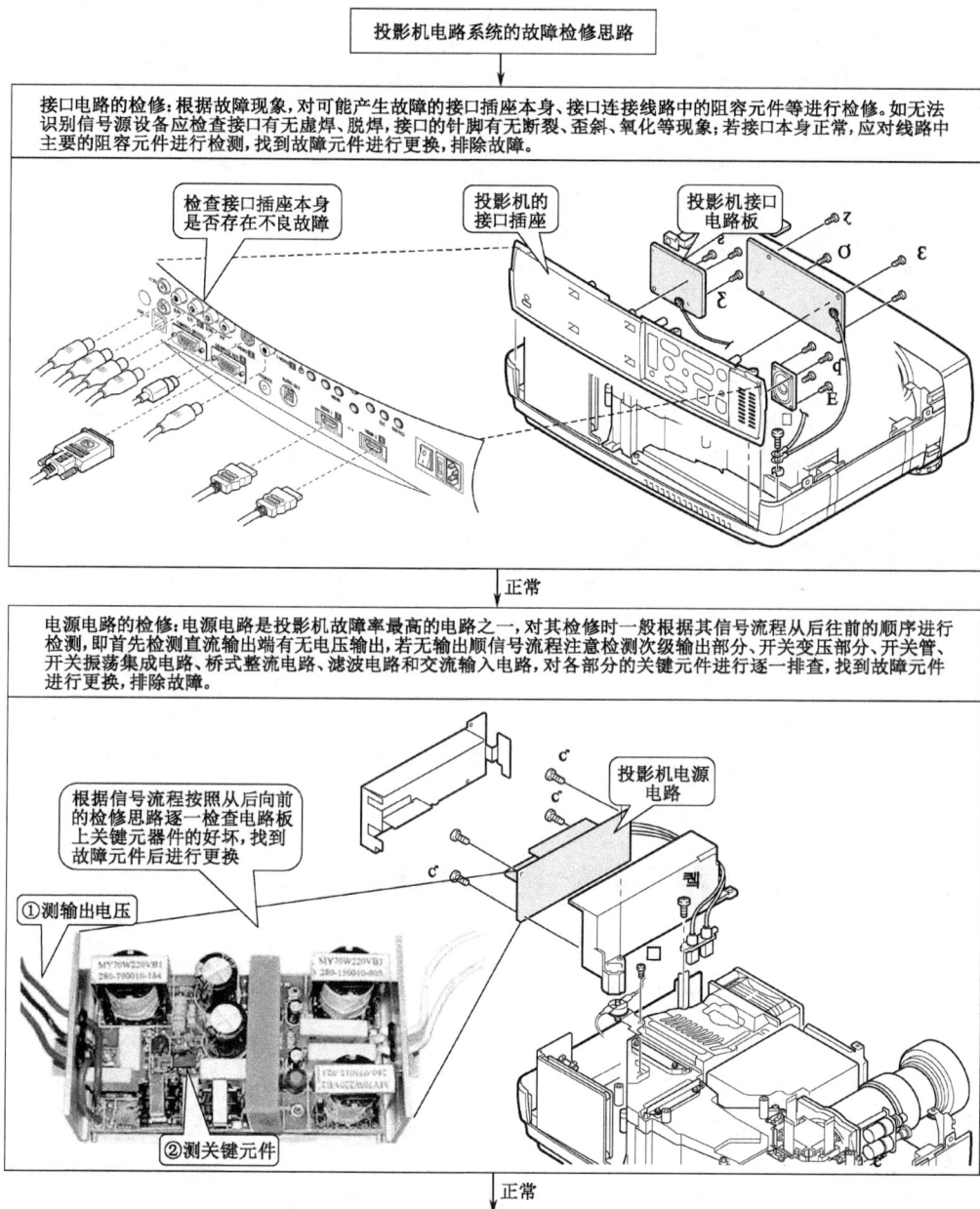

图 10-3　投影机电路系统的故障检修思路

数字图像处理及控制电路的检修：根据故障现象，首先检查该电路的工作条件是否满足，即检查供电部分。若供电正常，则重点检查电路部分与其他电路连接接口处的信号，其基本检修思路为：检测其输入、输出接口处的信号，若有输入无输出，则说明中间处理环节故障，再针对关键元件进行检测，直到找到故障元件，进行更换或更换整个电路板。

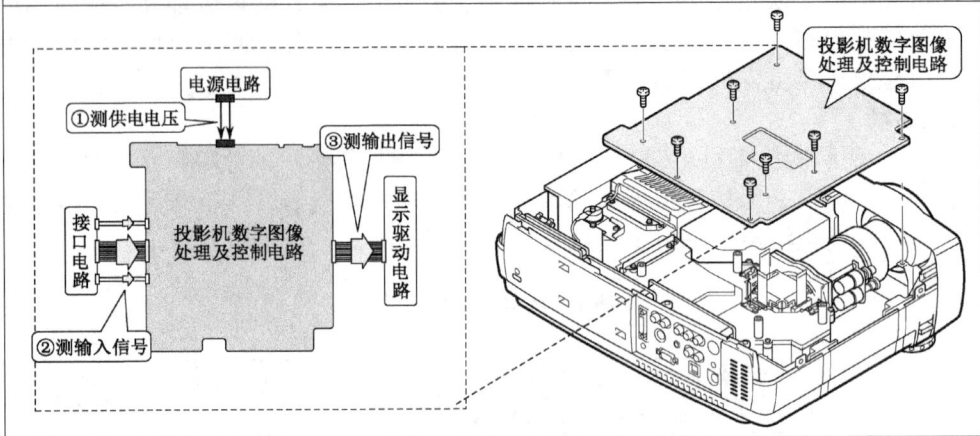

正常

显示驱动电路的检修：根据故障现象，显示驱动电路不良将直接造成投影异常的故障，对该电路进行检修时，一般从整体进行判别，即检测输入端信号是否正常，若输入正常，分别检测三路驱动输出是否正常，若输入正常，无输出或一路输出异常，均说明该显示驱动电路故障，应整体更换电路板排除故障。

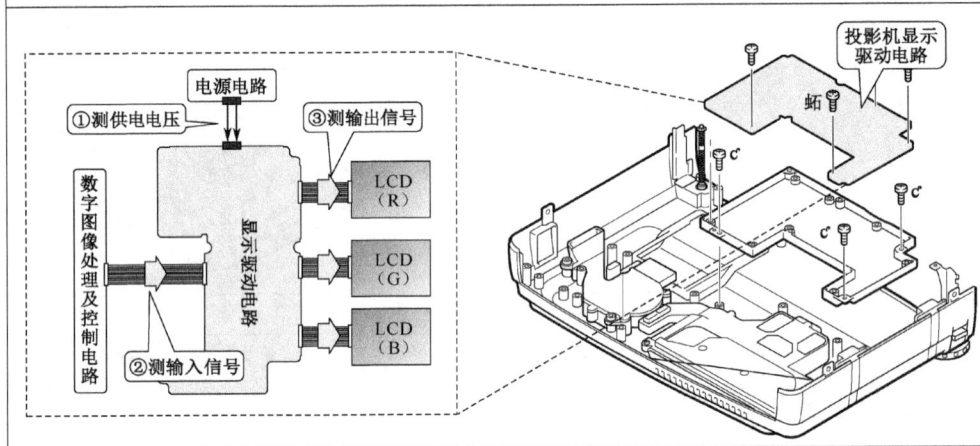

图 10-3   投影机电路系统的故障检修思路（续）

任务模块 10.2   掌握投影机的检修技能

技能训练 10.2.1   投影机镜头镜片的检修代换方法

投影机的镜头是决定成像效果的关键，若投影镜头出现故障后，通常表现为透射出的图像模糊、缺失等故障，若投影镜头镜片无法修复时，则需要对其进行代换，代换时最好选择同型号进行代换。在代换投影镜头镜片之前，先关闭电源，拔下电源线。

【图解演示】

投影镜头镜片的代换方法，如图 10-4（a）所示，从前面板右侧插入塑料撬片，然后将面板拆卸器向左滑动夹住前面板，用塑料撬片牢牢夹住往前面板的右侧，然后将其滑动至无法再移动为止（从面板拆卸器孔看到的前面板边缘的位置）。然后将塑料撬片向上拔，这样就拆下了前面板右侧。

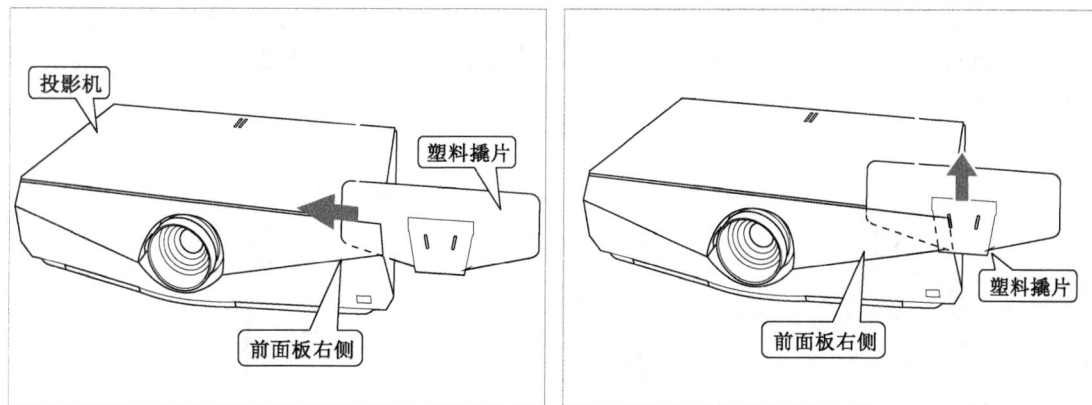

（a）使用塑料撬片拆卸前部面板

如图 10-4（b）所示，以同样的步骤拆开前部面板的左半部分，拿起前面板。

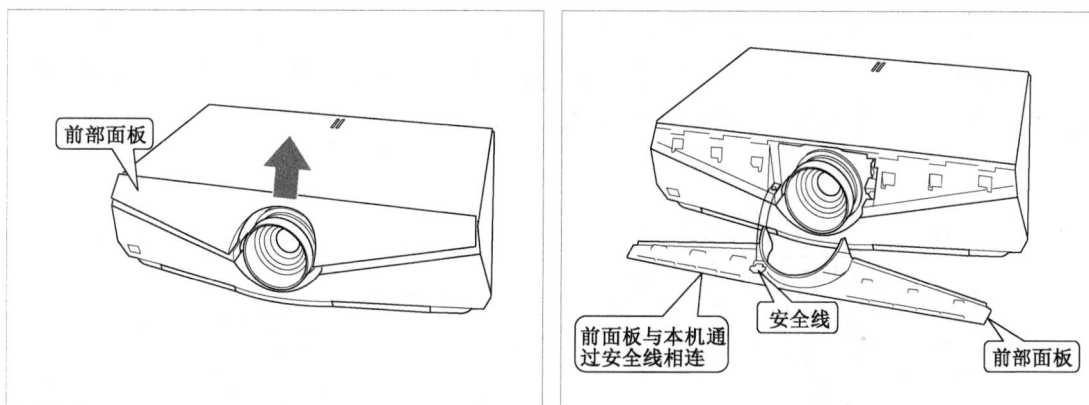

（b）取下塑料撬片，及拔下安全线

如图 10-4（c）所示，将透镜固定杆朝镜头移动，然后提起。请正确提起透镜固定杆，否则将无法取出透镜，沿直线向前取出透镜，注意，用双手取出透镜。

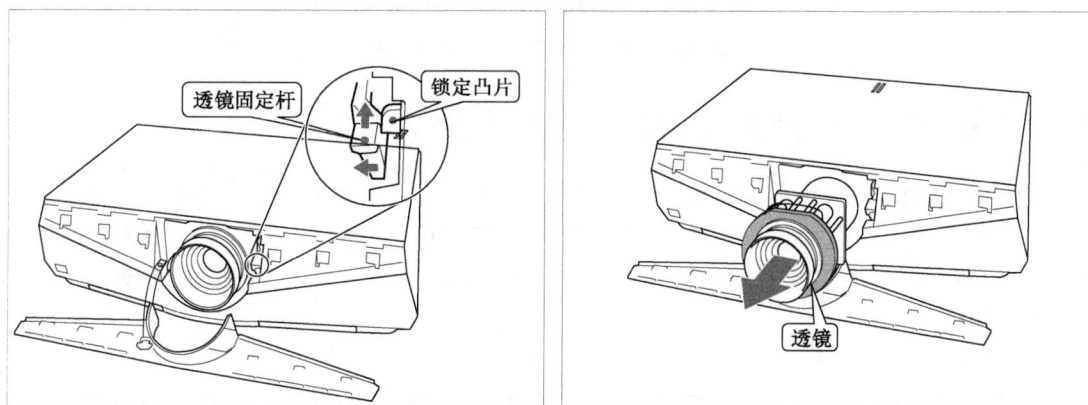

（c）提起锁定涂片，并移动透镜固定杆

如图 10-4（d）所示，取下需要更换的镜片，将新的镜片安装在镜头上。镜片安装好后，调整透镜使电机部分朝上。另外还要保透镜周边的衬垫在图中位置，位置确定好后，按箭头所指示的方向将透镜直接插入。值得注意的是，若衬垫未在图中所指示的位置，请用手转动衬垫进行调整。转动时，请切勿使衬垫脱离透镜凹槽。更换透镜时，请当心透镜玻璃不要被固定杆或其他部件划伤。

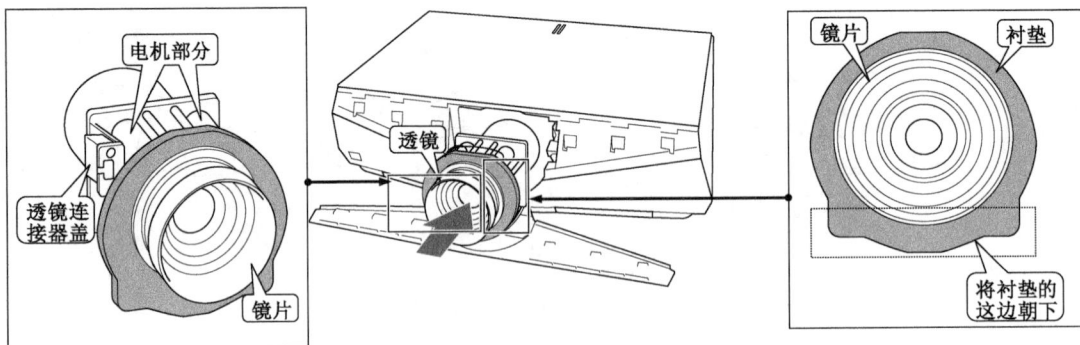

（d）取下要换上的透镜，并更换新的透镜

如图 10-4（e）所示，正确将透镜固定杆移至底部，插入透镜。若透镜固定杆没有移到底部，透镜可能无法完全插入，可左右轻微转动透镜，然后重新插入透镜。将前面板背面的锁扣和插脚部位插入主机，然后按住面板直至锁定。

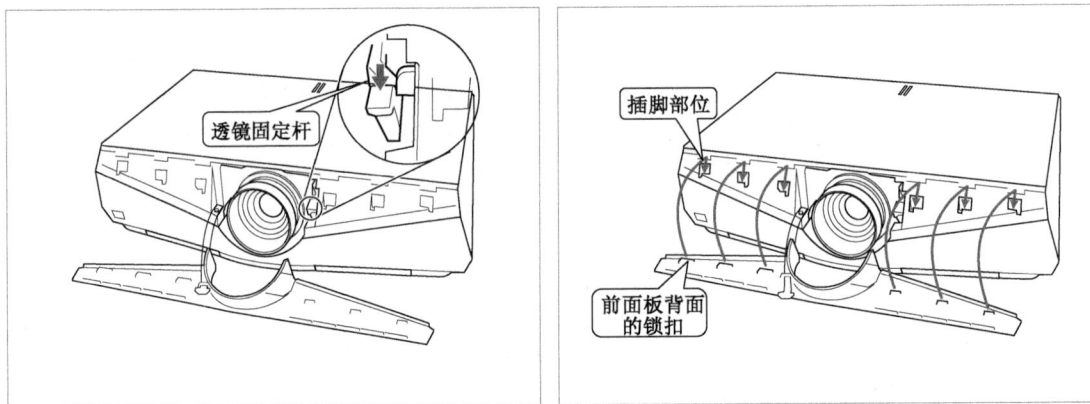

（e）一致透镜固定杆，并将前面板背面的锁扣和插脚部位插入主机

图 10-4　投影镜头镜片的代换方法

技能训练 10.2.2　投影灯组件的检修代换方法

当投影机的灯泡工作时间达到使用极限时，机箱上的 LAMP 指示灯会闪红光。虽然灯泡尚能继续使用，但此时应更换灯泡，以保证投影机处于最佳工作状态。更换时最好选择同型号进行代换。在代换投影灯之前，先关闭电源，拔下电源线。确保灯架变的足够凉之后再更换。

【图解演示】

投影灯组件的更换方法，如图 10-5（a）所示，选用合适的螺丝刀拧松灯盖螺丝，固定螺钉拧松后，推动灯盖并将其滑出。

如图 10-5（b）所示，使用合适的螺丝刀，将固定在灯架上的固定螺钉一一拧松，固定螺钉不能取下，固定螺钉拧松后，捏住旧灯架将其取下。

如图 10-5（c）所示，将一只新灯架插入灯架槽内，将其固定。切勿使用备用灯架以外的其他型号灯架。更换好灯架后，使用螺丝刀将灯架上的固定螺钉拧紧。

如图 10-5（d）所示，灯架固定好后，将灯盖滑回去卡到位，灯盖卡到位后，将灯盖上的固定螺钉拧紧。

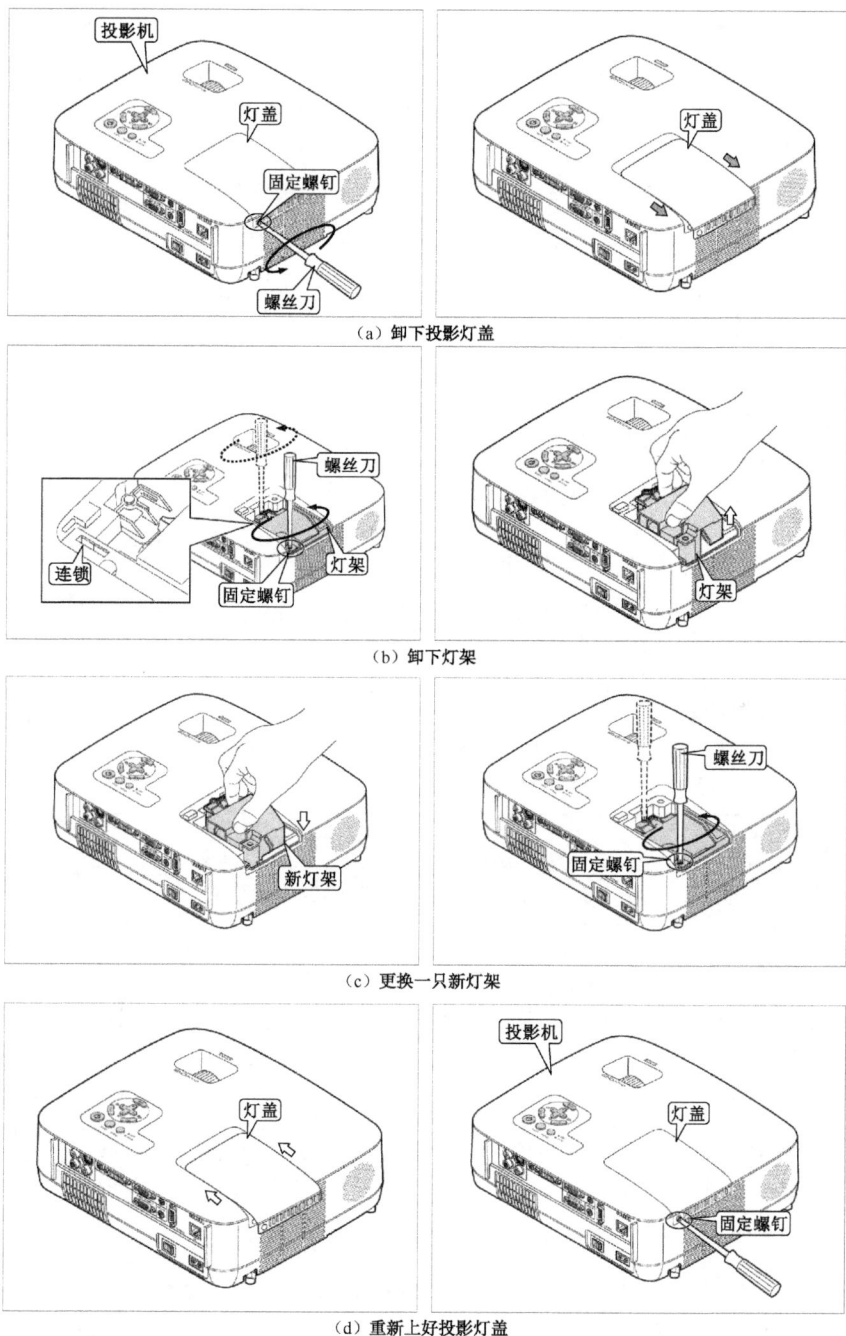

（a）卸下投影灯盖

（b）卸下灯架

（c）更换一只新灯架

（d）重新上好投影灯盖

图 10-5　投影灯组件的更换方法

上好投影灯盖后，连接随机附带的电源线，打开主电源开关，然后再打开投影机。更换灯泡后，务必要清除灯泡使用时间计时器的数值。选择菜单 → 重置 → 清除灯泡时间，以重新设置灯泡使用时间。如，将灯泡计时器重新返还设置成"0"。

技能训练 10.2.3 电路部分的检修方法

1. 主控电路的检修

主控电路作为投影机中核心的信号处理和控制电路部分，当主控电路出现故障时，主要会对主信号的处理和整机的控制功能产生影响。要对该电路进行检修，首先应注意观察具体的故障表现，从故障现象入手，分析并确认检修的重点在信号处理部分还是系统控制部分。

【图解演示】

检修时，可借助万用表或示波器顺其信号流程，对数字图像信号处理电路各部件进行逐一排查，找出故障点，并排除故障。如图 10-6 所示为投影机主控电路的检修全过程。

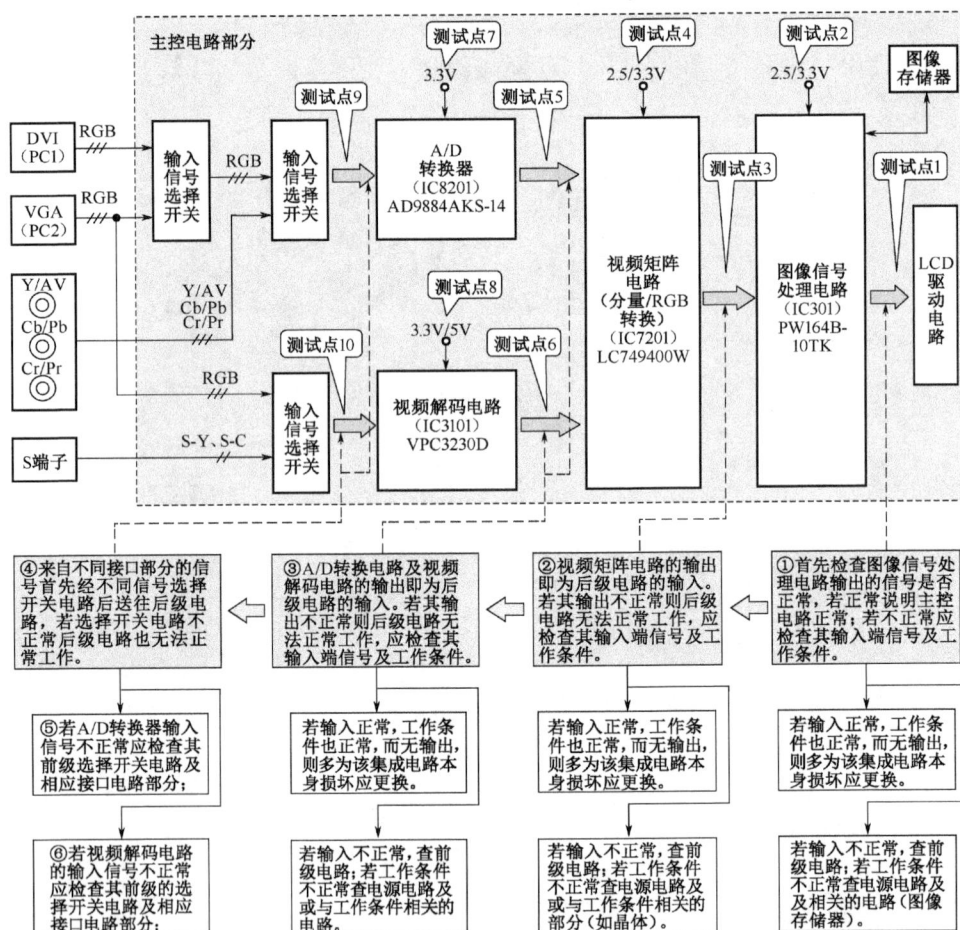

图 10-6　投影机主控电路的检修全过程

检测时，集成电路输入输出的信号波形一般用示波器进行检测，供电条件一般用万用表进行检测。另外，值得注意的是，有些集成电路正常工作的基本条件除供电电压外，还有时钟信号等，如视频解码电路一般外接有晶体，与其内部的振荡电路构成晶振电路，为其提供晶振信号，若信号不正常也会导致视频解码电路无法正常工作，因此，检测过程中，除重点检测其供电条件外，其他的工作条件也需要进行检查和判断。

除此之外，图像存储器图像信号处理电路与图像存储器之间通过数据总线信号和地址总线信号进行信号传输，若该信号不正常，则将导致不能正常地调用数据信息的故障。

主控电路中的系统控制电路部分也是检修时的重点部分，若投影机控制功能失常，应重点对其系统控制部分进行检修。

2. 显示驱动电路的检修

显示驱动电路作为投影机显像器件的驱动电路，当出现故障时，将直接导致投影机无法成像或无投影的故障，对该电路进行检修时，一般可借助万用表或示波器顺其信号流程，从后级接口插件部分作为入手点，一级一级向前测试，信号消失的地方，即为主要的故障检测部位，再进行有针对性的检测和判断，找出故障元件，排除故障。

【图解演示】

投影机显示驱动电路的检修流程如图 10-7 所示。当投影机不能正常投影时，可首先检测接口插件部分是否有信号，若有信号则说明投影机的电路部分正常，故障应是由液晶板或其他光学部件引起的；若无信号或信号不正常，只要顺信号送来的方向逐级向前检测，就不难发现故障所在。

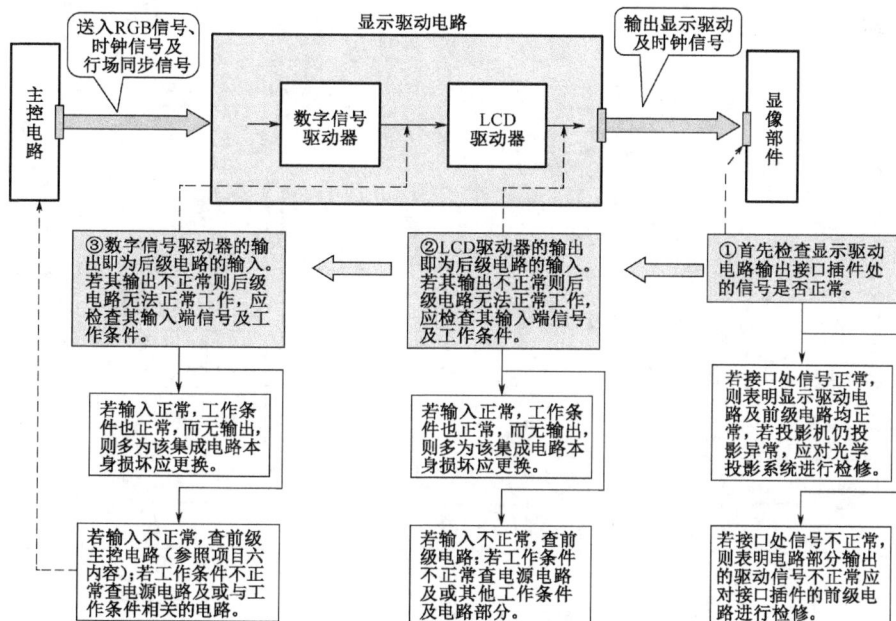

图 10-7　投影机显示驱动电路的检修流程

3. 开关电源电路的检修

投影机开关电源电路是投影机中非常重要的单元电路，当开关电源电路出现故障时，首先应对其电路中的主要元器件进行观察，看是否有脱焊、烧焦以及插口松动等现象，如保险管烧焦断裂、电解电容鼓包漏液、开关晶体管引脚脱落等。开关电源电路的故障部件主要有熔断器、桥式整流堆、300V 滤波电容、开关集成电路、开关变压器、光电耦合器以及变压器次级整流二极管和输出滤波电容器等，若出现这种故障，将损坏的元器件更换即可排除故障。

【图解演示】

如图 10-8 所示为开关电源电路的检修过程。在典型投影机的开关电源电路中，由开关变压器次级输出电压，并经整流和滤波后可输出不同的直流低压。由于这些电压的输出电路是由整流二极管和电解电容组成的，因此当开关电源电路没有电压输出时，应首先检测整流二极管是否击穿，或电解电容是否鼓包、漏液等。

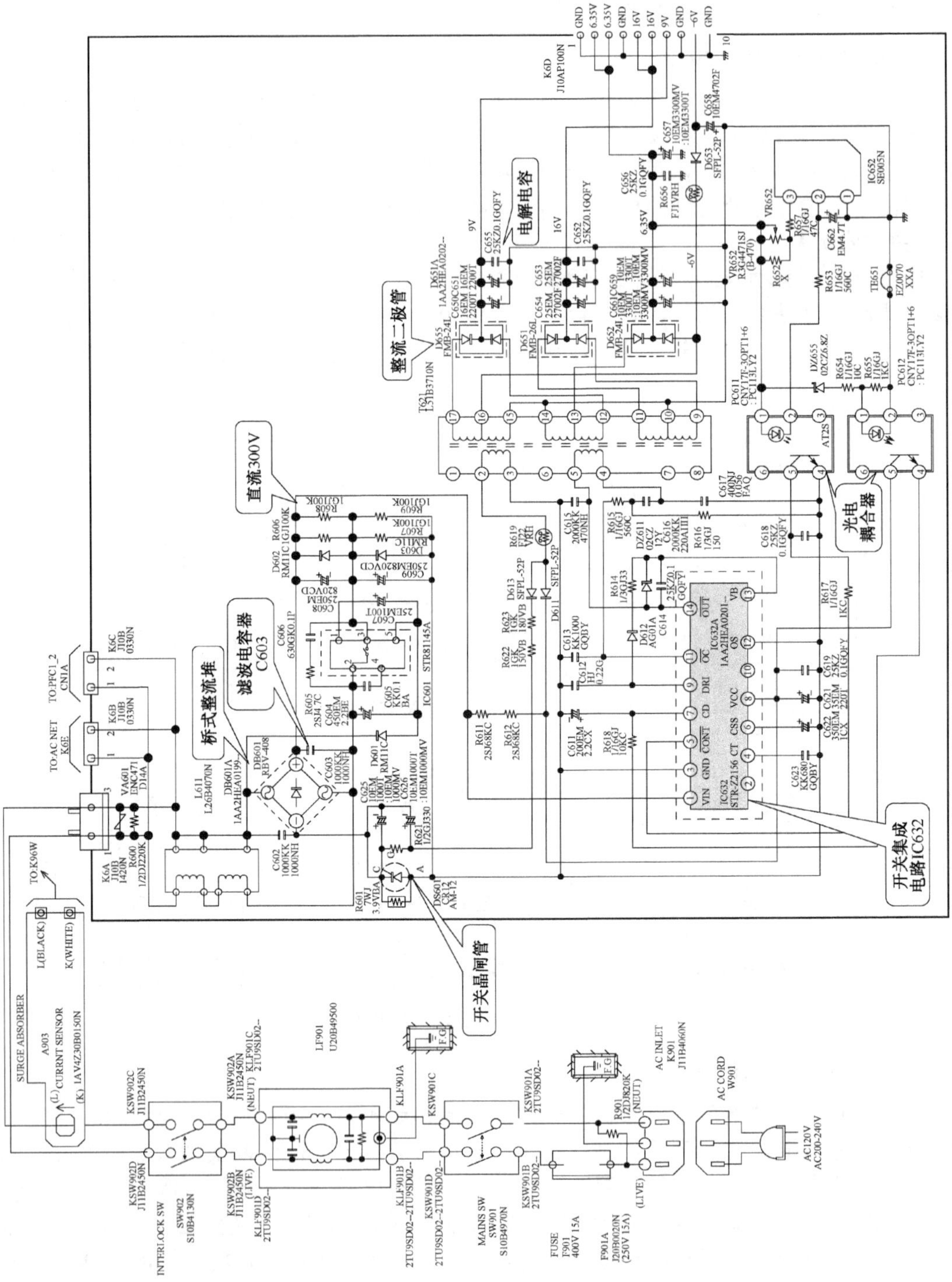

图 10-8　典型投影机（三洋 PLC-UF15）的开关电源电路图的检修过程

若整流二极管和电解电容没有问题，应在通常的情况下，检查桥式整流堆输出的 300 V 直流电压是否正常。

若检测到桥式整流堆输出的 300 V 直流电压正常，表明引起这种故障的原因可能是开关集成电路 IC632 本身或外围元件有故障，应重点检查。

除此之外，在排除故障时，还应从直流 300V 的滤波电容器 C603 入手，可使用万用表检测该电解电容两端的电阻是否存在短路或断路的情况，若该电解电容器没有问题，需要检测桥式整流堆是否击穿短路；若该桥式整流堆仍然没有故障，应检测交流输入电路中的相关元器件是否脱焊、损坏等。

若开关电源电路输出的电压不稳定，即输出电压与正常值相比偏高或是偏低，从而影响投影机的正常工作，为了使开关电源输出的电压不会因输入电压或电流的变化而变化，电路中设置了误差检测电路对输出的电压进行检测，然后将检测的误差信号经光电耦合器反馈到开关集成电路 IC632 的⑤脚，经过调节开关晶体管的导通时间，从而使输出电压保持稳定。当投影机再现输出电压不稳的故障现象时，应重点检测的部位是光电耦合器以及外围元器件，检测时应先检测误差检测电路是否正常工作，若没有问题，接着检测光电耦合器的阻值是否正常，若不正常，表明该光电耦合器损坏；若正常，再检测 IC632 的⑤脚及光电耦合器周围的元器件是否正常。

4. 镇流器电路的检修

投影机中镇流器电路的检修时，主要检测的操作应从输出电压、输入电压、变压器的性能以及振荡脉冲信号等入手，从简到难的方法进行检测并排除故障。

【图解演示】

如图 10-9 所示为镇流器电路的检修过程。首先应对镇流器电路中的主要元器件进行检查，若没有观察到明显的故障，可以利用检测法对该电路中相关的主要器件进行检测。

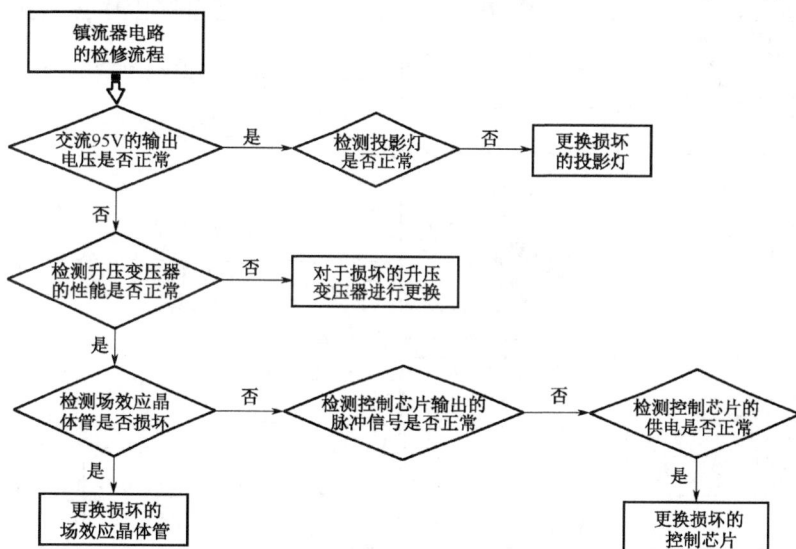

图 10-9　镇流器电路的检修过程

镇流器电路中元件的损坏会引起投影灯不亮的故障。如果投影灯不亮时，首先应检查其稳定时的供电电压是否正常。如果输出的电压不正常，接下来应利用示波器探头靠近升压变压器，检测升压变压器本身的性能是否良好，除此之外，还应对场效应晶体管进行检测，对故障元器件进行更换后，即可排除故障。

5. 接口电路的检修

接口电路作为投影机中主要的输入/输出电路部分，当接口电路出现故障时，主要会对外部输入的设备或内部输出信号产生影响，要对该电路进行检修，首先应注意观察具体的故障表现，从故障现象入手，分析并确认检修的重点在接口部分还是接口电路部分。

【图解演示】

如图 10-10 所示为接口电路的检修过程。检修投影机接口电路时，一般遵循由易到难的顺序进行检修，首先排除各接口插头引脚是否有歪斜、松动以及其他部位电路故障后，在对其接口电路进行检修。再检修接口电路时，应先通过检测接口输入的供电电压以及用示波器检测接口引脚的信号波形等排除接口电路的外围电路故障后，在对其内部的芯片进行检修，最终确定故障点，并对故障元件进行更换，排除接口电路的故障。

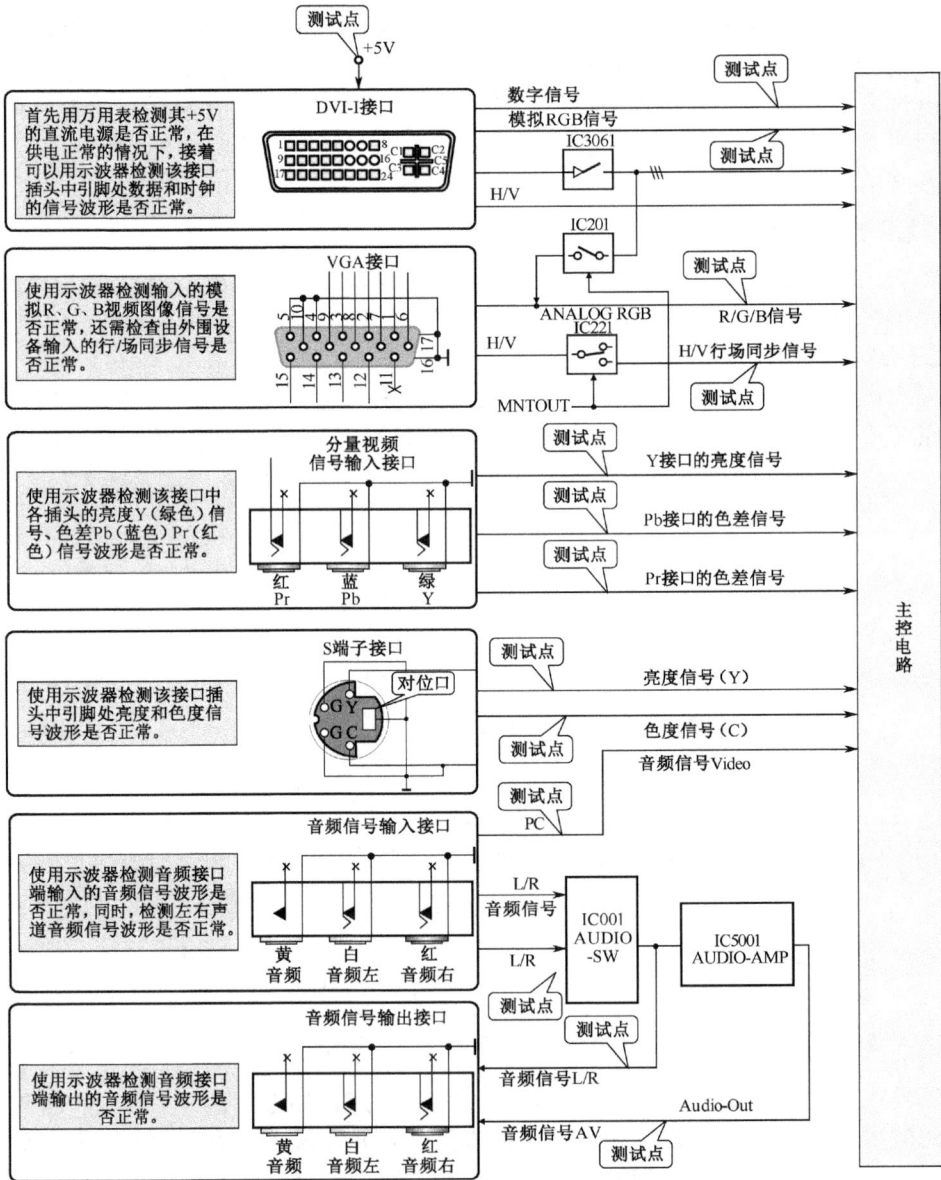

图 10-10 投影机接口电路部分的检修过程